Startchance Sprache

Jahrbuch 8

In Fortführung der Sozialpädagogischen Blätter
im Auftrag des Pestalozzi-Fröbel-Verbandes

herausgegeben von

Eva Hammes-Di Bernardo / Pamela Oberhuemer

Schneider Verlag Hohengehren GmbH

Diese Dokumentation wurde mit Mitteln des Bundesministeriums für Familie, Senioren, Frauen und Jugend gefördert.

Redaktionelle Mitarbeit:

Geschäftsstelle des pfv: Sylvia Schlie und Ludger Pesch

Umschlagentwurf:

Regina Herrmann, Esslingen

Gedruckt auf umweltfreundlichem Papier (chlor- und säurefrei hergestellt).

Bibliografische Information Der Deutschen Bibliothek

Die Deutsche Bibliothek verzeichnet diese Publikation in der Deutschen Nationalbibliografie; detaillierte bibliografische Daten sind im Internet über ›http://dnb.ddb.de‹ abrufbar.

ISBN 3-89676-736-4
Schneider Verlag Hohengehren, Wilhelmstr. 13, D-73666 Baltmannsweiler

Das Werk und seine Teile sind urheberrechtlich geschützt. Jede Verwertung in anderen als den gesetzlich zugelassenen Fällen bedarf der vorherigen schriftlichen Einwilligung des Verlages. Hinweis zu § 52 a UrhG: Weder das Werk noch seine Teile dürfen ohne vorherige schriftliche Einwilligung des Verlages öffentlich zugänglich gemacht werden. Dies gilt auch bei einer entsprechenden Nutzung für Unterrichtszwecke!

© Schneider Verlag Hohengehren, 73666 Baltmannsweiler 2003
Printed in Germany – Druck: Druck & Media, Kronach

Inhaltsverzeichnis

Einleitung

Pamela Oberhuemer
Sprache als Schlüssel zu Bildung und Chancengleichheit:
Einleitung in das Jahrbuchthema 2

Sprache und Lesekompetenz als Bildungschance

Petra Stanat
PISA 2000: Lesekompetenz als Schlüssel zu Bildungs- und
Beteiligungschancen 8

Michaela Ulich
Lust auf Sprache – Bildungschancen von Kindern aus
Migrantenfamilien 20

Sprach(en)entwicklung

Gerd Kegel
Wie Kinder zur Sprache kommen 36

Karin Jampert
Aufwachsen mit mehreren Sprachen – Problem oder Chance? 49

Erzählen – Sprachförderung

Johannes Merkel
Erzählen – der erste Schritt zur Medienerziehung 60

Stienke Eschner
Leseförderung für Vorschulkinder – Kooperationsprojekte mit
Bibliotheken 69

Eva Hammes-Di Bernardo
Die Welt im Buch – interkulturelles Lernen zwischen Phantasie und
Realität 76

Ragnhild Fuchs
Integration von Sprachförderung und interkultureller Erziehung in die
Gesamtkonzeption einer Kindertageseinrichtung   79

Petra Küspert
Möglichkeiten der frühen Prävention von Lese- und
Rechtschreibproblemen   87

Inge Tremmel
Praxis-Erfahrungen mit dem „Würzburger Programm" im Kindergarten
Bavaria in Kempten   92

Katharina Thrum, Roswitha Schneider, Alexandra Sann
Opstapje – Sprachförderung mit 2- bis 4-jährigen Kindern in sozial
benachteiligten Familien   97

Sprachenpolitik und sprachliche Bildung in Europa

Albert Raasch
Europa auf dem Weg zur Mehrsprachigkeit? 104

Marie-Paul Origer-Eresch
Sprachförderungspolitik im luxemburgischen Vorschulsystem 118

Susanne Kühn
Niederlande: Samenspel – Eltern und Kinder entdecken Welt und
Sprache 143

Armand Zimmer
Erst- und Zweitsprachenerwerb in der *Ecole Maternelle* in
Frankreich 152

Armelle Beauné
Eine Zweitsprache im Kindergarten lernen 167

Henning Wode
Erziehung zu Mehrsprachigkeit in Europa: Was können Kitas dazu
beitragen? 173

Sprachliche Bildung im Kindergarten und die aktuelle Bildungsdiskussion

Steffen Reiche
Der Kindergarten als Teil des Bildungswesens 192

Hedi Colberg-Schrader / Pamela Oberhuemer
Lernen und Leisten – Tabus im Kindergarten? 198

Anhang

Wozu gibt es den **pfv**? 204

Autorinnen und Autoren 210

Einleitung

PAMELA OBERHUEMER

Sprache als Schlüssel zu Bildung und Chancengleichheit:
Einleitung in das Jahrbuchthema

Sprachliche Bildung: Schlüsselthema in frühpädagogischen Reformdebatten

Spätestens seit Bekanntgabe der ersten PISA-Ergebnisse (Baumert et al., 2001) wissen wir, dass das deutsche Bildungssystem soziale Ungleichheit verstärkt. Schulerfolg, Bildungsperspektiven und damit auch gesellschaftliche Teilhabechancen sind nach wie vor ganz wesentlich durch die soziale Herkunft bestimmt. In den Empfehlungen des Forum Bildung (2001, S. 13) heißt es: „Der Zugang zu Bildung und der Erwerb von Bildung werden immer noch in starkem Maße von der sozialen, ethnischen und finanziellen Situation von Familien beeinflusst. Benachteiligungen – etwa beim Spracherwerb, beim Lesen, Schreiben und Rechnen –, die in der Kindertageseinrichtung und der Grundschule noch leicht behoben werden könnten, setzen sich oft fort und führen später zu Schulversagen und Ausbildungslosigkeit. Begabungen von Kindern aus sozial benachteiligten Familien und von Kindern mit Migrationshintergrund werden oft nicht erkannt und nicht genügend gefördert."

Die unzureichende Infrastruktur in Deutschland zur Förderung von Bildungschancen in der frühen Kindheit wird heute nicht nur in Fachkreisen diskutiert. Vertreter der Wirtschaft äußern sich immer häufiger dazu – wie etwa im September 2002 die Unternehmensberatungsfirma McKinsey, die eine Aufstockung der staatlichen Mittel für frühkindliche Bildung um ca. 4 Milliarden Euro forderte (Kluge, 2002). Inzwischen liegen auch Ergebnisse von Studien zum volkswirtschaftlichen Nutzen von Investitionen in den Infrastrukturen für Familien mit Kindern unter 6 Jahren vor, so zum Beispiel aus den USA (Cubed, 2002), aber auch aus Deutschland (Bock-Famulla, 2002). So haben wir zum ersten Mal seit etwa 30 Jahren wieder einmal die Chance, eine wirklich breite gesellschaftliche Diskussion über Fragen der Bildung und Erziehung in den Jahren vor Eintritt in das formale Bildungssystem zu führen.

Die Bildungsdebatte Ende der 60er und Anfang der 70er Jahre war – wie auch heute – zunächst wirtschaftspolitisch motiviert. Es ging in den westlichen Industrieländern um den Aufbau konkurrenzfähiger Wirtschaftssysteme mit Blick auf den technologischen Fortschritt in der Sowjetunion. Bildungspolitisch ging es dabei ganz wesentlich um das Thema der so genannten kompensatorischen Erziehung mit Blick auf schulische Laufbahnchancen und ein entsprechend qualifiziertes *workforce*. So kam zum Beispiel die Frage auf: Wie kann man bereits in den Vorschuljahren soziale Benachteiligung mit Blick auf Spracherwerb effektiv ausgleichen? In Deutschland gab es eine Reihe von Sprachförderungsprogrammen mit diesem Ziel. In den USA wurde das Vorschulprogramm „Head Start" für Kinder aus besonders armen Familien ins Leben gerufen. Dieses Programm gibt es übrigens heute noch – und auch heute noch ist die USA unter den reichen Nationen der Welt das Land mit dem höchsten Anteil (rd. 23 Prozent) von Kindern, die in Armut leben (vgl. OECD, 2001, S. 188).

Dreißig Jahre später heißt das Stichwort zur Bildungsdebatte nicht „Sputnik-Schock" sondern „Globalisierung". Es sind die Entwicklungen im Rahmen einer globalisierten Wirtschaft, die in vielen Ländern zu einem radikalen Umdenken über den Stellenwert von Bildung als zentrale gesellschaftliche Ressource geführt haben. Dabei wird zunehmend deutlich, dass diese Diskussion keinesfalls nur aus ökonomischer Perspektive geführt werden darf, sondern gleichzeitig und nachdrücklich mit Blick auf die sozialen und kulturellen Folgen von Globalisierung.

Wieder einmal rücken Fragen der chancengerechten Förderung – und insbesondere der *literacy*-Förderung – in öffentlichen Bildungseinrichtungen in den Vordergrund (vgl. auch New, im Druck). Das können wir am Beispiel England beobachten – ein Land mit einem hohen Anteil von Kindern, die in Armut leben. Dort wurden in den letzten Jahren umfangreiche sozialpräventive Strategien eingeführt, wie etwa die *Early Excellence Centres* oder das familienorientierte Programm für Kinder unter 4 Jahren *Sure Start*. Diese Programme – ob *Head Start* in den USA oder die *Early Excellence Centres* in England – sind nicht nur wichtig für die beteiligten Kinder und Familien in diesen Ländern, sondern auch für die internationale Diskussion um frühkindliche Erziehung, denn sie weisen innovatorische Wege der regionalen Vernetzung von vielfältigen Stützangeboten für Kinder und Familien vor. Allerdings waren sie bisher vorwiegend Programminitiativen für eine bestimmte Zielgruppe und nicht Teil einer stabilen Grundfinanzierung von Bildungseinrichtungen für die Jahre vor der Pflichtschule.[1]

Sprachkompetenz ist Bildungschance

Sprachkompetenz ist Bildungschance: die Chance, sich im Dialog mit anderen die Welt zu erschließen, sich neues Wissen anzueignen und selbst Wissen zu produzieren, sich am gesellschaftlichen Leben aktiv zu beteiligen. Fehlende Sprachkenntnisse können diese Teilhabe erschweren. Das erfahren nicht zuletzt die Kinder mit Migrationshintergrund und Familiensprachen außerhalb der vorherr-

---

[1] In England gibt es mittlerweile ein finanzstarkes Regierungsprogramm zum Ausbau der Bildungs- und Betreuungsangebote insbesondere für Familien mit Kindern unter 4 Jahren (DfES u. a., 2002)).

schenden Sprachkultur. In der aktuellen Bildungsdiskussion in Deutschland ist die Sprachförderung dieser nicht-deutschsprachigen Kinder ein zentrales Thema geworden. Noch bewegen sich aber die bisherigen Reformvorschläge tendenziell in eine bestimmte Richtung: hervorgehoben werden die Sprach*defizite* von Migrantenkindern in der deutschen Sprache. Es werden in der Regel nicht die spezifischen mehrsprachigen und interkulturellen Kompetenzen von Migrantenkindern thematisiert, weder in den Diskussionen um Fördermodelle noch in der Frage der Sprachdiagnostik. „Deutsch lernen" zu fordern *ohne* Bezug zur zwei- oder mehrsprachigen Realität und zu den besonderen Entwicklungsaufgaben von Migrantenkindern, zeigt aber eine diskriminierende Schere auf und verengt den Blick (Ulich & Oberhuemer, 2002).

Sofortprogramme versprechen wenig langfristig anhaltende Wirkungen. Gerade die Entwicklung von Sprache und Sprachkompetenz ist ein Prozess, der bereits in den ersten Lebenstagen anfängt, ein komplexer und gemeinsamer Konstruktionsprozess zwischen Kindern und Familienmitgliedern und später mit engen Bezugspersonen in nicht-formellen Bildungsarrangements wie der Kinderkrippe oder dem Kindergarten. Hier kommt es neben einem anregenden Sprachmilieu vor allem auf stabile und vertrauensvolle Beziehungen an. So bedarf es vielmehr ein übergreifendes Konzept der Sprachförderung, das zum entsprechenden Zeitpunkt die wesentlichen Akteure in diesen Prozess einbindet.

Fachtagung und Jahrbuch

Mit der Fachtagung „Kinder kommen zu(m) Wort – Sprache als Schlüssel zu Bildung und Chancengleichheit" im Oktober 2002 in Köln wollte der Pestalozzi-Fröbel-Verband eine breite fachliche und fachpolitische Diskussion zu diesem zentralen Thema der Pädagogik der frühen Kindheit eröffnen. Fachwissenschaftliche Erkenntnisse zum Spracherwerb und zur Sprache als Schlüssel zu Bildung und Chancengleichheit wurden ebenso präsentiert wie zahlreiche Programminitiativen zur Sprachförderung. Der aktuelle bildungspolitische Kontext wurde insbesondere durch Vertreter/innen von zwei Landesregierungen verdeutlicht. Frau Staatssekretärin Cornelia Prüfer-Storcks hob die umfangreichen Sprachförderungsinitiativen des Landes Nordrhein-Westfalen hervor, Herr Steffen Reiche, Minister für Bildung, Jugend und Sport des Landes Brandenburg und Mitglied des Forum Bildung, den Stellenwert des Kindergartens als Teil des Bildungswesens. Beiträge zur Forschung, Sprachenpolitik und Sprachenförderung in Frankreich, Luxemburg, den Niederlanden und Schweden ergänzten die bundesdeutsche Perspektive.

„Startchance Sprache" präsentiert (überarbeitete) Vorträge der Tagung sowie zwei weitere Fachbeiträge zum Thema.

Literatur

Baumert, J., Klieme, E., Neubrand, M., Prenzel, M., Schiefele, U., Schneider, W., Stanat, P., Tillmann, K. & Weiß, M. (2001). *PISA 2000. Basiskompetenzen von Schülerinnen und Schülern im internationalen Vergleich.* Opladen: Leske + Budrich.

Bock-Famulla, K. (2002). Volkswirtschaftlicher Ertrag von Kindertagesstätten. Gutachten im Auftrag der Max-Traeger-Stiftung der Gewerkschaft Erziehung und Wissenschaft (GEW). Universität Bielefeld.

Cubed, M. (2002). *The National Economic Impacts of the Child Care Sector.* Study sponsored by The National Child Care Association. http://www.NCCAnet.org.

Department for Education and Skills et al. (Eds.) (2002). *Delivering for children and families.* Inter-Departmental Childcare Review. London: Strategy Unit.

Forum Bildung (Hrsg.) (2001). *Empfehlungen des Forum Bildung.* Bonn: Arbeitsstab Forum Bildung in der Geschäftsstelle der Bund-Länder-Kommission für Bildungsplanung und Forschungsförderung.

Kluge, J. (2002). Manifest zur Bildung. Kongress Mc Kinsey bildet, 6. September 2002, Berlin.

New, R. (im Druck). Kultur und Curriculum: Reflexionen über „entwicklungsangemessene Praxis" in den USA und Italien, in: W. E. Fthenakis & P. Oberhuemer (Hrsg.) *Frühpädagogik international. Bildungsqualität im Blickpunkt.* Opladen: Leske + Budrich.

OECD (2001). *Starting Strong. Early Childhood Education and Care.* Paris: Organisation for Economic Co-operation and Development.

Ulich, M. & Oberhuemer, P. (2003). Interkulturelle Kompetenz und mehrsprachige Bildung. In W. E. Fthenakis (Hrsg.), *Elementarpädagogik nach PISA. Wie aus Kindertagesstätten Bildungseinrichtungen werden.* Freiburg, Basel, Wien: Herder.

Sprache und Lesekompetenz
als Bildungschance

PETRA STANAT

PISA-2000: Lesekompetenz als Schlüssel zu Bildungs- und Beteiligungschancen[1]

Lesekompetenz bildet den Schwerpunktbereich im ersten Zyklus von PISA. Zunächst gilt es, den Begriff der Lesekompetenz zu beschreiben und auch, wie das Konzept in PISA definiert und operationalisiert wird. Im Anschluss werden einige Befunde aus PISA dargestellt, die darauf hinweisen, dass Lesekompetenz eine Kernqualifikation darstellt, die für Wissens- und Kompetenzerwerb in vielen – vermutlich in so gut wie allen – Bereichen von entscheidender Bedeutung ist. Dies schlägt sich auch in Ergebnissen nieder, die nahe legen, dass der Lesekompetenz für allgemeine Bildungschancen ein hoher Stellenwert zukommt. Im letzten folgen einige Hinweise auf Ansatzpunkte für die Förderung von Lesekompetenz, die im Rahmen der PISA-Studie identifiziert werden konnten.

Dieser Text basiert auf der Arbeit vieler Personen. Die meisten der Befunde, die präsentiert werden, entstammen dem ersten Bericht des nationalen PISA-Konsortiums. Ebenfalls mitgewirkt haben daran die Mitglieder des PISA-Teams am Max-Planck-Institut für Bildungsforschung, das den ersten Zyklus der Studie koordiniert hat, sowie weitere Mitarbeiterinnen und Mitarbeiter der Konsortiumsmitglieder.

Was ist Lesekompetenz?

Lesen ist eine basale Kulturtechnik, die in einer Vielzahl von Lebensbereichen von Bedeutung ist. Die vielfältigen Einsatzmöglichkeiten des Lesens machen es zu einem effektiven Werkzeug für die Aneignung, Vertiefung und Organisation von Wissen. Aber Lesen stellt nicht nur ein Mittel für den Erwerb und die Verarbeitung von Informationen dar; die Auseinandersetzung mit Literatur zum Beispiel bietet Gelegenheiten bzw. Anstöße für ästhetische Erfahrungen, für Persönlichkeitsentfaltung oder Lebensbewältigung. Nach Schön (1998) ist die Bedeutung des Lesens heute größer als jemals zuvor in der Kulturgeschichte. Dies hängt mit der rapiden Entwicklung der Medien zusammen, mit der wachsenden Bedeutung von Schrift in vielen Berufen sowie mit dem zunehmenden Bedarf an lebenslangem Lernen. Es ist ein Irrtum, anzunehmen, dass das Lesen im Computerzeitalter an Bedeutung verliert. Im Gegenteil: Lesen zu können stellt eine

---

[1] Der Vortrag basiert auf dem Bericht des deutschen PISA-Konsortiums über die internationalen PISA-Ergebnisse (Baumert u. a., 2001), insbesondere auf den Kapiteln 2, 3, 5 und 8.

Voraussetzung für den kompetenten Umgang mit Medien aller Art dar (Hippler, 2001; Oerter, 1999). So weisen die von der Stiftung Lesen berichteten Befunde einer repräsentativen Befragung darauf hin, dass regelmäßige Leser auch andere Medien kompetent nutzen, während Personen, die wenig oder überhaupt nicht lesen, häufiger auch beim Gebrauch anderer Medien Verständnisprobleme aufweisen (Franzmann, 2001; vgl. auch Saxer, 1991). Die Wissenskluft zwischen Lesern und Nicht-Lesern scheint eher größer zu werden.

Lesekompetenz beschreibt Voraussetzungen, die eine aktive Auseinandersetzung mit Texten ermöglichen. Hierzu gehört nicht nur die Fähigkeit, schriftliches Material zu dekodieren. Textverstehen wird in der Psychologie nicht als passive Rezeption von Informationen verstanden, sondern als eine aktive Konstruktionsleistung der lesenden Person. Dieser komplexe Vorgang besteht aus mehreren Teilprozessen. Auf der untersten Ebene werden Buchstaben, Wörter und Wortbedeutungen erfasst, auf der nächsthöheren Ebene semantische und syntaktische Relationen zwischen Sätzen hergestellt und Sätze zu Bedeutungseinheiten integriert. Auf diese Weise entsteht eine kohärente mentale Repräsentation der Bedeutung des Textes. Nach der Theorie des Textverstehens von van Dijk und Kintsch (1983) bzw. Kintsch (1994, 1998) stellt das sogenannte Situationsmodell die höchste Form des Textverständnisses dar. Dabei handelt es sich um eine Repräsentation, die nicht an sprachliche Strukturen gebunden ist und das Gelesene mit bereits bestehenden Wissensbeständen verknüpft und integriert. Die Informationen werden in einer Weise vertiefend verarbeitet, dass sie auch zu einem späteren Zeitpunkt noch verfügbar sind.

Inwieweit ein Text verstanden wird, hängt von verschiedenen Merkmalen des Lesers und des Textes sowie von der Interaktion dieser Merkmale ab. Zu diesen Faktoren gehören auf Seiten des Lesers neben basalen Lesefertigkeiten auch kognitive Grundfähigkeiten, inhaltsbezogenes Vorwissen, Welt- und Sprachwissen sowie strategische Kompetenzen. Im weitesten Sinne sind dazu weiterhin gewisse Einstellungen (z. B. die allgemeine Einstellung zum Lesen) sowie motivationale Faktoren (z. B. inhaltliches Interesse) zu zählen, die gewährleisten, dass die kognitiven Ressourcen in einer gegebenen Lesesituation auch tatsächlich eingesetzt werden. Diese Konzeption von Lesekompetenz kann im Sinne von Weinert (1999) als eine Form der Handlungskompetenz bezeichnet werden, die durch ein effektives Zusammenspiel der relevanten Komponenten gekennzeichnet ist.

Wie wird Lesekompetenz im Rahmen von PISA definiert und operationalisiert?

Die in PISA zugrunde gelegte Konzeption und Operationalisierung von Lesekompetenz orientiert sich an der angelsächsischen *Literacy*-Idee. Die an der Studie beteiligten Staaten haben sich zum Ziel gesetzt, Basiskompetenzen zu untersuchen, die in modernen Gesellschaften für eine befriedigende Lebensführung in persönlicher und wirtschaftlicher Hinsicht sowie für eine aktive Teilnahme am gesellschaftlichen Leben notwendig sind. Diese funktionalistische Orientierung spiegelt sich in der Definition von Lesekompetenz wider, wie sie in der PISA-Rahmenkonzeption (OECD, 1999, S. 24) entwickelt wird: „Lesekompetenz (*Reading Literacy*) heißt, geschriebene Texte zu verstehen, zu nutzen und über sie zu reflektieren, um eigene Ziele zu erreichen, das eigene Wissen und Potenzial weiterzuentwickeln und am gesellschaftlichen Leben teilzunehmen". Wie anhand der Definition zu erkennen ist, geht es in PISA nicht darum, basale Lesefertigkeiten zu erfassen. Ziel ist es vielmehr, verstehendes Lesen zu untersuchen und die Fähigkeit der Schülerinnen und Schüler, Texte für verschiedene Zwecke zu nutzen. Hierzu wurde eine breite Palette verschiedener Texttypen eingesetzt. Neben fortlaufend geschriebenen Texten, wie beispielsweise Erzählungen, Anweisungen oder Argumentationen, wurden auch Texte verwendet, in denen die Informationen nicht fortlaufend und auch nicht nur verbal dargestellt werden, also etwa Tabellen, Graphiken, Karten oder Diagramme. Fast alle der in PISA eingesetzten Texte sind authentisch.

Die PISA-Rahmenkonzeption beinhaltet theoretische Annahmen über die Struktur von Lesekompetenz, aus der die Berichtsskalen hergeleitet wurden. Dabei werden drei Aspekte unterschieden: Aufgaben zum *Ermitteln von Informationen* erfordern vom Leser, eine oder mehrere Informationen bzw. Teilinformationen im Text zu lokalisieren (etwa die Abfahrtzeit eines Zuges oder Argumente, die für eine bestimmte Behauptung sprechen). Je nach Komplexität der Aufgabe ist dafür ein unmittelbares Verstehen unterschiedlich großer Textteile und ein Vergleich von im Text vorhandenen Angaben erforderlich. Bei Aufgaben zum *textbezogenen Interpretieren* muss der Leser Bedeutung konstruieren und Schlussfolgerungen ziehen. Dabei ist es notwendig, Teile des Textes zu verknüpfen und zu integrieren. Eine typische Aufgabenstellung wäre beispielsweise, die zentrale Aussage eines Textes zu bestimmen. Items zum *Reflektieren und Bewerten* schließlich verlangen vom Leser, den Text mit eigenen Wissensbeständen, Erfahrungen oder Ideen in Beziehung zu setzen, um ihn im Hinblick auf seinen Inhalt oder seine Form zu beurteilen, also beispielsweise zu bewerten, ob eine Schlussfolgerung gut begründet ist oder ein Textmerkmal wie Ironie oder eine Illustration vom Autor in effektiver Weise eingesetzt wurde.

Für jeden dieser drei Aspekte werden fünf Kompetenzstufen unterschieden, anhand derer beschrieben werden kann, welche Anforderungen ein Jugendlicher, der einen bestimmten Testwert erreicht hat, mit einiger Sicherheit bewältigen kann. Die Kompetenzstufe I kennzeichnet ein oberflächliches Verständnis einfacher Texte. Schülerinnen und Schüler, die über diese Stufe nicht hinauskommen, können nur mit Texten umgehen, die ihnen im Hinblick auf Inhalt und Form vertraut sind. Die zur Bewältigung der Leseaufgabe notwendige Information muss deutlich erkennbar sein, und der Text darf nur wenige konkurrierende Elemente enthalten, die von der relevanten Information ablenken könnten. Bei Schülerinnen und Schülern, die die höchste Kompetenzstufe erreicht haben, handelt es sich dagegen um Expertenleser, die auch komplexe, unvertraute und lange Texte für verschiedene Zwecke flexibel nutzen können. Sie sind in der Lage, solche Texte vollständig und detailliert zu verstehen. Dieses Verständnis schließt auch Elemente ein, die in Widerspruch zu eigenen Erwartungen stehen oder feine sprachliche Nuancen beinhalten. Mit Hilfe der Kompetenzstufen ist es möglich, die im PISA-Test erreichten Leistungen inhaltlich zu interpretieren.

Um einen Eindruck von den in PISA eingesetzten Aufgaben zu vermitteln, zeigen die folgenden Abbildungen einige Beispiele. Beim ersten Beispiel (vgl. Abb. 1a – d) handelt es sich um einen kontinuierlichen Text – um zwei Stellungnahmen zum Thema Graffiti, die dem Internet entnommen wurden. Die Autorin des ersten Briefes – Helga – spricht sich gegen Graffiti aus, während Sophia eine eher positive Einstellung vertritt. Zu diesem Text wird unter anderem die folgende Frage gestellt (vgl. Abb. 1c): „Welchem der beiden Briefe stimmst du zu? Begründe deine Antwort, indem du mit deinen eigenen Worten wiedergibst, was in einem oder in beiden Briefen steht." Diese Aufgabe erfasst den Aspekt der Reflektierens und Bewertens, und zwar im Hinblick auf den Inhalt des Textes. Bei der Bewertung der Antworten ist nicht entscheidend, ob sich ein Schüler für die Position Helgas oder Sophias entschieden hat, sondern ob er sich in der Begründung

> Ich koche vor Wut, die Schulwand wird nämlich gerade zum vierten Mal gereinigt und frisch gestrichen, um Graffiti wegzubekommen. Kreativität ist bewundernswert, aber die Leute sollten Ausdrucksformen finden, die der Gesellschaft keine zusätzlichen Kosten aufbürden.
> Warum schädigt ihr den Ruf junger Leute, indem ihr Graffiti malt, wo es verboten ist? Professionelle Künstler hängen ihre Bilder doch auch nicht in den Straßen auf, oder? Stattdessen suchen sie sich Geldgeber und kommen durch legale Ausstellungen zu Ruhm.
> Meiner Meinung nach sind Gebäude, Zäune und Parkbänke an sich schon Kunstwerke. Es ist wirklich armselig, diese Architektur mit Graffiti zu verschandeln, und außerdem zerstört die Methode der Ozonschicht.
> Wirklich, ich kann nicht begreifen, warum diese kriminellen Künstler sich so viel Mühe machen, wo ihre „Kunstwerke" doch bloß immer wieder beseitigt werden und keiner sie mehr sieht.
>
> Helga

Abb. 1a Aufgabenstamm „Graffiti"

> Über Geschmack lässt sich streiten. Die Gesellschaft ist voll von Kommunikation und Werbung. Firmenlogos, Ladennamen. Große, aufdringliche Plakate in den Straßen. Sind sie akzeptabel? Ja meistens. Sind Graffiti akzeptabel? Manche Leute sagen ja, manche nein.
> Wer zahlt den Preis für die Graffiti? Wer zahlt letzten Endes den Preis für die Werbung? Richtig! Der Verbraucher.
> Haben die Leute, die Reklametafeln aufstellen, dich um Erlaubnis gebeten? Nein. Sollten also die Graffiti-Maler dies tun? Ist das nicht alles nur eine Frage der Kommunikation – der eigene Name, die Namen von Banden und die großen Kunstwerke in offener Straße?
> Denk mal an die gestreiften und karierten Kleider, die vor ein paar Jahren in den Läden auftauchten. Und an die Skibekleidung. Die Muster und die Farben waren direkt von den bunten Betonwänden geklaut. Es ist schon komisch, dass die Leute diese Muster und Farben akzeptieren und bewundern, während sie Graffiti in demselben Stil scheußlich finden.
> Harte Zeiten für die Kunst.
>
> Sophia

Abb. 1b Aufgabenstamm „Graffiti"

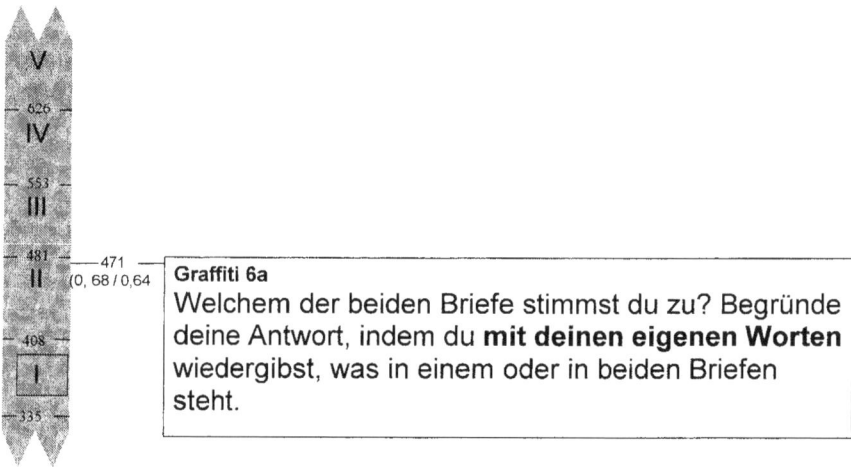

Abb. 1c Aufgabe zum Graffiti Text (Reflektieren und Bewerten)

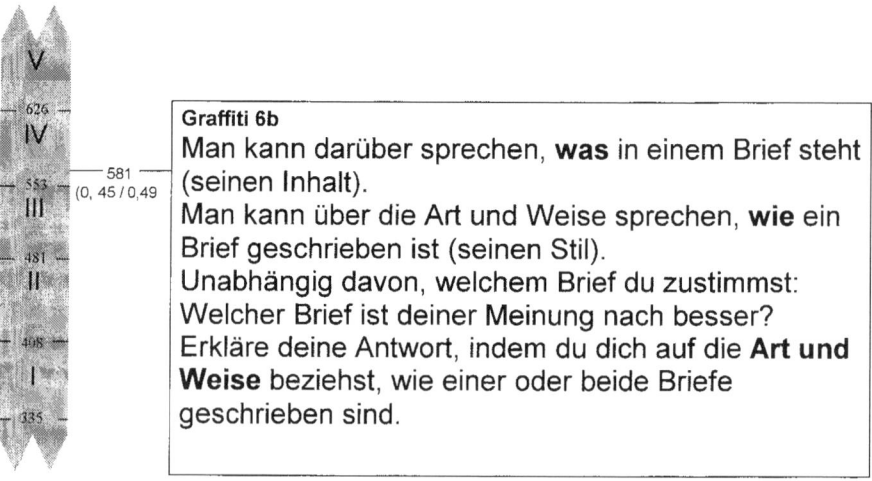

Abb. 1d Aufgabe zum Graffiti Text (Reflektieren und Bewerten)

auf den Inhalt mindestens eines der Briefe bezieht und ob die Begründung schlüssig ist. Es handelt sich hierbei um eine Aufgabe, deren Schwierigkeitsgrad der oberen Grenze der Kompetenzstufe II entspricht. Rund zwei Drittel der Schülerinnen und Schüler haben sie angemessen beantwortet.

Wie an diesem Beispiel zu erkennen ist, enthielt der PISA-Test keineswegs ausschließlich Multiple-Choice-Aufgaben; bei etwa 40 Prozent der Items mussten die Schülerinnen und Schüler ihre Antworten selbstständig formulieren und niederschreiben.

Bei einem weiteren Beispiel handelt es sich um eine Aufgabe zum Reflektieren und Bewerten, wobei es hier eher um die Beurteilung der Form des Textes geht. Dieses Item ist etwas schwieriger; es entspricht der Kompetenzstufe IV und wurde von 45 bzw. 49 Prozent der Schülerinnen und Schüler korrekt beantwortet.

Andere Beispiele befassen sich mit einem nicht-kontinuierlichen Text und einer Auswahl von Fragen dazu. Es handelt sich z. B. um ein Baumdiagramm, das die Struktur der erwerbstätigen Bevölkerung eines Landes darstellt. Die erste Frage zu diesem Text wird in Form einer Multiple-Choice-Aufgabe gestellt, die den Aspekt des textbezogenen Interpretierens erfasst. Diese Aufgabe weist einen mittleren Schwierigkeitsgrad auf; etwa 60 Prozent der Schülerinnen und Schüler erreichen die volle Punktzahl. Das nächste Item ist dagegen deutlich schwieriger. Hier geht es darum, dem Text gezielt eine bestimmte Information zu entnehmen, nämlich die Anzahl der Personen, die dem Arbeitsmarkt nicht zur Verfügung standen. Die Hürde besteht hier zunächst einmal darin, die richtige Zahl im Baumdiagramm zu lokalisieren (hierfür wird ein Punkt vergeben) und anhand des Titels bzw. der ersten Fußnote weiterhin zu erkennen, dass diese mit 1000 multipliziert werden muss (hierfür gibt es einen zweiten Punkt). Rund ein Drittel der Schülerinnen und Schüler bewältigte diese Aufgabenstellung vollständig.

Lesekompetenz als Kernqualifikation

PISA erhebt den Anspruch, Basiskompetenzen zu erfassen. Der Lesekompetenz wird dabei ein zentraler Stellenwert beigemessen. Es wird angenommen, dass es sich bei Lesekompetenz um eine fächerübergreifende Schlüsselqualifikation handelt, die Grundvoraussetzung für nahezu jedes selbstständige Lernen ist. Es folgen einige Befunde, die darauf hinweisen, dass diese Annahme zutreffend ist.

Zunächst einmal zeigen die PISA-Ergebnisse, dass Leistungen von Schülerinnen und Schülern in Mathematik und Naturwissenschaften eng mit der Lesekompetenz zusammenhängen. In Abb. 2 ist ein Pfadmodell zur Erklärung von Mathematikleistungen dargestellt (vgl. Klieme, Neubrand & Lüdtke, 2001; Stanat & Klieme, 2002). Von den vier Prädiktorvariablen, die in diesem Modell enthalten sind, weist die Lesekompetenz die höchste Erklärungskraft auf. Der Pfadkoeffizient von $\beta = .58$ besagt, dass bei gleicher kognitiver Grundfähigkeit, gleichem

Sozialstatus und gleichem Geschlecht die Mathematikleistung der Jugendlichen um mehr als eine halbe Standardabweichung ansteigt, wenn die Lesekompetenz um eine Standardabweichung zunimmt. Der Einfluss der anderen drei Variablen ist deutlich geringer ausgeprägt. Insgesamt erklärt dieses Modell einen erheblichen Teil – nämlich 73 Prozent – der Variabilität der Mathematikleistungen. Entfernt man die Lesekompetenz als Prädiktor aus dem Modell, werden nur noch 59 Prozent der Varianz erklärt. Darüber hinaus wird deutlich, dass der Einfluss des sozioökonomischen Hintergrunds der Schülerinnen und Schüler auf ihre Mathematikleistungen größtenteils über die Lesekompetenz vermittelt ist. Das Gewicht des direkten Pfades, das im Modell ohne Lesekompetenz bei $\beta = .15$ liegt, wird bei Berücksichtigung der Lesekompetenz auf $\beta = .05$ reduziert. Dieses Befundmuster findet sich in fast identischer Weise auch für die naturwissenschaftlichen Leistungen. Selbst für den Wissenserwerb in mathematisch-naturwissenschaftlichen Fächern nimmt also die Lesekompetenz eine Schlüsselstellung ein. Dies gilt insbesondere für Schülerinnen und Schüler aus sozial schwächeren Familien. Es wäre ein Irrtum, anzunehmen, man könne diese Fächer weitgehend sprachfrei unterrichten. Um den Leistungsrückstand von Schülerinnen und Schülern mit bildungsfernem Hintergrund im mathematisch-naturwissenschaftlichen Bereich zu reduzieren, muss daher vor allem auch an der Lesekompetenz angesetzt werden (Klieme u. a., 2001).

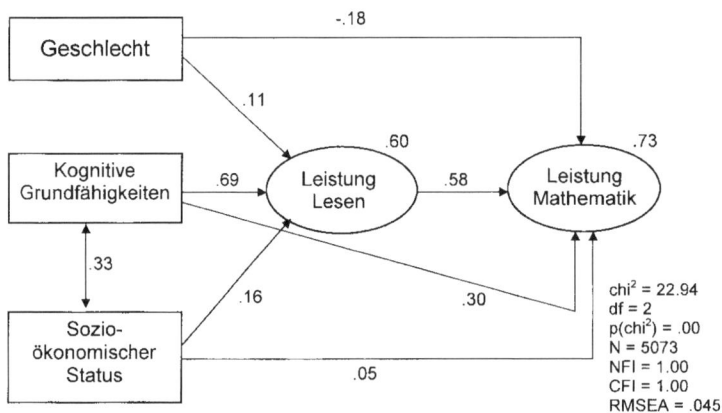

Abb. 2 Erklärung der Mathematikleistung

Für den Übergang in die Sekundarstufe I spielen sprachliche Kompetenzen ebenfalls eine zentrale Rolle. Ergebnisse der Studie zur Lernausgangslage von Schülerinnen und Schülern in Hamburg weisen darauf hin, dass Leistungen in Deutsch (Lesen, schriftliche Darstellung und Rechtschreibung) stärker die Übergangsempfehlung beeinflussen als beispielsweise die Mathematikzensur (Lehmann, Peek & Gänsfuß, 1997). Da im verbalen Bereich tendenziell eine

Geschlechterdifferenz zugunsten der Mädchen besteht, dürfte diese differenzielle Gewichtung die Überrepräsentation von Jungen in leistungsschwächeren Bildungsgängen mit verursachen. Der Leistungsvorteil für die Mädchen im Bereich Lesen ist auch gegen Ende der Sekundarstufe I noch deutlich sichtbar (vgl. Abb. 3). In allen PISA-Teilnehmerstaaten findet sich in der Gruppe der 15-Jährigen eine bedeutsame Geschlechterdifferenz im Lesen zugunsten der Mädchen. Diese beträgt im internationalen Durchschnitt 32, innerhalb Deutschlands 35 Punkte, was fast einer halben Kompetenzstufe entspricht. In den Bereichen Mathematik und Naturwissenschaften sind die Unterschiede deutlich geringer ausgeprägt. Die Differenz in Mathematik liegt in Deutschland bei 11 Punkten zugunsten der Jungen; der Unterschied in Naturwissenschaften ist nicht signifikant.

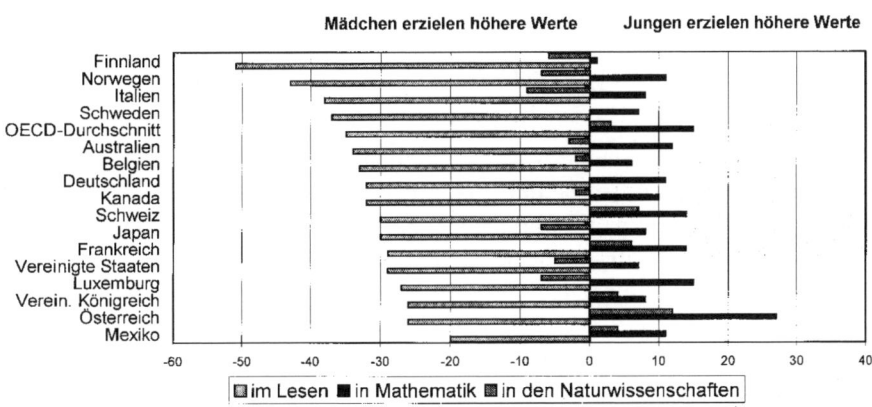

Abb. 3 Leistungsunterschiede zwischen Jungen und Mädchen im Lesen, in Mathematik und in den Naturwissenschaften

Insbesondere für Schülerinnen und Schüler mit Migrationshintergrund stellt Sprachkompetenz die entscheidende Hürde für den Zugang zu weiterführenden Schulen dar (Baumert & Schümer, 2001). Wie Abbildung 4 zeigt, unterscheiden sich die Muster der Bildungsbeteiligung von Schülerinnen und Schülern mit und ohne Migrationshintergrund erheblich. In der Gruppe der Jugendlichen mit in Deutschland geborenen Eltern besuchen knapp 25 Prozent eine Haupt- bzw. Berufsschule und über 30 Prozent ein Gymnasium. Für Schülerinnen und Schüler mit einem im Ausland geborenen Elternteil ist eine leichte Verschiebung im relativen Anteil des Haupt- und Realschulbesuchs zu erkennen, ansonsten ist das Muster jedoch ähnlich. Ganz anders stellt sich die Situation dar, wenn beide Elternteile im Ausland geboren sind. In dieser Gruppe besuchen fast 50 Prozent der Jugendlichen die Hauptschule und nur etwa 15 Prozent das Gymnasium.

Worin liegen nun die Ursachen für diese Disparitäten in der Bildungsbeteiligung? Um dieser Frage nachzugehen, haben Baumert und Schümer (2001) die

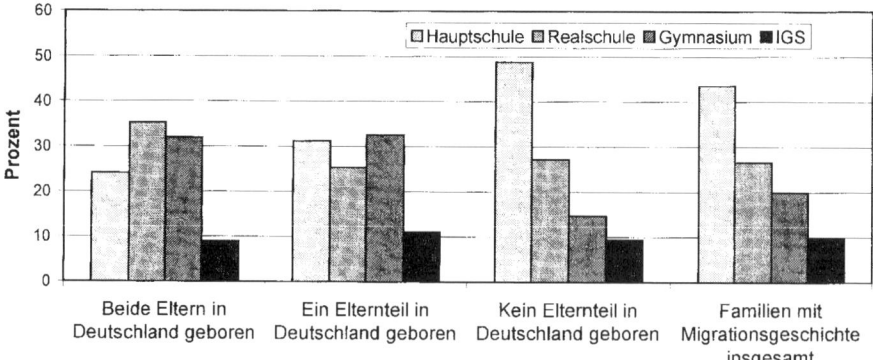

Abb. 4 15-Jährige nach Migrationshintergrund der Familie und Bildungsgang ohne Sonderschüler (in %)

relativen Chancen von Schülern aus Familien mit unterschiedlichem Migrationshintergrund verglichen, eine andere Schulform als die Hauptschule zu besuchen. Dabei haben sie schrittweise potenzielle Einflussfaktoren kontrolliert. Die Ergebnisse dieser Analysen sind in Abbildung 5 dargestellt. Vergleicht man die relativen Chancen, statt einer Hauptschule ein Gymnasium zu besuchen, so sind diese für Jugendliche mit in Deutschland geborenen Eltern mehr als viermal so hoch wie für Jugendliche mit im Ausland geborenen Eltern (vgl. Gymnasium Modell I). Bei Kontrolle des sozioökonomischen Hintergrunds der Familien reduziert sich dieser Unterschied auf den Faktor 2.69 (vgl. Gymnasium Modell II). Bei vergleichbarer Sozialschichtzugehörigkeit der Familie ist also die relative Chance eines Gymnasialbesuchs für einen Schüler mit in Deutschland geborenen Eltern immer noch fast dreimal höher als für einen Jugendlichen mit im Ausland geborenen Eltern. Den entscheidenden Befund liefert jedoch Modell III, in dem die Lesekompetenz der Schülerinnen und Schüler kontrolliert wurde. Hier ist der Unterschied zwischen Jugendlichen mit und ohne Migrationshintergrund nicht signifikant. Vergleicht man also Schülerinnen und Schüler mit ähnlich ausgeprägter Lesekompetenz, so ist im Hinblick auf die Bildungsbeteiligung keine Benachteiligung von Jugendlichen aus Zuwandererfamilien zu verzeichnen. Dieser Befund stimmt mit Ergebnissen der Hamburger Studie zur Lernausgangslage überein (Lehmann, Peek & Gänsfuß, 1997), in der sich zeigte, dass bei gleichen Leistungen Schülerinnen und Schüler mit Migrationshintergrund tendenziell eher günstigere Übergangsempfehlungen erhalten.

Eine Reihe von Ergebnissen weist also darauf hin, dass der Lesekompetenz für Schulerfolg eine zentrale Bedeutung zukommt. Hat sie jedoch auch einen über die Schulzeit hinausgehenden Einfluss? Hier wird die Frage nach der prognostischen Validität der in PISA erfassten Konstrukte aufgeworfen. Denn mit dem in PISA zugrunde gelegten *Literacy*-Konzept ist ja der Anspruch verbunden, Basiskompetenzen zu erfassen, die sich auch auf Erfolg im späteren Leben niederschlagen sollten. Befunde der *International Adult Literacy Study* der OECD (2000) weisen darauf hin, dass dieser Anspruch durchaus berechtigt ist. Hier zeigte sich, dass Erwachsene, die im Lesen ein höheres Kompetenzniveau erreichen, tendenziell über ein höheres Einkommen verfügen und seltener von Arbeitslosigkeit betroffen sind. Diese Zusammenhänge sind auch dann noch nachweisbar, wenn man Merkmale des sozialen und kulturellen Hintergrunds sowie der Bildungslaufbahn kontrolliert. So konnten Raudenbush und Kasim (1998) zeigen, dass *Literacy* – hier im Sinne eines breiteren Konstrukts, das neben Lesekompetenz in Bezug auf Prosatexte und Dokumente auch basale Fertigkeiten im Umgang mit Zahlen umfasst (*quantitative literacy*) – auch bei Konstanthaltung des ethnischen Hintergrunds, des Geschlechts, des Bildungsstands der Eltern, der in der Ausbildung verbrachten Zeit, des Bildungsabschlusses sowie der Berufserfahrung zur Erklärung von Arbeitslosigkeit und Einkommen beiträgt. Vergleicht man also zwei Personen, die im Hinblick auf diese Merkmale vergleichbar sind (gleiches Geschlecht, ähnliche Bildungslaufbahn usw.), so wird tendenziell diejenige Person weniger verdienen und eher von Arbeitslosigkeit betroffen sein, deren Lesekompetenz und Fertigkeiten im Umgang mit Zahlen weniger ausgeprägt sind.

Migrationsstatus der Familie	Bildungsgang (Referenz: Hauptschule)											
	Realschule Modell[1]				Gymnasium Modell[1]				Integrierte Gesamtschule Modell[1]			
	I	II	III	IV	I	II	III	IV	I	II	III	IV
Beide Eltern in Deutschland geboren	2,64	2,19	ns	ns	4,42	2,69	ns	ns	1,92	1,71	ns	ns
Ein Elternteil in Deutschland geboren	1,46	ns	ns	ns	3,46	2,10	ns	ns	1,86	1,76	ns	ns
Kein Elternteil in Deutschland geboren	Referenzklasse (*odds* = 1)											

[1] Modell I: Ohne Kontrolle von Kovariaten; Modell II: Kontrolle von Sozialschichtzugehörigkeit; Modell III: Kontrolle von Lesekompetenz; Modell IV: Kontrolle von Sozialschichtzugehörigkeit und Lesekompetenz

Abb. 5 Relative Chancen des Sekundarschulbesuchs in Abhängigkeit vom Migrationsstatus der Familie (Verhältnisse der Beteiligungschancen) *[odds ratios]*)

Hinweise auf Ansatzpunkte für Förderung der Lesekompetenz

Um mögliche Ansatzpunkte für gezielte Förderung von Lesekompetenz zu identifizieren, wurden im Rahmen von PISA-Faktoren untersucht, die relativ nah am Leseprozess liegen und zur Erklärung verstehenden Lesens beitragen (vgl. auch Artelt, Schiefele, Schneider & Stanat, 2002). Über den Einfluss der kognitiven Grundfähigkeiten hinausgehend, erweist sich in einer multiplen Regressionsanalyse insbesondere die Fähigkeit, die Bedeutung von Sätzen innerhalb eines längeren Textes rasch zu erfassen, als bedeutsam (Decodierfähigkeit). Dieser Faktor, der mit Hilfe eines Lesegeschwindigkeitstests erfasst wurde, bildet den Grad der Habitualisierung von Leseprozessen ab. Hierbei handelt es sich um das Ergebnis einer längerfristigen Entwicklung, die vor allem durch regelmäßiges Lesen gefördert werden dürfte. Um diese Entwicklung zu unterstützen, müsste also möglichst früh an der Häufigkeit von Leseaktivitäten angesetzt werden.

Ein weiterer Faktor, der zur Vorhersage von Lesekompetenz einen bedeutsamen Beitrag liefert, ist das Wissen über Lern- bzw. Lesestrategien. Dieses wurde mit einem von Wolfgang Schneider und Mitarbeitern entwickelten Instrument erhoben, bei dem die Schülerinnen und Schüler für verschiedene Strategien angeben sollten, wie gut sich damit die in Szenarien beschriebenen Lernziele erreichen lassen. Wie am positiven Regressionsgewicht zu erkennen ist, erzielen Schülerinnen und Schüler, die über mehr Lernstrategiewissen verfügen, bessere Leistungen im Lesekompetenztest. Zur gezielten Vermittlung von Lernstrategien und ihrer effektiven Nutzung liegt eine Reihe von Ansätzen vor, die im schulischen Kontext eingesetzt werden können (einen Überblick gibt z. B. Artelt, 2000).

Schließlich weist das Ergebnismuster des Regressionsmodells darauf hin, dass allgemeines Interesse am Lesen zwar einen weniger ausgeprägten, aber dennoch nicht zu vernachlässigenden Einfluss auf Lesekompetenz hat. Wie die Befunde des internationalen Vergleichs zeigen, ist dieser motivationale Faktor bei Jugendlichen in Deutschland relativ gering ausgeprägt. Dies spiegelt sich auch in der Häufigkeit des freiwilligen Lesens wider: Vor allem die Jungen in Deutschland lesen vergleichsweise wenig. Über die Hälfte der Jungen gibt an, gar nicht zum Vergnügen zu lesen; lediglich neun Prozent berichten, dies täglich mindestens eine Stunde zu tun. Ergebnisse von Mediationsanalysen weisen darauf hin, dass die geringere Lesemotivation der Jungen die Geschlechterdifferenz in den Leseleistungen erklärt (Stanat & Kunter, 2001).

Im internationalen Vergleich erzielen 15-jährige Schülerinnen und Schüler in Deutschland unterdurchschnittliche Leistungen im Lesen. Insbesondere im unteren Leistungsbereich werden weniger gute Ergebnisse erreicht als in anderen Staaten. Angesichts der zentralen Rolle, die Lesekompetenz für Schulerfolg und lebenslanges Lernen spielt, ist es besonders alarmierend, dass fast ein Viertel unserer 15-Jährigen nicht über die in PISA definierte Kompetenzstufe II hinauskommt. Bei diesen Jugendlichen besteht Anlass zur Sorge, ob sie den Übergang in das Berufsleben meistern werden. Solchen Entwicklungen muss bereits vor Eintritt in die Schule entgegengesteuert werden, und die Bemühungen dürfen nach Abschluss des Schriftspracherwerbs in der Grundschule nicht aufhören. Die Förderung von Lesekompetenz kann auch nicht nur Aufgabe des Deutschunterrichts sein. Es handelt sich um eine bereichsübergreifende Kompetenz, deren Ausbildung in allen Fächern, in denen gelesen wird, systematisch unterstützt werden kann und unterstützt werden sollte.

Literatur

Artelt, C. (2000): *Strategisches Lernen*. Münster: Waxmann.

Baumert, J., Schuemer, G. (2001): Familiäre Lebensverhältnisse, Bildungsbeteiligung und Kompetenzerwerb. In: J. Baumert, E. Klieme, M. Neubrand, M. Prenzel, U. Schiefele, W. Schneider, P. Stanat, K.-J. Tillmann & M. Weiß (Hrsgl.), *PISA 2000: Basiskompetenzen von Schülerinnen und Schülern im internationalen Vergleich*. S. 323–407. Opladen: Leske.

Franzmann, B. (2001): Die Deutschen als Leser und Nichtleser: Ein Überblick. In: Stiftung Lesen (Hrsg.): *Leseverhalten in Deutschland im neuen Jahrtausend: Eine Studie der Stiftung Lesen*, Bd. 3, S. 7–31. Hamburg: Spiegel.

Hippler, H.-J. (2001): Tummelplatz Internet oder: Ist Lesen eine veraltete „Technologie"? In: Stiftung Lesen (Hrsg.): *Leseverhalten in Deutschland im neuen Jahrtausend: Eine Studie der Stiftung Lesen*. Bd. 3, S. 165–174. Hamburg: Spiegel.

Kintsch, W. (1994): Discourse processing. In: G. d'Ydewalle, P. Eelen, P. Bertelson (Eds.): *International perspective on psychological science*. Vol. 2, pp. 135–155. Hillsdale, NJ: Erlbaum.

Kintsch, W. (1998): *Comprehension: A paradigm for cognition*. Cambridge: Cambridge University Press.

Klieme, E., Neubrand, M. & Lüdtke, O. (2001): Mathematische Grundbildung: Testkonzeption und Ergebnisse. In: J. Baumert, E. Klieme, M. Neubrand, M. Prenzel, U. Schiefele, W. Schneider, P. Stanat, K.-J. Tillmann & M. Weiß (Hrsg.), *PISA 2000: Basiskompetenzen von Schülerinnen und Schülern im internationalen Vergleich*. S. 139–190. Opladen: Leske.

Lehmann, R. H., Peek, R. & Gänsfuß, R. (1997): *Aspekte der Lernausgangslage von Schülerinnen und Schülern der fünften Klassen an Hamburger Schulen – Bericht über die Untersuchung im September 1996*. Hamburg: Behörde für Schule, Jugend und Berufsbildung, Amt für Schule (BSJB).

OECD (Ed.) (1999): *Measuring student knowledge and skills. A new framework für assessment*. Paris: OECD Deutsche Fassung: Nationales PISA-Konsortium (2000). [Schülerleistungen im internationalen Vergleich: Eine neue Rahmenkonzeption für die Erfassung von Wissen und Fähigkeiten. Berlin: Max-Planck-Institut für Bildungsforschung].

Oerter, R. (1999): Theorien der Lesesozialisation – Zur Ontogenese des Lesens. In: N. Groeben (Hrsg.): *Internationales Archiv für Sozialgeschichte der deutschen Literatur. 10. Sonderheft: Lesesozialisaiton in der Mediengesellschaft*. S. 27–55. Tübingen: Niemeyer.

Saxer, U. (1991): Lese(r)forschung – Lese(r)förderung. In: A. Fritz (Hrsg.): *Lesen im Medienumfeld*. S. 99–132. Gütersloh: Bertelsmann Stiftung.

Schön, D., Sanyal, B. & Mitschell, W. J. (Eds.) (1998): *High technology and Low-Income Communities: Prospects for the Positive Use of Advanced Information Technology*. MIT-Press.

Stanat, P. & Klieme, E. (2002): Lesekompetenz als Kernqualifikation: Strukturanalysen im Zusammenhang mit anderen Leistungsdimensionen. Vortrag gehalten auf der 18. Konferenz der *Deutschen Gesellschaft für Erziehungswissenschaft (DGfE)*. München.

Stanat, P. & Kunter, M. (2001): Geschlechterunterschiede in Basiskompetenzen. In: J. Baumert, E. Klieme, M. Neubrand, M. Prenzel, U. Schiefele, W. Schneider, P. Stanat, K.-J. Tillmann & M. Weiß (Hrsg.): *PISA 2000: Basiskompetenzen von Schülerinnen und Schülern im internationalen Vergleich*. S. 249–269. Opladen: Leske + Budrich.

Van Dijk, T. A. & Kintsch, W. (1983): *Strategies of discourse comprehension*. New York: Academic Press.

Weinert, K. H. (1999): *Konzepte der Kompetenz*. Paris: OECD.

MICHAELA ULICH

Lust auf Sprache –
Bildungschancen von Kindern aus Migrantenfamilien

Trends in der bildungspolitischen Diskussion

Sprachentwicklung und Sprachförderung von Migrantenkindern ist ein sehr komplexes Thema, das wissenschaftlich und pädagogisch kontrovers diskutiert und nun auch politisch zunehmend besetzt wird. Fest steht, dass Kinder aus Migrantenfamilien deutlich geringere Bildungschancen haben als einheimische Kinder, das war schon lange vor PISA bekannt: auf dem Gymnasium sind prozentual viel weniger Migrantenkinder, in Förderschulen und Hauptschulen, oder bei Schulabgängern ohne Schulabschluss sind sie weit überrepräsentiert.

Nun hat die PISA-Studie das Problem der geringen Bildungschancen von Migrantenkindern zu einem öffentlich diskutierten Thema gemacht. Wie aber wird es diskutiert? Auf bildungspolitisch-administrativer Ebene hört man manchmal eine bestechend einfache Diagnose des Problems und zum Teil auch schon Vorschläge für die richtige Therapie. Die Kinder können kein Deutsch, bzw. nur mangelhaft Deutsch, heißt es, und dies ist die Ursache für deren Probleme in der Schule. Und obwohl die Daten von PISA auf einer Stichprobe von 15-Jährigen basieren und keineswegs längsschnittlich angelegt sind, weiß man jetzt, wann die Probleme anfangen – schon vor der Schule, denn die Kinder können zu wenig Deutsch, wenn sie in die Schule kommen, also muss man im Kindergarten ansetzen. So wird – aus meiner Sicht – die Schule aus dieser Diskussion z.T. ausgeklammert. Viel zu wenig thematisiert wird, dass die Schule in einem Zeitraum von 8 bis 13 Jahren nicht in der Lage ist, diese Kinder zu integrieren.

Für den Vorschulbereich werden nun, wieder unter Berufung auf PISA, verschiedene Forderungen artikuliert. Dabei tauchen immer ähnliche Muster auf:

– *der Glaube an Sprachtests* – diese sollen möglichst früh einsetzen, schon im Kindergarten und dann vor Eintritt in die Schule – dann wissen wir, wo die Kinder „stehen" und können sie besser fördern;

– *der Glaube an „Sprachunterricht / Sprachkurse"* im Kindergarten und in der Vorschule, damit könnte man ja vielleicht die ungleichen familialen Startbedingungen ausgleichen;

– *die Fixierung auf das letzte Jahr bzw. die letzten Monate vor der Einschulung* – Beispiel: Kinder mit Migrationshintergrund sollen drei bis vier Monate vor der Einschulung von Grundschullehrer/innen „Deutsch lernen";

– *die geringe Wertschätzung von Mehrsprachigkeit* bei Migrantenkindern – bis hin zur völligen Ausblendung der Tatsache, dass diese Kinder zwei oder mehrsprachig aufwachsen.

Soweit – schlaglichtartig – einige Trends in der bildungspolitischen Diskussion. Wie aber sehen pädagogische Fachkräfte die sprachliche Situation von Migrantenkindern?

Meine Ausführungen dazu basieren auf verschiedene Studien des Staatsinstituts für Frühpädagogik (IFP) (in Zusammenarbeit mit Pamela Oberhuemer, Monika Soltendieck und Toni Mayr).

Mehrsprachigkeit als Bildungschance – für wen?

„Zweisprachigkeit" und „Mehrsprachigkeit" sind heute in der öffentlichen Meinung sehr hoch im Kurs, sie erscheinen als kostbares Bildungsgut, und sie werden mit Chancen assoziiert in einer zunehmend mobilen Gesellschaft. Wie stehen Erzieherinnen zu diesen Werten? Wir (Pamela Oberhuemer, Monika Soltendieck und Michaela Ulich vom IFP – Staatsinstitut für Frühpädagogik) haben Erzieherinnen zu diesem Thema befragt. Die Mehrheit in unserer Befragung sieht Zweisprachigkeit als Chance, sich in verschiedenen Kulturen zurechtzufinden. 82 Prozent der interviewten Fachkräfte glauben, dass Kinder ohne weiteres zwei Sprachen lernen können, dass sie damit nicht überfordert werden. Noch eindeutiger wird diese positive Einschätzung bei einer persönlichen Frage, die wir im Interview gestellt haben: *Würden Sie gerne, wenn es möglich wäre, Ihre eigenen Kinder (wenn Sie welche hätten) zweisprachig aufwachsen lassen?* Immerhin 95 Prozent der Befragten beantworteten diese Frage mit „ja". So zeigt sich, dass auf der Ebene der allgemeinen Wertvorstellungen Zweisprachigkeit sehr positiv besetzt ist.

Wie verbinden Erzieherinnen diese Wertvorstellung mit ihrer Arbeit in mehrsprachigen Gruppen? Die Blickrichtung von Fachkräften veränderte sich in den Interviews, sobald es konkret um Migrantenkinder ging. Wenn Erzieherinnen an die Kinder in ihrer Gruppe denken, dann ist die Sorge um die Deutschkenntnisse dieser Kinder so gegenwärtig und so bedrückend, dass deren Zweisprachigkeit als besondere Kompetenz und als Erziehungsziel wenig greifbar erscheinen (Ulich, 1999; Ulich, Oberhuemer & Soltendieck, 2001).

Deutschkenntnisse von Migrantenkindern – Einschätzungen von Erzieherinnen

Wie schätzen Erzieherinnen die deutschen Sprachkenntnisse von Migrantenkindern ein? Wir haben Erzieherinnen gebeten, die Deutschkenntnisse von Migrantenkindern in ihrer Gruppe spontan einzuschätzen (es wurden insgesamt 362

Kinder eingeschätzt). Nach Einschätzung der Befragten sprechen immerhin 69 Prozent der Migrantenkinder nicht oder kaum Deutsch beim Eintritt in den Kindergarten. Trotz großer Fortschritte bei der Mehrheit der Kinder, können immerhin noch 28 Prozent nach mehr als zwei Jahren Kindergartenbesuch nur „mäßig" Deutsch sprechen (bzw. „kaum" mit 4 Prozent). In anderen Worten: Nach Einschätzung von Erzieherinnen, die bekanntlich über die Schulfähigkeit ihrer Kinder relativ zuverlässige Prognosen machen können, konnte der Kindergarten als Bildungseinrichtung diese Kinder (immerhin 28 Prozent) nicht mit Deutschkenntnissen ausstatten, die sie auf Anforderungen im regulären Schulsystem vorbereiten. Dies sind Daten einer Pilotstudie (Ulich, 1999), die auf informellen und nicht auf systematischen Einschätzungen der Deutschkenntnisse beruhen und die auf Produktmaße abzielen – im Sinne von „was kann ein Kind?" – und nicht auf Lern*prozesse*.

Engagiertheit als ein Indikator für Bildungschancen

Ein differenzierteres Bild über Lernprozesse und Lernchancen in der Einrichtung ergab sich aus unserer Untersuchung über die „Engagiertheit" von Kindern in Tageseinrichtungen. Vorweg ein paar Worte zum Konzept „Engagiertheit": engagiert ist ein Kind, wenn es sich voll und ganz auf eine Tätigkeit einlässt, mit voller Konzentration und auch Freude. Wenn Kinder sehr engagiert sind, dann gehen sie an die Grenzen ihrer Fähigkeiten, sind kreativ und probieren Neues aus. Das was sie tun, hat eine Bedeutung für sie, berührt sie. In diesen Situationen machen Kinder Lernerfahrungen. Dieses Konzept und die dazu gehörige Beobachtungsmethode wurden in Flandern (Belgien) entwickelt. In einem Modellversuch des Staatsinstituts für Frühpädagogik wurde dieser Ansatz in Bayern erprobt von Mayr und Ulich. Erzieherinnen und Kinderpflegerinnen haben über 600 Kinder über Monate hinweg systematisch mit Blick auf deren Engagiertheit beobachtet (Mayr & Ulich, 1999; 2003). Die Kinder wurden bei den verschiedensten Tätigkeiten beobachtet, es gab eine Liste von insgesamt 22 Tätigkeiten – Bauen, Malen, Rollenspiel usw. Folgendes kam im Vergleich von deutschen und Migrantenkindern heraus (für eine genauere Beschreibung der Untersuchung vgl. Mayr & Ulich, 2003). Es ließen sich signifikante Unterschiede für insgesamt vier Tätigkeitsbereiche nachweisen:
– Rollenspiel
– Gruppengespräche
– Vorlesen / Erzählen
– Bilderbuchbetrachtung

Dies sind alles sprachbezogene Aktivitäten; bei diesen Aktivitäten sind Migrantenkinder deutlich weniger engagiert. Was bedeutet das? Kinder aus sprachlichen Minderheiten, die, was die Sprache angeht, im Kindergarten mit einer relativ komplexen und anspruchsvollen Entwicklungsaufgabe konfrontiert sind –

nämlich Zweitspracherwerb und mehrsprachige Sprachentwicklung – sind bei wichtigen sprachbezogenen Aktivitäten eher wenig beteiligt. Man könnte sagen „das ist doch logisch, die Kinder können ja weniger Deutsch...". Aber Engagiertheit misst nicht die Sprachkompetenz von Kindern, sondern das Sich einlassen auf eine Tätigkeit, die innere Beteiligung, das Aktiv werden von Kindern – und das sind Momente, in denen Kinder Lernerfahrungen machen.

Bemerkenswert ist, dass die vier oben genannten Tätigkeiten sich auf die Bereiche Sprache *und* „literacy" beziehen, und es handelt sich allesamt genau um die Art von Tätigkeiten, die für die Sprachentwicklung von Kindern eine besondere Bedeutung haben – sei es für die Entwicklung von Wortschatz, Textverständnis, Schriftsprachkompetenz oder Lesefreude (z. B. Hargrave & Sénéchal, 2000; Whitehead, 1994; im Druck; Whitehurst & Lonigan, 1998). Speziell Geschichten hören und Bilderbuchbetrachtung sind Tätigkeiten, die eine für den Schriftspracherwerb grundlegende Kompetenz fördern: die Fähigkeit, dekontextualisierte Sprache zu verstehen und zu produzieren. Und Migrantenkinder haben später in der Schule gerade im schriftlichen Ausdruck besondere Schwierigkeiten.

Unsere Ergebnisse bekommen eine besondere Brisanz im Kontext der aktuellen bildungspolitischen Diskussion um die (deutsche) Sprachkompetenz von Migrantenkindern. Sie werfen kritische Fragen auf zur Sprachlernmotivation von Migrantenkindern in der Einrichtung, zu ihren Lernchancen. Diese Ergebnisse waren u. a. die Grundlage für die Entwicklung eines Beobachtungsbogens speziell für die Sprachbeobachtung von Migrantenkindern (Ulich & Mayr, 2003). Dieser Bogen ist auch als Alternative gedacht zu den vielfach geforderten Sprachtests im letzten Kindergartenjahr.

Sprachtests – keine Lösung

Eine gängige Argumentation ist folgende: Für eine differenzierte sprachliche Förderung von Kindern müssen wir zunächst wissen, wo sie sprachlich stehen, wie ihr Entwicklungsstand ist. Dafür brauchen wir standardisierte Sprachtests, und generell Sprachstandsdiagnostik. Dies mag für den Bereich der spezifischen Sprachstörungen zutreffen (obwohl es auch hier viel zu diskutieren gäbe). Mir geht es aber nicht um spezifische Sprachstörungen, sondern um eine differenziertere Wahrnehmung von „normaler" Sprachentwicklung, von Formen der sprachlichen „Benachteiligung" (bezogen auf das dominante Schulsystem) und von Entwicklungsverläufen bei mehrsprachig aufwachsenden Kindern.

Und hier wirft die traditionelle Sprachstandsdiagnostik verschiedene Probleme auf (siehe z. B. Gregory & Kelly, 1992; Luchtenberg, 2002):
– die meisten Sprachtests wurden für einsprachige Kinder entwickelt;

- viele Sprachtests sind implizit oder explizit pathologieorientiert, sie wurden entwickelt zur Identifikation von Sprach*störungen*; damit kommt es leicht zu einer Pathologisierung von sozial und sprachlich benachteiligten Kindern;
- Sprachproben von 5 bis 15 Minuten sind meist die Grundlage für die Sprachstandsmessung;
- die Testsituation – auch wenn sie noch so spielerisch gestaltet wird – bedeutet, dass wir eine sehr eingeschränkte „Sprachprobe" bekommen und gerade sozial benachteiligte Kinder haben mit dieser Situation besondere Probleme;
- Sprachtests beschränken sich meist auf bestimmte Ausschnitte von Sprache: Artikulation, Wortschatz, Morphologie und Syntax. Nicht erfasst werden die Lernmotivation, das Bedürfnis zu kommunizieren oder das Interesse eines Kindes an sprachlichem Austausch. Es lassen sich natürlich viel leichter Grammatikfehler von Kindern messen als deren Lernmotivation;
- das Design und auch die Auswertung gehen meist von einer sprachlichen Norm aus, und entsprechend werden dann die Lücken und Fehler des Kindes festgehalten; diese Fixierung auf „Fehler" und Defizite ist in der Regel keine gute Grundlage für eine differenzierte kindzentrierte und kompetenzorientierte Förderung von Kindern;
- die Validität von Sprachtests für Kinder in diesem Alter ist mit Blick auf Prognosen zur Sprachentwicklung sehr umstritten;
- die meisten Sprachtests sind für Praktiker/innen, die in Kindertageseinrichtungen arbeiten, nicht geeignet; sie sind schwierig in der Anwendung und sie geben keine konkreten Hinweise für eine pädagogische Förderung.

Regelmäßige und systematische Beobachtung und Dokumentation des Sprachverhaltens

Was tun? Der Verzicht auf systematische Erfassung von Sprachentwicklung ist keine Lösung.

Denn es ist unbestritten: es ist dringend notwendig, die Entwicklung von Kindern systematisch zu begleiten – im Sinne des „child monitoring" – nur dann können wir rechtzeitig positive und ungünstige Entwicklungen erkennen, nur dann können wir Kinder differenziert fördern.

Anstelle von Sprachtests sollten wir die Beobachtungen derjenigen Fachkräfte nutzen, die täglich mit den Kindern arbeiten und sie in verschiedenen Situationen erleben. Hier ist die Professionalisierung von Fachkräften dringend notwendig: es gilt, ihre Beobachtungen des Sprachverhaltens von Kindern zu systematisieren und zu differenzieren und auch geeignete Formen der Dokumentation zu finden. Fachkräfte sollten unterschiedliche Methoden von Beobachtung, Einschätzung und Dokumentation kennen lernen und einüben. Neben offenen und freien Formen der Beobachtung mit entsprechend freien Notizen, erscheint mir die vorstrukturierte Beobachtung und Dokumentation aus verschiedenen Gründen unerlässlich (vgl. Ulich & Mayr, 1999):

Strukturierte Beobachtungsverfahren
- sind weniger zeitaufwendig;
- sie schaffen eine gemeinsame Sprache im Team;
- es wird leichter, Beobachtungen und Einschätzungen zu vergleichen, eine Übersicht zu bekommen;
- die Auswertung ist einfacher;
- sie sind eine gute Gesprächsgrundlage für Elterngespräche oder Gespräche mit sozialen Diensten;
- sie stärken die Position der Erzieherin als Expertin für kindliche Entwicklung.

Ein Beobachtungsbogen für Migrantenkinder: *SISMiK*

Ich möchte im Folgenden ein Verfahren vorstellen, das ich zusammen mit Toni Mayr am IFP entwickelt habe, und das mit einer Stichprobe von über 2000 Kindern und ca. 700 Erzieherinnen aus ganz Deutschland erprobt wurde.

Der Beobachtungsbogen heißt *SISMiK* (**S**prachverhalten und **I**nteresse an **S**prache bei **Mi**grantenkindern in **K**indertageseinrichtungen) (Ulich & Mayr, 2003). Er gliedert sich in 3 Teile:

Teil 1: Verhalten in sprachrelevanten Situationen (z. B. Frühstückstisch, Bilderbuchbetrachtung)

Teil 2: Sprachvermögen im engeren Sinn (Artikulation, Wortschatz, Satzbau und Grammatik)

Teil 3: Die Familiensprache der Kinder (soweit für deutsche Erzieherinnen beobachtbar)

Teil 4: Die Familie der Kinder (z. B. Sprachpraxis in der Familie)

Es war uns wichtig, diese verschiedenen Dimensionen von Sprache zu erfassen. Ich beschränke mich in meiner Darstellung auf Beispiele aus Teil I, das ist der umfangreichere Teil.

Beobachtung in sprachrelevanten Situationen: Wie sind die Lernchancen des Kindes in der Einrichtung, wie ist das Interesse des Kindes an Sprache und Literacy?

In diesem Bogen wird, im Unterschied zu anderen Verfahren, die Entwicklung des Kindes im Bereich Sprache *und* Literacy thematisiert. Dies gilt insbesonders für den ersten Teil des Bogens. Wir haben einen situationsgebundenen und prozessorientierten Ansatz gewählt. Das heißt u. a.:

◆ die Beobachtungen des einzelnen Kindes sind an bestimmte alltägliche Situationen und pädagogische Aktivitäten in der Einrichtung gebunden. Sprache ist keine konstante Größe, Kinder verhalten sich möglicherweise je nach Situation unterschiedlich, so dass wir damit ein viel differenzierteres Bild von Sprachkompetenz bekommen;

◆ die Beobachtungen zielen auch auf Lern*prozesse* und Lern*chancen* von Kindern, und nicht nur auf den sprachlichen „output". Wir haben Situationen ausgewählt, die für die Entwicklung und Förderung von Kindern im Bereich Sprache und Literacy besonders wichtig sind.

Es handelt sich um folgende sprachrelevante Situationen:

- Frühstückstisch / Brotzeittisch
- Gesprächsrunden
- Einzelgespräch mit pädagogischen Bezugspersonen
- Rollenspiele
- Bilderbuchbetrachtung
- Vorlesen / Erzählen
- freier Umgang mit Bilderbüchern
- Interesse an Schrift
- Reime / Sprachspiele
- Verständnis von Handlungsaufträgen
- Umgang mit Ausdrucksnot

All dies sind Situationen, die wir als Chancen für Kommunikation und Sprachlernprozesse sehen. Und das heißt: wir wollen mit dieser Auswahl von Beobachtungssituationen bereits eine Brücke bauen zwischen Beobachtung und Förderung. Wenn ein Bogen detailliert fragt, wie ein Kind sich verhält beim Einzelgespräch mit der Erzieherin oder beim Bilderbuchbetrachten oder bei Sprachspielen und die Erzieherin merkt, dass sie das gar nicht weiß, weil diese Situation mit diesem Kind selten vorkommt, dann wird sie vielleicht angeregt, diese Situation öfter herbeizuführen.

Eine Leitfrage für die Konstruktion dieses Teils war: Wie sehr sind Kinder bei sprachbezogenen Aktivitäten engagiert? Wieweit sind sie wirklich dabei, aktiv beteiligt? Engagiertheit, Beteiligung bei sprachlichen Interaktionen kann viele Gesichter haben: zuhören, verstehen, Fragen stellen, antworten, etwas erzählen, sich freuen usw.

Im Folgenden werden exemplarisch einige Situationen mit den entsprechenden *items* bzw. Fragen dargestellt. Jedes einzelne *item* ist mit einer 6-stufigen Skala versehen, von „sehr oft" bis „nie".

am Frühstückstisch (Frühstück / „Brotzeit")

Kind ...
- sitzt vor allem bei Kindern derselben Familiensprache
- hört aufmerksam zu bei Gesprächen in der Familiensprache
- hört aufmerksam zu bei deutschsprachigen Gesprächen
- beteiligt sich aktiv an Gesprächen in der Familiensprache
- geht auf deutschsprachige Fragen und Aufforderungen von Kindern ein
- beteiligt sich aktiv an Gesprächen in deutscher Sprache
- erzählt verständlich von etwas, das der Gesprächspartner nicht kennt oder sieht (von zu Hause, usw.)

Wir haben versucht, jeweils unterschiedliche Dimensionen von Sprache bzw. Sprachverhalten anzusprechen: zuhören, verstehen, sprachliche Aktivität, – möglichst für beide Sprachen, – und am Schluss die Frage nach dekontextualisierter Sprache. Das Verständnis und die Produktion von dekontextualisierter Sprache – das heißt von Äußerungen, die sich nicht auf den unmittelbaren Kontext beziehen – bereitet sozial benachteiligten Kindern sehr häufig Probleme und dies ist eine Kompetenz, die sehr wichtig ist für den Schriftspracherwerb.

Diese und noch weitere Dimensionen tauchen dann auch in anderen Situationen auf. Denn es ist wichtig zu beobachten, ob ein Kind mit anderen Kindern (beim Frühstück, beim Rollenspiel) frei und flüssig spricht und erzählt aber z. B. in strukturierteren, eher erzieherzentrierten Aktivitäten sprachlich sehr zurückhaltend ist.

Und wie ist das Interesse des Kindes bei literacy-bezogenen Aktivitäten – bei Aktivitäten rund um Buch-, Erzähl- und Schriftkultur?

Bilderbuchbetrachtung / Vorlesen / Erzählen als pädagogisches Angebot in einer Kleingruppe

Kind ...
- hört aufmerksam zu und schaut sich die Bilder an
- benennt einzelne Dinge auf der Bilderbuchseite
- versucht, einen Zusammenhang zwischen Bildern herzustellen, wird zum „Erzähler"
- ist sich des Unterschieds zwischen Bild und Text bewusst, z. B.: fragt nach, was „da steht", was da geschrieben ist
- hört aufmerksam zu bei einer kurzen Erzählung, die *nicht* durch Bilder / Gestik / Gegenstände veranschaulicht wird
- beteiligt sich am Gespräch über eine kurze Erzählung, die *nicht* durch Bilder / Gestik / Gegenstände veranschaulicht wird

- merkt sich eine einfache vorgelesene / erzählte Geschichte und erzählt sie später nach

„freier" Umgang mit Bilderbüchern (vom Kind ausgehend, nicht von der Erzieherin angeregt)

Kind ...
- sucht sich selbständig ein Bilderbuch aus
- blättert langsam, schaut sich einzelne Bilder an
- tut so, als ob es liest
- spricht zu den Bildern mit sich selbst
- spricht über die Bilder mit anderen Kindern
- bittet, dass ihm etwas vorgelesen wird

Interesse an Schrift (an „Lesen" und „Schreiben")

Kind...
- interessiert sich für Geschriebenes, fragt nach, was das heißt, z. B. bei Buch, Aushang in der Einrichtung, Schild, Logo
- malt von sich aus Buchstaben
- will eigenen Namen schreiben (oder z. B. einen „Brief")

Die Verbindung von Beobachtung und Förderung

Bei dieser Art von Beobachtung und Dokumentation bekomme ich differenzierte Informationen über die Lernsituation des Kindes in der Einrichtung. Gleichzeitig bekomme ich als Erzieherin auch Hinweise für meine eigene Arbeit: Wenn bestimmte Kinder keinen Spaß an der Bilderbuchbetrachtung haben, dann kann ich mich fragen, ob dies nicht auch am Bilderbuch liegt, an der Größe der Gruppe, oder an der Präsentation des Bilderbuchs.

Ich bekomme als Fachkraft zugleich konkrete Anregungen:
- für eine Reflexion des pädagogischen Angebots;
- für konkrete pädagogische Interventionen.

Das heißt, diese Art von Beobachtung ist unmittelbar relevant für eine einrichtungsbezogene Qualitätsentwicklung.

Womit wir beim Thema Sprachförderung sind. Hier möchte ich nur ein paar kurze Anmerkungen machen.

Sprachförderung von Migrantenkindern

Bei der Förderung von sozial und sprachlich benachteiligten Kindern und von Kindern, die Deutsch als Zweitsprache lernen, kommen Kindergärten, Vorschulen und das pädagogische Personal häufig unter Druck. Sie haben leicht das Gefühl, dass die Kinder nicht genug können, dass sie es in der Schule nicht schaffen werden. So wird dann zunehmend auf die Form der Sprache geachtet und immer weniger auf den Inhalt und auf die Bedeutung von Kommunikation. Konkreter:
– es kommt zu einer Häufung von Wortschatzübungen. Auch das Bilderbuchlesen wird zur Wortschatzübung und Kinder können keine Freude an Büchern entwickeln. Es wird dann viel mit Kärtchen gearbeitet, und es werden einzelne Worte immer wieder wiederholt. Damit kann man – so einige Untersuchungsergebnisse – nur kurzfristig den Wortschatz erweitern, und die Ebene des Satzes, der übergreifenden sprachlichen Zusammenhänge kommt zu kurz;
– der sprachliche „input" wird immer enger und gezielter;
– im Bemühen, dem Kind Deutsch beizubringen, kommt es auch im Alltag leicht zu einer Art von „nicht-authentischem" belehrenden Sprechen – im Tonfall, in der Satzmelodie;
– grammatische „Fehler" der Kinder beim Sprechen werden korrigiert (wenn auch indirekt, durch Echotechnik);
– bestimmte Satzformen werden gezielt eingeübt.

Dieser Weg ist nicht sehr produktiv. Er führt bestenfalls zu kurzfristigem Erfolg, nicht zu längerfristigen Effekten. Vor allem kann er die Sprechfreude, die Lust auf Sprache verbauen.

Sinnvoller erscheint mir ein Konzept, das für Gruppen mit Migrantenkindern grundsätzliche Formen der Sprachförderung wie das Gespräch, Laut und Wortspiele, Bilderbuchbetrachtung und Literacy-Erziehung intensiviert. Es bedarf jedoch zusätzlicher Anstrengungen und Maßnahmen, um eine angemessene, individuelle sprachliche Förderung der Kinder zu gewährleisten und entsprechend die Bildungschancen dieser Zielgruppen zu verbessern. Nicht empfehlenswert ist ein Konzept, das sozial und sprachlich benachteiligte Kinder und Kinder, die in der Kindertageseinrichtung deutsch als Zweitsprache lernen, „pathologisiert" und für die Förderung an sprachtherapeutische Dienste (für Kinder mit Sprachstörungen) verweist. Das angemessene Vorgehen ist eine Intensivierung der sprachlichen Anregung. Diese sollte Priorität haben. Dazu gehören:
– stärkere Betonung von strukturierten pädagogischen Angeboten;
– mehr Kleingruppenarbeit;
– stärkere Betonung von Einzelförderung;
– stärkere Betonung von Literacy-Erziehung;
– stärkere Einbeziehung von Eltern und Angehörigen;
– Wertschätzung und Förderung von Mehrsprachigkeit.

Um dies zu gewährleisten ist grundsätzlich eine niedrigerer Erzieher / Kind-Schlüssel nötig. Darüber hinaus empfiehlt sich, um eine angemessene individuelle sprachliche Anregung von Kindern zu gewährleisten, eine stärkere Öffnung der Einrichtung mit Blick auf eine aktive Beteiligung von zusätzlichen professionellen, semiprofessionellen und ehrenamtlichen Kräften. Beispiele: (bilinguale) Eltern, Großeltern und andere Verwandte, Vorlesepaten (Stiftung Lesen bietet Schulungen an), Fachkräfte für (mehrsprachige) Sprachförderung im Vorschulalter, bilinguale Frauen aus der Nachbarschaft (z. B. im Konzept von „Samenspel" aus den Niederlanden, das von den RAAs in Essen, NRW übernommen bzw. für deutsche Verhältnisse adaptiert wurde, vgl. Bericht in Kühn, 2001). Diese Bezugspersonen sollten mit dem Team der Einrichtung zusammenarbeiten und in den pädagogischen Alltag integriert werden. Das heißt, Sprachförderung wird nicht an „Spezialisten" delegiert, sondern von zusätzlichen Personen in der Einrichtung mitgetragen und diese Maßnahmen sind Bestandteil des gesamten Sprachförderungskonzepts der Einrichtung.

Ich möchte nun noch kurz einen Schwerpunkt erläutern, die sog. Literacy-Erziehung

Was heißt Literacy?

Für alle Kinder und ganz besonders für sozial benachteiligte Kinder erscheint mir speziell die Literacy-Erziehung eines der wichtigsten Aufgaben der vorschulischen Sprachförderung (vgl. Ulich, 2003).

Zunächst möchte ich kurz auf den Begriff „Literacy" eingehen

„Literacy" heißt wörtlich Lese- und Schreibkompetenz, und man könnte sagen: Lesen und Schreiben lernen die Kinder in der Schule. Aber so einfach ist es nicht. Zunehmend werden mit diesem Begriff nicht nur die formalen Fertigkeiten des Lesens und Schreibens assoziiert, sondern eine breite Palette von Kompetenzen – z. B. Textverständnis, Erzählkompetenz, Lesefreude, Vertrautheit mit Büchern, Vertrautheit mit Schriftsprache, schriftliche Ausdrucksfähigkeit, Wissen um die Verwendung und Funktion von Schrift und von Schriftsprache, Medienkompetenz.

Literacy-Kultur (Literacy-Erfahrungen) in der frühen Kindheit

Mit dieser Erweiterung des Begriffs Literacy hängt auch die Vorstellung von „Frühformen von Literacy" zusammen, von kindlichen Erfahrungen und von Aktivitäten rund ums Kind, die mit Literacy zu tun haben. Ein Fachbegriff dafür ist *emergent literacy*. Diese Aktivitäten rund um Literacy im frühen Kindesalter gewinnen seit den 80er Jahren international an Bedeutung – sowohl im pädagogischen Bereich als auch in der Forschung zur Sprachentwicklung oder Leseförderung. Es gibt inzwischen eine Unmenge von pädagogisch-praktischer und wissenschaftlicher Literatur dazu, ganz besonders im anglo-amerikanischen Bereich, aber auch in anderen Ländern und Erdteilen. Dies gilt aber nicht für Deutschland; erst seit PISA denkt man verstärkt an Literacy, allerdings z. T. mit kurschlüssigen Konzepten und Rezepten.

Die zentrale These dieser Forschung – die theoretisch und empirisch abgesichert ist – lautet:

Lange bevor Kinder beginnen, formal zu lesen und zu schreiben, machen sie Erfahrungen mit verschiedenen Facetten und Erscheinungsformen von Lese-, Erzähl- und Schreibkultur (die sogenannte Literacy-Kultur). Damit verbunden, entwickeln sie bestimmte Einstellungen, Kompetenzen und Wissen. Diese wirken sich langfristig sowohl auf die Sprachentwicklung als auch auf die Lese- und Schreibkompetenz aus – und somit auf die Bildungschancen.

Was beinhaltet konkret diese „Literacy-Kultur", was sind diese literacy-bezogenen Erfahrungen in der frühen Kindheit? Diese Erfahrungen können sehr vielfältig sein, zum Beispiel:

- Bilderbuch anschauen
- Bilderbücher geschenkt bekommen
- eine Bibliothek besuchen
- ein Buch ausleihen
- ein Lieblingsbilderbuch haben
- eine Geschichte hören
- über eine Geschichte sprechen
- eine Geschichte erzählen – mit Zuhörer
- erleben, wie der Erwachsene beim Vorlesen anders spricht
- beim Vorlesen gespannt auf die Auflösung der Geschichte warten
- Reime hören und erfinden
- den eigenen Namen schreiben
- Logos in der Umwelt erkennen (z. B. Coca Cola, McDonald's usw.)
- versuchen, ein Wort zu entziffern
- spontan „schreiben" und Erwachsene zeigen Interesse

erleben, wie in der Familie und näheren Umgebung Eltern, Geschwister, Freunde oder Verwandte:

- sich Geschichten erzählen
- ein Buch lesen
- eine Zeitschrift, eine Zeitung lesen
- ein Buch kaufen, ausleihen
- über einen Text / ein Buch sprechen
- einen Brief schreiben / lesen, vorlesen
- eine Postkarte schreiben / lesen, vorlesen
- eine Einkaufsliste schreiben
- einen Zettel hinterlassen mit einer Notiz „komme später ..." usw.
- sich in einem Katalog informieren

Ungleiche Bildungschancen

Diese frühe sprachliche und „literarische" Sozialisation von Kindern in der Familie ist in verschiedenen Kulturen und sozialen Gruppierungen sehr unterschiedlich. Das liegt auf der Hand, das kennen Sie. Dazu gibt es aber auch Zahlen.

Ein Beispiel sind die großen Unterschiede im Bereich von „Bilderbuchbetrachtung" in der Familie (shared book-reading). Untersuchungen in den USA haben ermittelt: Kinder aus Mittelschichtsfamilien kommen in die erste Schulklasse durchschnittlich mit 1000 bis 1700 Stunden eins-zu-eins Bilderbuchlesen, Kinder aus sozioökonomisch benachteiligten Familien mit durchschnittlich 25 Stunden (Adams, 1990). Diese Zahlen sind natürlich immer kulturspezifisch, aber ich denke, sie sind dennoch auch für uns und andere Länder aussagekräftig.

In jedem Fall gilt es festzuhalten, dass die sprachlich-literarischen Vorerfahrungen von Kindern, wenn sie in den Kindergarten kommen und wenn sie in die Schule kommen, sehr unterschiedlich sind. Im Bereich von Sprache und Literacy gibt es eine große Schere zwischen sogenannten „privilegierten" Kindern und sogenannten „unterpriviligierten" Kindern, eine große Chancenungleichheit – bezogen auf das herrschende Bildungssystem.

Diese Ausgangssituation hat einen wesentlichen Einfluss auf die Entwicklungschancen und Bildungslaufbahnen von Kindern – hier sind die empirischen Befunde eindeutig. Zahlreiche Untersuchungen zeigen: Reichhaltige Literacy-Erfahrungen in der frühen Kindheit wirken sich langfristig aus auf: Sprachkompetenz, Lesefreude, Lesekompetenz, Schreibkompetenz und natürlich auf die Bildungslaufbahn. Und hier sehe ich eine zentrale Aufgabe der außerfamilialen Erziehung – sei es in Kindertageseinrichtungen, im Hort, oder anderen Betreuungsformen.

Praktische Anregungen zur Literacy-Erziehung

Zentral ist natürlich das Bilderbuch lesen. Untersuchungen in den USA mit sozial und sprachlich benachteiligten Minderheiten haben gezeigt, dass gerade das Bilderbuch eines der effizientesten und langfristig wirksamsten Methoden der Sprachförderung ist. Dafür muss es aber regelmäßig passieren: mindestens 3 × wöchentlich und in der Kleingruppe, höchstens 5 Kinder. „Zu wenig Personal" heißt es dann; dazu zwei Anmerkungen:

1. Ich denke, wenn dies in einer Einrichtung zum erklärten Schwerpunkt wird, dann ist auch mehr Zeit dafür da.
2. Es gibt Möglichkeiten, sich Unterstützung zu holen – z. B. „Vorlesepaten" aus der Elternschaft, erweiterten Familie oder Umgebung, die extra zum Vorlesen in den Kindergarten kommen (dafür wäre auch ein Honorar denkbar).

In jedem Fall sollte eine bewusste Literacy-Erziehung stets die Eltern und die Familiensprachen der Kinder einbeziehen.

Literacy-Erziehung bedeutet auch – im Unterschied zur derzeitigen Praxis – Kindern vielfältige Begegnungen mit Schriftkultur zu ermöglichen. Lange vor Schuleintritt zeigen Kinder sehr häufig Interesse an Lesen und Schreiben, und so erscheint es wenig sinnvoll, an diesem Punkt pädagogisch ganz abstinent zu bleiben – ebenso wenig wie bei anderen Interessen von Kindern. Es geht also darum, das *Interesse* an Schrift und Schreiben zu verstärken oder zu wecken und zwar im Sinne eines explorativen, spielerischen Zugangs (vgl. Ulich, 2003).

Abschließend – nur stichpunktartig – einige Aktivitäten im Bereich der Literacy-Erziehung, die zum pädagogischen Alltag in Kindertageseinrichtungen gehören sollten:

– regelmäßige Ausleihe von Bilderbüchern nachhause (Kinder haben dafür extra Taschen) mit einem Ausleihsystem, das für Kinder transparent ist, bei dem sie aktiv sind;
– regelmäßige Bilderbuchausstellungen (mehrsprachig);
– Kinder diktieren eine Geschichte, diese wird von der Erzieherin aufgeschrieben; hier wird der Übergang von mündlicher Sprache zur Schriftsprache für Kinder sehr konkret;
– aus diesen Geschichten entsteht ein Buch, das Kinder nachhause nehmen (mit Deckel, Autorennamen, Seitenangaben);
– sammeln und entziffern von Logos, Symbolen und Worten aus der Umgebung;
– Migranteneltern bringen Schriftstücke in anderen Sprachen mit (auch aus anderen Schriftkulturen) – diese werden mit den Kindern besprochen und aufgehängt (Kalender, Plakate, Briefe usw.);
– das spontane „Schreiben" von Kindern wird geschätzt und gefördert – auch gegenüber Eltern; Anregung von Rollenspielen mit Schreibszenen (Bestellung im Restaurant, Einkaufslisten);
– Kinder „schreiben" – Briefe, Namen usw. – ganz so, wie sie wollen;
– Bereitstellung von Schreibutensilien, kleinen Blöcke für jedes Kind, Einrichtung einer „Schreibecke" in der Nähe der Bilderbuchecke und der Buchausleihe;
– Gruppenregeln und raumbezogene Regeln werden schriftlich an der Wand festgehalten
– die Erzieherin hat im Gruppenraum einen erhöhten Tisch, wo sie schreiben kann – (z. B. Schreibpult);
– Eltern erzählen ihre Lieblingsgeschichte aus der Kindheit – auch diese ergeben ein kleines Büchlein (eventuell mehrsprachig).

Literatur

Adams, M.J. (1990): Learning to Read: Thinking and Learning about Print. Cambridge, Mass: MIT Press.

Hargrave, A.C.; Sénéchal, M. (2000): A book reading intervention with preschool children who have limited vocabularies: The benefits of regular reading and dialogic reading. Early Childhood Research Quarterly, 15 (1), S. 75–90.

Gregory, E. & Kelly, C. (1992): Bilingualism and assessment, in: G.M. Blenkin & A.V. Kelly (Hrsg.): Assessment in Early Childhood Education. London: Paul Chapman, S. 144–162.

Kühn, S. (2001): Über die Grenzen schauen – Bericht über ein deutsch-niederländisches EU-Projekt zum Thema Mehrsprachigkeit und Elternarbeit im Elementarbereich. KiTa spezial, Sonderausgabe Nr. 3 Themenheft „Perspektivenvielfalt anerkennen – Interkulturelles Lernen in der Kindertageseinrichtung", S. 49–51.

Luchtenberg, S. (2002): Überlegungen zur Sprachstandsdiagnostik, in: Staatsinstitut für Schulpädagogik und Bildungsforschung (Hrsg): Kenntnisse in Deutsch als Zweitsprache. Screening-Modell für Schulanfänger. Stuttgart: Klett International, S. 73–92.

Mayr, T. & Ulich, M. (1999): Kinder gezielt beobachten (Teil 3). Die Engagiertheit von Kindern in Tageseinrichtungen. Kita aktuell (BY), 11 (5), S. 100–105.

Mayr, M. & Ulich, M. (2003): Die Engagiertheit von Kindern– zur systematischen Reflexion von Bildungsprozessen in Tageseinrichtungen, in: W. E. Fthenakis (Hrsg.): Elementarpädagogik nach PISA. Wie aus Kindertagesstätten Bildungseinrichtungen werden. Freiburg, Basel, Wien: Herder, S. 169–189.

Ulich, M. (1999): Sprachförderung in mehrsprachigen Kindergruppen – Fachkräfte zwischen Anspruch und Wirklichkeit. Kita aktuell, BY, Jg. 11, 4, 83–87 und BW Jg. 8, Heft 7/8, S. 157–161.

Ulich, M. (2003): Literacy – sprachliche Bildung im Elementarbereich. kindergarten heute, 33 (3), S. 6–18.

Ulich, M. (in Vorbereitung): Lust auf Sprache – sprachliche Bildung und Deutsch lernen im Kindergarten. Ein Videofilm für Praxis, Aus- und Fortbildung – mit Begleitheft.

Ulich, M. & Mayr, T. (1999): Beobachtung und Professionalität. In: H. Colberg-Schrader u.a. (Hrsg.) Kinder in Tageseinrichtungen. Ein Handbuch für Erzieherinnen, 8. Lieferung, S. 375–381. Seelze: Kallmeyersche Verlagsbuchhandlung.

Ulich, M. & Mayr, T. (in Vorbereitung) *SISMIK: S*prachverhalten und *I*nteresse an *S*prache bei *Mi*grantenkindern in *K*indergärten – ein Beobachtungsbogen für Erzieherinnen (erscheint ca. Juli 2003)

Ulich, M., Oberhuemer, P. & Soltendieck, M. (2001). Die Welt trifft sich im Kindergarten. Interkulturelle Arbeit und Sprachförderung. Weinheim, Basel, Berlin: Beltz.

Whitehead, M. (1994): Language and Literacy in the Early Years. London: Paul Chapman, 2. Aufl.

Whitehead, M. (im Druck): Literacy: Sprachliche Grundbildung und Schriftsprachkompetenz in der frühen Kindheit, in: W.E. Fthenakis & P. Oberhuemer (Hrsg.): Frühpädagogik international. Bildungsqualität im Blickpunkt. Leske und Budrich: Opladen.

Whitehurst, G.J. & Lonigan, C.J. (1998). Child Development and Emergent Literacy. Child Development, 69, 3, S. 848–872.

Sprach(en)entwicklung

GERD KEGEL

Wie Kinder zur Sprache kommen

Einleitung

Wir können die Entwicklung der Sprache nicht isolieren. Sie geht einher mit der Entwicklung des Bewusstseins, des Denkens und der Gefühle. Diese Eigenschaften des Menschen sind also immer mit zu beachten, wenn es darum geht, wie Kinder zur Sprache kommen (vgl. Kegel, 2000).

Lassen Sie mich kurz meine persönliche Haltung zu diesem Thema skizzieren. Ich möchte zu Ihnen nicht nur als Psycholinguist sprechen, sondern auch als Vater und ebenfalls als Praktiker, der mit entwicklungsgestörten Kindern gearbeitet hat.

Ich werde in diesem Artikel zwei Fragen miteinander verknüpfen:

(1) Was wissen wir über dieses komplexe Entwicklungsgeschehen?
(2) Wie können wir die Entwicklung positiv befördern?

Eine Vorbemerkung zu unserem Wissen: Arbeiten wir uns in die Geschichte der Kindersprachforschung bis hin zum aktuellen Stand der Forschung ein, dann werden wir von Theorien, Modellen und Entwicklungsdetails überschüttet. Gleichzeitig zerrinnt uns das erworbene Wissen wieder zwischen den Fingern. Denn Kontroversen zwischen den wissenschaftlichen Lagern prägen das Bild: Für fast jede Position gibt es eine Gegenposition (vgl. Kegel, 1987). Gegenüber der Wissenschaft ist daher Nüchternheit gefragt. So beziehe ich mich im Weiteren nicht auf neuere Streitigkeiten, sondern verknüpfe Theorien und Modelle, deren Vor- und Nachteile heute als abgeklärt gelten können. Das heißt auch, dass ich mich nicht vornehmlich an einer einzigen Theorie orientiere. Denn dies ist sicher: Keine Theorie kann allein dem komplexen Entwicklungsgeschehen gerecht werden.

Eine Vorbemerkung zu unseren Förderungsmöglichkeiten: Wir haben vor kurzem die Ratgeberliteratur geprüft. Zwingend vorgetragen werden hier Interventionen bis hin zu Trainingseinheiten: *Tun Sie in diesem Alter genau dieses und unterlassen Sie unbedingt jenes*. Diese Apodiktik hat mich misstrauisch gestimmt. Zudem widersprechen sich die Ratgeber allzu häufig. Halten wir fest, was grundsätzlich gegenüber dem Kind notwendig ist: Viel Zeit und intensive Zuwendung, Liebe und Respekt und schließlich Verzicht auf Ideologie. Letztere zeigt sich in meist gut gemeinten, aber hermetischen Erziehungsidealen und Erziehungsstilen, die die Sichtweise der Entwicklung vorprägen und damit dem einzelnen Kind selten gerecht werden. Nützlich ist in diesem Zusammenhang die Erinnerung an William Preyer (1912), den pädagogisch motivierten Gründer der Kindersprachforschung in der zweiten Hälfte des 19. Jahrhunderts. Preyer wollte seinen Sohn möglichst natürlich, ohne Dressur erziehen. Dazu, meinte er, müssen wir zunächst uns als Eltern auf die Entwicklung des Kindes einlassen und als Wissenschaftler die Entwicklung eingehend erforschen. Zuwendung und Wissen bilden die Grundlage für verantwortliche Entscheidungen in der Erziehung.

Bedacht sei, dass selbstverständlich zur Entwicklung Generelles, Allgemeingültiges gesagt werden kann, dass aber Entwicklung immer auch starke individuelle Züge zeigt. Einerseits betrifft dies das Auftreten einzelner sprachlicher Leistungen. So mag ein Kind bereits im Alter von einundhalb Jahren Zweiwortsätze äußern, bei einem anderen Kind treten sie erst ein dreiviertel Jahr später auf. Beides liegt in der Normalitätsbreite. Andererseits kann sich der Zugang zur Sprache deutlich unterscheiden. So können wir zwischen eher inhaltlich oder eher lautlich orientierten Kindern unterscheiden. Das zeigt sich sehr deutlich im 2. und 3. Lebensjahr. Inhaltlich ausgerichtete Kinder äußern ein Wort meist nur, wenn der bezeichnete Gegenstand für sie in diesem Moment sichtbar ist. Und lässt man in einem kleinen, des Öfteren wiederholten Reimspiel das zweite Reimwort aus, wird dieses häufig durch ein nicht reimendes, aber inhaltlich passendes Wort ersetzt. Lautlich ausgerichtete Kinder nutzen plappernd ihren Wortschatz, häufig unabhängig von den situativen Gegebenheiten. Im Reimspiel finden sie reimende Wörter, die aber inhaltlich nicht unbedingt passen müssen. – Gerade solch individuelle Entwicklungszüge wurden von der Forschung bisher kaum erfasst.

Zur Anlage und pränatalen Entwicklung

Werfen wir zunächst einen Blick auf die genetischen Voraussetzungen. Sprache wird als conditio humana verstanden. Sprache vor allem unterscheidet den Menschen von anderen hoch entwickelten Lebewesen. Auch diese verfügen über Kommunikationssysteme, deren Leistungsumfang aber im Vergleich mit der menschlichen Sprache drastisch geringer ausfällt. Die Menschenaffen sind uns genetisch sehr ähnlich, doch selbst intensivste Bemühungen wissenschaftlicher Betreuer bringen sie höchstens bis zu einem Kommunikationsvermögen, das etwa dem zweijähriger Kinder entspricht.

Ist der Spracherwerb als Reifung einer sprachspezifischen Anlage zu verstehen oder basiert er auf allgemeinen Anlagen etwa zur Verarbeitung von Umweltreizen, Motorik und Artikulationsphysiologie? Die Ansichten hierzu sind strittig. Wir müssen aber von gewichtigen Dispositionen ausgehen, denn ohne eine gewisse „Grundausstattung" ist der Erwerb von Sprache und Kognition nicht möglich. Sicher gehören zur Anlage:

- Biologische Reifungsdispositionen (wie Körperwachstum und Hirnreifung)
- Sensorische und kortikale Ausstattung (wie Wahrnehmungssysteme, Hirnkapazität)
- Gefühlsbegleitete Reflexe (wie Saugen und Greifen)
- Zeitverarbeitungssysteme (innere Uhren, etwa zur Registrierung von Ereignisfolgen) (vgl. Kegel, 1999)
- Identifikation artspezifischer Laute (also Unterscheidung zwischen Sprache und anderen Geräuschen)

Fragwürdiger ist schon, ob höhere Funktionen der genetischen Ausstattung zuzurechnen sind. Wahrscheinlich gehören kognitive Universalien zur Anlage. Darunter sind einfache Formen der Kausalitätsdeutung zu verstehen, etwa eine Disposition, zwei aufeinander folgende Ereignisse als Ursache und Wirkung aufzufassen. Entschieden strittig ist die Annahme, im Prozess der Evolution hätten sich sprachliche Universalien herausgebildet. Danach ist das Essentielle der Sprache dem Menschen mitgegeben, und das so ausgestattete Kind muss sich nur noch den spezifischen Eigenschaften seiner Muttersprache zuwenden.

Mit der pränatalen Phase beginnt der Einfluss der Umwelt. Ab dem 4. Monat kann der Fötus hören. Nachweislich reagiert er auf laute Umweltgeräusche. In sehr abgedämpfter Form hört der Fötus die Sprache der Mutter. Selbstverständlich versteht er die Sprache nicht, aber er wird vertraut mit dem Sprachklang, der Betonungscharakteristik und nimmt wahrscheinlich auch starke, mit Sprache verbundene Emotionen wahr. Ab dem 5. Monat kann der Fötus greifen, sich strecken und drehen. Schmerzempfinden tritt auf, Schreckreaktionen sind zu beobachten und bereits zu diesem Zeitpunkt werden Vorformen des Bewusstseins vermutet. Aus dieser Sicht gewinnt der Begriff Muttersprache eine tiefere Bedeutung. Für die künftige Sprachentwicklung spielt jetzt die Stimme (und Stimmung) der Mutter eine entscheidende Rolle.

Zum 1. Lebensjahr

Früher wurde das erste Lebensjahr des Menschen auch als das tierische Jahr bezeichnet. Man meinte, in dieser Lebensphase noch keine eigentlich menschlichen Leistungen wie eben die Sprache entdecken zu können. Heute wissen wir, dass in dieser Phase eine erstaunlich reiche Entwicklung stattfindet.

Direkt nach der Geburt kann der Säugling die Stimme der Mutter von der Stimme anderer Frauen ebenso unterscheiden wie die Muttersprache von einer Fremdsprache. Seine Regungen und Strebungen begleitet er zunächst mit Schreien, Weinen, Strampeln und Zappeln, dann mit Gurren und Lachen, später mit Lallen und gestischer Zuwendung. Das verständnisvolle sprachlich-emotionale Eingehen auf diese Regungen und Strebungen fördert die Differenzierung

des Ausdrucksverhaltens. Bedeutungen werden gemeinsam festgelegt.
Gekennzeichnet ist das erste Lebensjahr durch eine getrennte Entwicklung von Kommunikation / Sprache und Kognition. Die Entwicklung der Kommunikation geht der eigentlichen Sprachentwicklung voraus. Der Säugling wird dialogfähig. Botschaften mit hohem emotionalen Gehalt werden ausgetauscht. Diese Kommunikation ist ganzheitlich. Der verbale Gehalt kann noch nicht erfasst werden. Trotzdem ist eine komplexe Zuwendung keine Überforderung, sondern eine höchst willkommene Förderung. Sprechen, Erklären und Singen, auch Vorlesen trifft auf einen aufmerksamen Zuhörer. Hier zeigt sich die folgende Entwicklung:

- Affektive Bindung an den Betreuer. Die Mutter wendet sich dem Kind mit sehr emotionaler Stimmführung zu, wobei es auf den Inhalt des Gesagten nicht ankommt. Das Kind reagiert mit Zuwendung, Lächeln etc.

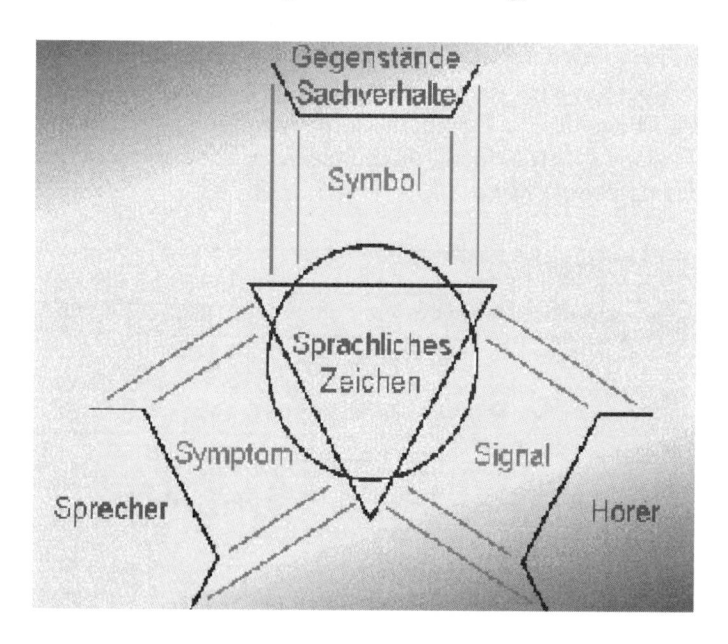

Abb. 1 Das Organonmodell nach Karl Bühler (1965)

- Entwicklung der Symptom- und Signalfunktion (vgl. Abb. 1). Bewegungen, Mimik, Schreien, Weinen etc. kennzeichnen die Befindlichkeit des Kindes. Die Mutter reagiert, stellt etwa Ursachen für Unbehagen ab. Das Kind lernt rasch und setzt seine zunächst als Symptom realisierten Ausdrucksmöglichkeiten als Signal, als Forderung ein.
- Grundsätzliche Dialogleistungen. Schon nach einigen Monaten hat die Mutter den Eindruck, sie führe mit dem Kind Gespräche. Der Eindruck ist grund-

sätzlich richtig. Es gibt einen Wechsel in der gegenseitigen Zuwendung im Sinne des späteren Sprecher-Hörer-Wechsels. Auch ist das Kind in der Lage, das „Gesprächsthema" zu bestimmen. Das mag es selbst sein oder vielleicht ein Gegenstand in seiner Greif- und Sichtweite.

- Lallen und Echosprache. Nach einem halben Jahr beginnt das Kind artikulierte sinnlose Laute, einfache Silben zu produzieren und häufig spielerisch zu wiederholen. Einige Monate später kann es einfache vorgesprochene Wörter ansatzweise imitieren.
- Erstes Wort. Viele Kinder kommen gegen Ende des 1. oder am Anfang des 2. Lebensjahres zur Bildung des ersten Wortes. Verdeutlicht wird dies mit einem Phasenmodell (vgl. Abb. 2). Entscheidendes Gewicht kommt hier dem Übergang von der 2. zur 3. Phase zu. Beobachtet werden Reaktionen des Kindes auf sprachliche Zuwendungen des Erwachsenen. Einerseits beginnt das Kind, wenn auch noch rudimentär, Äußerungen des Erwachsenen zu imitieren (Echosprache) – die Funktion der Wortwahrnehmung bildet sich heraus. Andererseits zeigt das Kind durch Ausdrucksbewegungen, dass es einfache Aufforderungen begreift – die Funktion des Wortverständnisses bildet sich heraus. Die Verbindung dieser beiden Funktionen schafft die Voraussetzung für die Aneignung der Wortsprache.

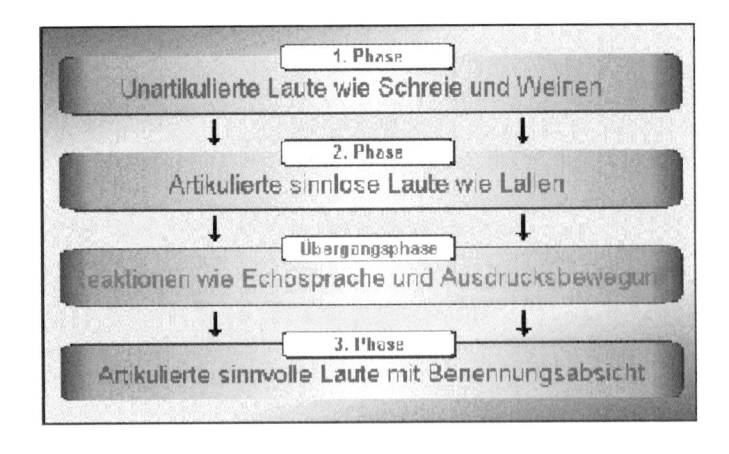

Abb. 2 Entwicklungsphasen nach Wundt (1904)

Schon im 1. Lebensjahr werden auf der Basis sensomotorischer Erfahrungen interne Konzepte der physikalischen Umgebung gebildet. Reizarmut oder Reizüberflutung können sich hier negativ auswirken. Die kognitiven Leistungen des ersten Lebensjahres sind nicht-sprachlich. Sie dienen also allein dem Verstehen der Umwelt und schlagen sich nicht im Kommunikationsverhalten nieder. Hier zeigt sich die folgende Entwicklung (vgl. Piaget, 1976; Fürth, 1972):

- Reflexbegründete Umwelterkundung, Anpassung und Kombination der Reflexsysteme. Saug-, Greif- und Augenreflexe ermöglichen die ersten aktiven Umweltkontakte. Ohne diese Reflexsysteme könnte das Neugeborene nicht überleben.
- Objektkonstanz. Zunächst ist ein Mensch oder Gegenstand für den Säugling nur dann existent, wenn er ihn wahrnimmt. Später lernt er, dass die Objekte unabhängig von seiner Wahrnehmung existieren, so etwa ein Spielzeug, das unter der Bettdecke versteckt wird. Dies führt dann zu aktivem Suchverhalten.
- Objektiver Raum. Das Suchverhalten verbindet sich mit Raumerkundung. Im Fortschritt von Wachstum und Beweglichkeit (sitzen, krabbeln, stehen, gehen) wird der vom Kind erfahrene Raum ständig erweitert. Das Kind lernt, dass der Raum nicht mit seinen jeweiligen Erfahrungsgrenzen endet.
- Verhaltenspläne. Das Suchverhalten folgt zunächst dem Prinzip von Versuch und Irrtum. Auf der Grundlage von Erfolgserfahrungen werden situationsgerechte Verhaltensmuster, also erste Pläne zum Problemlösen herausgebildet.

Zum 2. Lebensjahr

Die ersten Wörter bezeichnen Personen und Gegenstände. In der Kommunikation fungieren diese Einzelwörter als Sätze. Solche Einwortsätze vermitteln zunächst Befindlichkeiten (wie *Ich habe* ...) und Appelle (wie *Gib mir* ...), später auch Darstellungen (wie *Das ist* ...) (vgl. Abb. 1). Mit dem letzteren tritt die Symbolfunktion als spezifisch menschliche Kommunikationsleistung hervor.

Mitte des 2. Lebensjahres verfügen die meisten Kinder über 20 bis 30 Wörter. Mit diesem recht geringen Wortschatz lässt sich bereits viel ausdrücken. Die Bedeutung der Einwortsätze erschließt sich aus der Betonung (appellierend, fragend, konstatierend) und häufig aus der Einbindung in die Sprechsituation. Zum sicheren Verständnis bedarf es aber eines engen Kontaktes mit dem Kind. Intensives Eingehen auf das Kind führt beim Erwachsenen automatisch zu drei Reaktionsformen, die häufig miteinander verkoppelt sind: (1) der selektiven Bekräftigung, (2) der Stiftung von Assoziationen und (3) der Verwendung einer einfachen, deutlichen und gefühlsbetonten Sprache – dem Baby-Talk-Register.

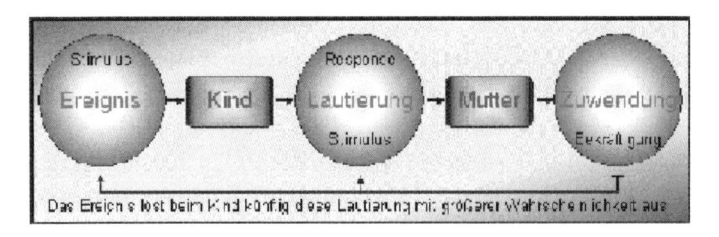

Abb. 3 Selektive Bekräftigung nach Skinner (1975)

Ad (1): Selektive Bekräftigung

Schwierigkeiten in der Kommunikation ergeben sich einerseits aus der kindlichen Artikulation, die gemessen an den Normen der Erwachsenen noch sehr ungenau ausfällt, und andererseits aus zu breiter, zu enger oder wechselnder Wortverwendung. Durch unbewusste, aber doch zielorientierte Intervention führt der Erwachsene das Kind zu den Artikulationsnormen der Umgebungssprache und zu einem stabilen Wortgebrauch. Dieser Prozess gründet auf Konditionierung über Bekräftigung (vgl. Abb. 3), die vom Erwachsenen selektiv eingesetzt wird. Zunächst reagiert der Erwachsene positiv auf jede Lautierung des Kindes, bald nur noch auf solche, deren Artikulation und Wortgebrauch entwicklungsgerecht erscheinen. Damit steigt die Wahrscheinlichkeit, dass das Kind künftig die bekräftigten Lautierungen in richtiger Verwendung produziert.

Ad (2): Stiftung von Assoziationen

Der Erwachsene reagiert nicht nur, sondern agiert und initiiert Spracherwerb. Betrachten wir ein Kind, das allein mit einem Ball spielt (vgl. Abb. 4, Objektebene). Die Objekteigenschaften des Balles stellen den Stimulus dar, der im Kind Reflexsysteme auslöst. Diese wiederum verantworten objektbezogene Responses wie Greifen, Fangen, Werfen etc. Wenn nun ein älterer Spielpartner anwesend ist, ändert sich das Geschehen. Der Partner spricht mit dem Kind und benennt häufig den Ball (vgl. Abb. 4, Sprachebene). Das führt zu zwei Effekten: Erstens werden Objekt und Wort assoziiert – das Kind erwirbt den Namen des Objekts. Zweitens werden immer wiederkehrende Bestandteile der Responses verinnerlicht – das Kind bildet ein Konzept des Objekts heraus. Sobald dies geschehen ist, reagiert das Kind auf das Wort *Ball* konzeptbezogen, häufig mit einer sprachlichen Response. Einfach ausgedrückt, für das Kind hat *Ball* jetzt eine Bedeutung. Aufgrund der unmittelbaren Beziehung von Wort und Gegenstand wird dieser Vorgang als direkter Worterwerb bezeichnet.

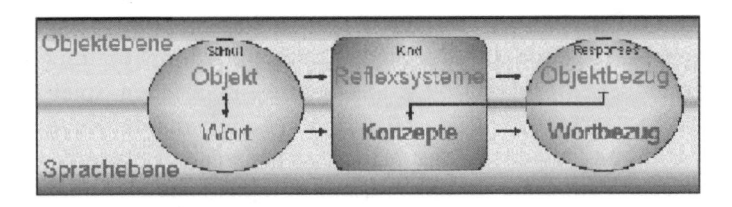

Abb. 4 Direkter Worterwerb über komplexes Assoziationslernen nach Osgood (1967)

Ad (3): Baby-Talk-Register

Zum kleinen Kind spricht der Erwachsene einfacher, deutlicher und gefühlsbetonter. Die Komplexität der Äußerungen ist stark verringert, konkrete Wörter, kurze Äußerungen, direkte Fragen, Aufforderungen und Korrekturen dominieren. Die Redundanz der Äußerungen ist stark erhöht, Wörter, Äußerungsteile und ganze Äußerungen werden wiederholt und erweitert. Die Sprechgeschwindigkeit ist langsamer und die Stimmführung emotional eindringlich mit einer höheren Tonlage und überdeutlichen Betonungsmustern. Kurz, der Erwachsene benutzt das Baby-Talk-Register (vgl. Snow, 1972).

Die Sprache in diesem Register ist immer etwas komplexer als die Sprache des Kindes. Sie zielt ab auf die nächste Entwicklungsphase. Eine Eigenschaft des Registers, die Expansion der kindlichen Äußerung durch den Erwachsenen, zeigt dies besonders deutlich. Wenn das Kind konstatierend *Ball* äußert, reagieren zugewandte Erwachsene deutlich betonend mit *Richtig, da ist dein Ball.* Dem Kind werden damit sprachliche Modelle angeboten – und dies sollte möglichst häufig geschehen.

Die Sprache des Erwachsenen wird durch die drei Prozesse der Vereinfachung, Verdeutlichung und Gefühlsbetonung entwicklungsgerecht gefiltert. In der Interaktion mit dem Kind führen diese Prozesse zu drei Funktionen (vgl. Abb. 5). Die Vereinfachung ermöglicht und erleichtert die Kommunikation mit dem Kind. Die Verdeutlichung vermittelt dem Kind Sprache und Wissen über Sprache. Die Gefühlsbetonung trägt wesentlich zur Sozialisation und Persönlichkeitsentwicklung des Kindes bei.

Abb. 5 Prozesse und Funktionen des Baby-Talk-Registers nach Ferguson (1977)

Gegen Ende des 2. Lebensjahres steigt der Wortschatz stark an, auch werden erste Zwei-Wort-Sätze gebildet. Förderliche Kommunikationssituationen ergeben sich bei den täglichen Verrichtungen und beim gemeinsamen Spiel. Beim Betrachten und Besprechen von Bilderbüchern ist es allein mit der Benennung von bisher unbekannten Dingen und Sachverhalten nicht getan. Hinzukommen sollten Erklärungen. Lieder und Reime erhöhen den Spaß an der Sprache.

Die Erwachsener-Kind-Interaktion fördert nicht nur die sprachliche, sondern auch die kognitive Entwicklung. Vorformen der Begriffsbildung werden durch Korrektur und Modell stabilisiert und differenziert. So mag ein Kind für alle sehr großen Pflanzen das Konzept Baum herausgebildet haben. In der Interaktion lernt es, dass es auch kleinere Bäume gibt, entscheidend sind der hölzerne Stamm, die Äste und Blätter oder Nadeln. In Zusammenhang mit Zweiwortsätzen kommt es zu Vorformen der Urteilsbildung. So mag ein Kind Flüssigkeiten in Flaschen grundsätzlich als trinkbar beurteilen. Nun lernt es, hier zu differenzieren, ohne unbedingt negative Erfahrungen gemacht zu haben. Am Ende dieser Phase steht ansatzweise das Wort als Träger des Begriffs und der Satz als Träger des Urteils zur Verfügung.

Zum 3. Lebensjahr

In den ersten zwei Lebensjahren entwickeln sich Sprache und Denken getrennt. Die Sprache ist noch nicht begrifflich, das Denken noch nicht sprachlich. Im 3. Lebensjahr verknüpfen sich diese beiden Entwicklungsstränge – allmählich werden Wörter zu Trägern von Begriffen. Sprache strukturiert das Denken und Denken intellektualisiert die Sprache (vgl. Abb. 6). Etwa in dieser Phase entwickelt das Kind Zeitkonzepte, kann also mit Vergangenheit, Gegenwart und Zukunft auch sprachlich umgehen. Die Sprache löst sich aus der Unmittelbarkeit des Hier-und-Jetzt. Die Kommunikation mit dem Kind gestaltet sich wesentlich reicher.

Abb. 6 Der Zusammenschluss von Sprache und Kognition (vgl. Wygotski, 1971)

Wörter kennzeichnen nun Begriffe, also kognitive Konzepte. Diese kindlichen Begriffe sind aber von jenen des Erwachsenen noch weit entfernt. Sie sind gebunden an die konkreten Erfahrungen, also vorstellbar als Namen für Gruppen von Objekten. Und bei den ersten Erfahrungen dominieren gestalthaft-synthetische Eindrücke, die sich aus räumlicher Nähe ergeben – etwa in dem Sinn, dass Benachbartes zusammengehört. Bald werden auch einzelne markante Eigenschaften von Objekten erkannt, so dass aufgrund dieser Analyseleistung nichtbenachbarte Objekte zu Gruppen zusammengefasst und mit einem Gruppennamen belegt werden können. Das Zusammenwirken synthetischer und analytischer Leistungen ist die Grundlage der weiteren Begriffsbildung.

Bei fördernder Umgebung tritt bereits in dieser Phase der indirekte Worterwerb auf. Der direkte Worterwerb (vgl. Abb. 4) setzt die Konfrontation mit einem konkreten Objekt oder Ereignis voraus. Die Grundlage dieses Worterwerbs ist der Umgang mit den Objekten und die Einbindung in die Ereignisse – Sprache und Denken beziehen sich auf das real Erfahrene, sind also durch die Beschaffenheit der Umgebung begrenzt. Die hier entstehenden Konzepte sind gestalthaft-synthetisch, also nicht mehr zerlegbar. Der Dialog mit Erwachsenen über Abbildungen von Objekten und Ereignissen führt zu der intellektuelleren und über die Umgebungserfahrung hinausweisende Form des indirekten Worterwerbs (vgl. Abb. 7).

Abb. 7 Indirekter Worterwerb auf der Grundlage des direkten Worterwerbs
(vgl. Osgood et al., 1967)

Beim gemeinsamen Betrachten von Abbildungen werden diese vom Erwachsenen erläutert. Nehmen wir einmal an, dass Mutter und Kind in einem Buch auf das Bild eines unbekannten Menschen stoßen, den die Mutter als *Eskimo* bezeichnet. Damit sich beim Kind eine Wortbedeutung herausbilden kann, muss sich die Mutter in ihrer Erklärung auf bereits vorhandene Konzepte aus dem direkten Worterwerb stützen. So erläutert sie *Eskimo* je nach Kenntnisstand des Kindes etwa mit *Jäger, Eis, Schnee, Hund, Schlitten, Pelz*. Die herangezogenen Konzepte fungieren als Eigenschaften des neu zu bildenden zusammengesetzten Konzepts, das merkmalorientierten analytischen Charakter aufweist.

Zum 4. bis 6. Lebensjahr

Dieser Phase folgt ein massiver Entwicklungsschub – sprachlich, kognitiv, emotional und sozial. Auf allen diesen Ebenen entdeckt das Kind sein Ich, verlässt die übergreifende und beschützende Kind-Betreuer-Einheit und entfaltet sein Selbst-Bewusstsein. Es wird zum Partner, dessen Auffassungen nicht unbedingt geteilt, aber respektiert werden sollten.

Dieser Respekt sollte auch in der Sprachform zu Ausdruck kommen. Kindgerechte Sprache verzichtet ebenso auf überflüssige Diminutive wie auf das Nachahmen kindlicher Artikulationsgewohnheiten. Und statt der 3. Person mit Namensnennung (wie *Papa kommt gleich zum Peter*) empfiehlt sich jetzt die angemessene Verwendung von Personalpronomen (wie *Ich komme gleich zu dir*). Nun soll das Kind aber nicht als kleiner Erwachsener behandelt werden. Zu beachten ist immer, dass das Kind noch über Jahre egozentrisch denkt und handelt, also Schwierigkeiten hat, sich in die Perspektive seines Partners hinein zu versetzen.

Vom Kind wird erwartet, dass es selbständig, einsichtig und kooperationsbereit ist. Es soll sich ebenso allein sinnvoll beschäftigen wie friedfertig in eine Gruppe einfügen können. Ihm wird schrittweise die Verantwortung für die eigene Körperhygiene übertragen. Großer Wert wird auf das Einhalten von Tischsitten und Höflichkeitsformen speziell bei der Begrüßung und Verabschiedung gelegt. Die Entwicklung von Kognition und Sprache ist also aus der Sicht des Erwachsenen auf gesellschaftliche Anpassung angelegt.

Anpassung kann durch Drill und Dressur erzeugt werden. Bekömmlicher für die Entwicklung sind Einstellungs- und Verhaltensveränderungen, die auf Einsicht beruhen. Nun setzt Einsicht gerade im sozialen Umgang die Fähigkeit voraus, sich in den anderen hineinzuversetzen, also die Perspektive des Partners zu übernehmen. Hier wird das Kind häufig überfordert, da sein Denken noch weitgehend egozentrischen Charakter aufweist. Dies zeigt sich bereits in der gegenständlich-räumlichen Orientierung.

Das egozentrische Denken hat Einfluss auf die Konzeptbildung und das soziale Verhalten. Bei Objekten wie einem Auto oder einem Haus sind vorn-hinten, rechts-links und unten-oben feste Eigenschaften. Bei einem Trinkglas oder einem Busch gilt dies nur noch für unten-oben. Und ein Ball hat in diesem Sinne keine feste Eigenschaft. Wenn ein Erwachsener sich auf einen Busch bezieht und dabei *vorn, hinten, links* oder *rechts* äußert, kennzeichnet er Relationen zwischen seiner Position und dem Busch. Er kann sagen: *Von mir aus gesehen links, von dir aus gesehen rechts*. Genau dazu ist das Kind dieses Alters nicht in der Lage (vgl. Abb. 8).

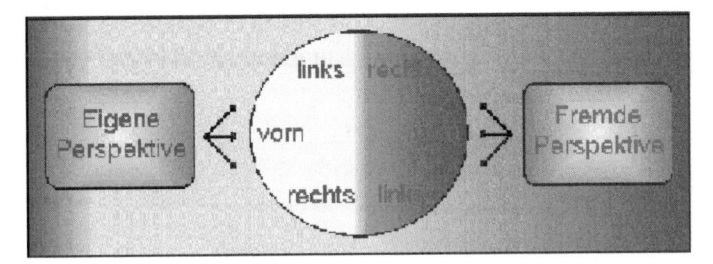

Abb. 8 Die egozentrische Objekterfassung durch das Kind

Die Begrenzungen durch das egozentrische Denken werden noch deutlicher, wenn man stabile Relationen wie Verwandtschaftsbeziehungen betrachtet. Aus der Aussage *Der ist mein Bruder* schließt der Erwachsene *Du bist dessen Bruder*. Der Erwachsene verfügt über ein vollständiges Konzept der Relation *Bruder* und kann sie daher umkehren. Über diese Fähigkeit verfügt das Kind noch nicht (vgl. Abb. 9).

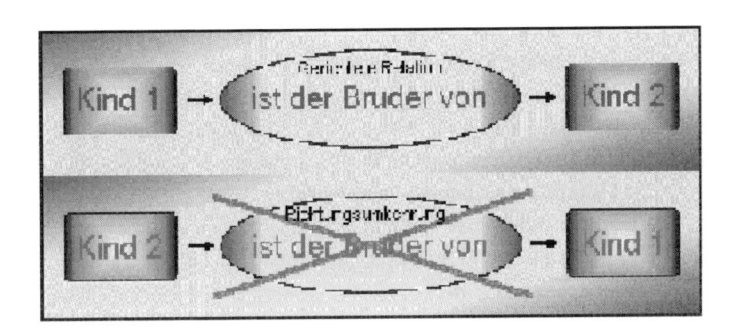

Abb. 9 Die egozentrische Begrenzung von Beziehungen

So kann ein Kind in der Phase des egozentrischen Denkens den Sinn gesellschaftlicher Normen nur einsehen, wenn diese unter einfühlendem Bezug auf seine eigene Sichtweise begründet werden.

Zentral für die sprachlichen Fortschritte des Vorschulkindes ist die Interaktion mit anderen Menschen, das phantasievolle Anknüpfen an diese Erfahrungen und das Spiel. Sinnvoller Umgang mit Medien muss gelernt werden. Zu empfehlen ist die Einbindung in ein Gespräch: Gemeinsames Aussuchen der Sendung, kommentierendes Betrachten und abschließendes Besprechen.

Vom 3. Lebensjahr bis zum Schuleintritt begleiten Kinder ihre Aktionen häufig mit Sprache, ohne sich an einen Gesprächspartner zu wenden. Diese Selbstgespräche umfassen Handlungsimpulse und Handlungsbeschreibungen; sie dienen der Selbststeuerung und Selbstkontrolle. Es ist höchst problematisch, mit sich selbst sprechende Vorschulkinder zur Ruhe zu ermahnen. Mit Schuleintritt verwandelt sich die handlungsbegleitende Sprache in die innere Sprache – ein wichtiges kognitives Werkzeug zur Problemlösung und Handlungsplanung (vgl. Piaget, 1972; Wygotski, 1971).

Literatur

Bühler, K. (1965, 2. Aufl.): Sprachtheorie. Stuttgart: Fischer.
Ferguson, C. A. (1977): Baby talk as a simplified register. In C. E. Snow / C. A. Ferguson (Hrsg.): Talking to children. Cambridge: Cambridge University Press.
Furth, H. G. (1972): Intelligenz und Erkennen – Die Grundlagen der genetischen Erkenntnistheorie Piagets. Frankfurt: Suhrkamp.
Kegel, G. (1987): Sprache und Sprechen des Kindes. Opladen: Westdeutscher Verlag.
Kegel, G. (1999): Entwicklung von Sprache und Kognition. www.psycholinguistik.uni-muenchen.de
Kegel, G. (2000): Störungen der Sprach- und Zeitverarbeitung. www.psycholinguistik.uni-muenchen.de
Osgood, C. E. / Suci, G. J. / Tannenbaum, P. H. (1967): The measurement of meaning. Urbana: University of Illinois Press.
Piaget, J. (1972, 1. Ausg. 1925): Sprechen und Denken des Kindes. Düsseldorf: Schwann.
Piaget, J. & Inhelder, B. (1976): Die Psychologie des Kindes. Olten: Walter.
Preyer, W. T. (1912, 9. Aufl.): Die Seele des Kindes. Leipzig: Grieben.
Skinner, B. F. (1957): Verbal behavior. New York: Appleton-Century-Crofts.
Snow, C. E. (1972): Mothers´speech to children learning language. Child Development 43
Wundt, W. (1904, 2. Aufl.): Völkerpsychologie. Bd. 1, Die Sprachen. Leipzig: Engelmann.
Wygotski, L. S. (1971): Denken und Sprechen. Stuttgart: Fischer.

KARIN JAMPERT

Aufwachsen mit mehreren Sprachen – Problem oder Chance?

Antworten auf die im Titel aufgeworfene Frage können extrem unterschiedlich ausfallen. Einerseits erkennt man frühe Mehrsprachigkeit als Bildungsvorteil und als Chance in einer globalisierten Welt und man schätzt sie als persönliche Bereicherung oder als beruflicher Vorteil in mehrsprachigen Gesellschaften. Andererseits wird kindliche Mehrsprachigkeit gleichgesetzt mit Ausdrucksnot und sprachlichen Defiziten. Bekanntermaßen erweist sie sich für viele Kinder als ungünstige Voraussetzung für ein erfolgreiches Durchlaufen des hiesigen Bildungssystems und als Hindernis für Chancengleichheit. Wie erleben aber mehrsprachige Kinder selbst ihre Sprachenvielfalt? Was bedeutet Mehrsprachigkeit für sie in ihrem Alltag und wie gehen sie mit den verschiedenen Sprachen um? Was motiviert Kinder, sich der Mühen des Sprachenerwerbs zu unterziehen?

Eine Annäherung an Sichtweisen, Handlungskonzepte, sprachliche Verhaltensweisen und Kompetenzen der Kinder kann innovative Einsichten und alternative Antworten auf die viel diskutierten Fragen ermöglichen. Als Diskussionsgrundlage stelle ich die Ergebnisse des Forschungsprojekts *Multikulturelles Kinderleben in unterschiedlichen regionalen Bezügen* vor, in dem die Sichtweise von Migrantenkindern im Mittelpunkt der Untersuchung stand. Ergänzend dazu wird im zweiten Teil des Beitrags auf Aspekte der kindlichen Persönlichkeit Bezug genommen, die entscheidend sind für die kindliche Leistung, sich in einer oder auch mehreren Sprache/n weiter zu entwickeln.

Eine Annäherung an die Perspektive der Kinder kann (einsprachigen) Erwachsenen bewusst machen:

– auf welche Art und mit welcher Bedeutung Kinder Sprache/n erleben und verwenden,
– weshalb manche Kinder sich sprachlich verweigern oder bestimmten Sprachen gegenüber verschließen,
– wodurch sich Kinder sprachlich weiterentwickeln und wie man sie dabei anregen und unterstützen kann.

Voraussetzung dafür ist, sich einzulassen auf den Umgang von Kindern mit Sprache als wichtigem Handwerkszeug ihrer Persönlichkeitsentwicklung, ihrer Umwelterkundung und der Gestaltung ihrer Beziehungen. Entwicklungspsychologisch relevant ist dabei insbesondere die unterschiedliche Bedeutung und Funktion von Sprache für Kinder und für Erwachsene. Erkenntnisse über die kindliche Motivation, sich der Sprache auf immer differenziertere Art zu bedienen und sie dadurch als Erkenntnismedium für sich zu gewinnen, liefern wichtige Hinweise, wie Kinder bei ihrer Sprachentwicklungsarbeit unterstützt und gefördert werden können.

Ergebnisse des Projekts *Multikulturelles Kinderleben*

Im Forschungsprojekt *Multikulturelles Kinderleben in unterschiedlichen regionalen Bezügen* des Deutschen Jugendinstituts (DJI) wurde das multikulturelle Leben und Erleben von Kindern in drei Großstadtregionen untersucht (1997– 2000). Dabei wurden über 1200 nicht-deutsche Kinder zwischen 5 und 11 Jahren in Köln, Frankfurt und München zu ihrer Lebenssituation befragt. Zwei Beispiele:

Interviewer: Gibt es denn eine Sprache, die du besonders gerne magst?

Ummahan: (11 Jahre, Mädchen, deutsch-türkisch): Ja, Türkisch. Weil, da verstehe ich, was ich sage. Bei Englisch manchmal nicht, bei Deutsch manchmal auch nicht. Wenn ich Türkisch rede und auch der andere, dann verstehe ich, was er sagt.

Interviewer: Was ist deine Lieblingssprache?

Günay: (9 Jahre, Junge, deutsch-türkisch) Türkisch. Ich lerne ja Deutsch. Wenn ich auch Französisch und Englisch lerne, dann könnte das auch meine Lieblingssprache sein. Aber es ist nicht viel Unterschied bei Deutsch und Türkisch. Ich mag auch Deutsch – kein Problem.

Interviewer: Wie ist es denn, wenn du etwas singst oder wenn du träumst?

Günay: In der Schule singen wir ja Deutsch. Aber zu Hause hören wir türkische Musik. Ich verstehe alles, bei Deutsch und bei Türkisch. Also für mich ist das kein Problem.

Interviewer: Und in welcher Sprache ist dein Lieblingslied?

Günay: Das ist in Deutsch. Ein Weihnachtslied.[1]

Die Antworten der Kinder enthalten Aussagen zum Sprachgefühl und zum sprachlichen Handeln von mehrsprachigen Kindern. Ummahan fühlt sich in der türkischen Sprache wohl. In dieser Sprache ist ihr alles vertraut und sie hat Sicherheit im Verstehen und im Sich Ausdrücken entwickelt. Deutsch und Englisch nennt sie in einem Atemzug, obwohl sie Deutsch als Zweitsprache bereits im Kindergarten gelernt hat und Englisch erst in der Schule als Fremdsprache. Beide Sprachen sind für sie unsicheres Terrain, auf dem sie sich nicht so gerne bewegt.

---

[1] Alle Zitate aus: Projekt Multikulturelles Kinderleben (4/2000): Wie Kinder multikulturellen Alltag erleben. Ergebnisse einer Kinderbefragung, München: Deutsches Jugendinstitut (nur noch als download abrufbar: http://www.dji.de/bibs/DJI_Multikulti_Heft4.pdf)

Ganz anders schildert Günay seine sprachliche Situation. Für ihn ist die Mehrsprachigkeit selbstverständlich, „kein Problem" wie er fachmännisch die Situation kommentiert. Die türkische und die deutsche Sprache sind beide in seinem alltäglichen Leben präsent: er denkt in beiden Sprachen, er fühlt in beiden Sprachen und er unterhält und informiert sich auf Deutsch und Türkisch. Neben Türkisch und Deutsch kennt Günay auch Französisch und Englisch. Er weiß, dass es anstelle von Türkisch oder Deutsch genauso möglich ist, als Kind mit diesen Sprachen aufzuwachsen.

Die Ergebnisse des Projekts *Multikulturelles Kinderleben* zeigen den alltäglichen Umgang der Kinder mit ihren verschiedenen Sprachen und geben Hinweise darauf, welche Gedanken Kinder aus ihren Handlungen und Erfahrungen heraus ausbilden. Die Interviews vermitteln Eindrücke, wie unterschiedlich die Erfahrungen sind, die Kinder mit Mehrsprachigkeit machen und welche zum Teil widersprüchlichen Einstellungen zur Mehrsprachigkeit sie entwickeln:

– Sie fühlen sich zum Beispiel kompetent, wenn sie für andere übersetzen können, wenn sie als Zweisprachige in Situationen sprachliche Vermittlungsdienste leisten.
– Sie erleben ihre Sprachkompetenz als Gewinn, wenn sie im Herkunftsland der Familie mit Verwandten kommunizieren und durch ihre Sprachkenntnisse problemlos Freunde gewinnen oder wieder besuchen können.
– Sie finden es gut, mit ihrer Mehrsprachigkeit ein Mittel zu besitzen, um andere Kinder – oder auch Erwachsene – bei Spielen auszutricksen oder auch gezielt von Informationen auszuschließen.

Die Kinder empfinden – zu Recht – nicht allein sich selbst als Grund für Kommunikationsschwierigkeiten, schließlich ist ja auch der Gesprächspartner nicht in der Lage, sich verständlich zu machen. Verständigungsprobleme haben nach ihrer Sicht zwei Seiten.

Mehrsprachigkeit ist für sie in ihrem Alltag ein selbstverständliches Element ihres Lebens. Nicht nur sie selbst, sondern ebenso viele ihrer Freunde sind mit verschiedenen Sprachen aufgewachsen:

Mehmet (9 Jahre, Junge, deutsch-türkisch): Also ich bin hier geboren, aber meine Eltern kommen aus der Türkei. Ich weiß Türkisch, spanische Kinder kennen Spanisch und Deutsch. Es ist genauso für deutsche oder für jugoslawische oder spanische Kinder. Die lernen auch zwei Sprachen: Spanisch und Deutsch oder Französisch und Deutsch.

Interviewer: Findest du das gut?

Mehmet: Ja, unser Treffpunkt ist Deutsch.

Allerdings erfahren sie auch Diskriminierung und Ausgrenzung über die Sprache. Besonders eindrücklich ist die Anfangszeit in Kindergarten oder Schule in ihrer Erinnerung verhaftet. Manche Kinder erleben sich als Außenseiter, schämen sich aufgrund ihres Nichtverstehens und sind auf die Hilfe von anderen angewiesen. Wichtig sind in dieser schwierigen Situation Freunde, die ihnen mit Übersetzungen helfen konnten und sie beim Erwerb der deutschen Sprache unterstützt haben:

Interviewer: Von anderen Kindern hast du also eine ganze Menge gelernt?

Merve (10 Jahre, Mädchen, deutsch-türkisch): Neben mir saß auch so einer, und der konnte schon gut Deutsch und der hat mir alles erklärt.

Interviewer: Gab es so Situationen, wo es schwierig war?

Merve: Ja, wo die Lehrerin das eine gesagt hat, irgendwas 'durch finstere Tannen' oder so, das konnte der mir nicht übersetzen, das wusste der auch nicht.

Auch bei ihren Eltern erleben viele Kinder fehlende Deutschkenntnisse als Grund für Isolation und Abhängigkeit. So wünscht sich ein Junge viele italienische Nachbarn in der Wohnumgebung, damit seine Mutter Gesprächspartner findet.

Daraus lassen sich wichtige Fragen für Fachkräfte, die in Tageseinrichtungen mit mehrsprachigen Kindern arbeiten, erschließen:

- Wie ist das Sprachverhalten der Kinder in ihren Familien? Welche Kenntnisse haben Sie über das Kommunikationsverhalten der Kinder mit ihren Eltern und mit den Geschwistern? Gibt es Anknüpfungspunkte zwischen der/den Sprache/n in der Familie und der/den Sprache/n in der Einrichtung?
- Mit welchen sprachlichen Kenntnissen kommen die Kinder in den Kindergarten? Gibt es große Unterschiede zwischen den Kindern? Wie kann Kindern in der Anfangssituation Sicherheit und Handlungskompetenz vermittelt werden?
- Wie sprechen die Kinder mit ihren Freunden in der Einrichtung? In welchem Maße wird von den Kindern in ihrer Muttersprache gesprochen? Wie stehen die Fachkräfte dazu?

Sprachverhalten in der Familie und mit Freunden

Tab. 1 Sprachverhalten in der Familien und unter Freunden

	Familie	Freunde
Deutsch	5%	37%
Muttersprache	17%	3%
Sprachenwechsel	26%	6%
Deutsch + Muttersprache	3%	6%
Deutsch + Sprachenwechsel	11%	39%
Muttersprache + Sprachenwechsel	34%	2%
Alles	4%	9%

In der Familie dominiert die Verwendung der Muttersprache, während im Freundeskreis die deutsche Sprache am häufigsten eingesetzt wird. Allerdings ist auch Deutsch in den weitaus meisten Familien präsent (nur 17 Prozent verwenden ausschließlich die Muttersprache in der Familie), vor allem durch die verbreitete Form des Sprachenwechsels. Die hohe Relevanz der Muttersprache in den Familien, insbesondere in der Kommunikation mit den Müttern, hat eine Grundlage in der frühen Eltern-Kind-Beziehung. In den ersten Lebensjahren verwenden die meisten Mütter und Väter im Kontakt mit ihren Babys und Kleinkindern ihre Erstsprache, da sie sich in dieser Sprache am differenziertesten ausdrücken und mitteilen können. Die Muttersprache ist ja das Kommunikationsmittel, in dem sie am besten ihre Gefühle vermitteln und in der sie sensibel auf alle Botschaften und Wünsche des Kindes reagieren können. Das Kind erlebt damit Geborgenheit und Versorgung, Liebe und Zuwendung in seiner frühen Kindheit in enger Verbindung mit der Muttersprache. Damit ist die Muttersprache für viele Migrantenkinder ein Teil der frühen Mutter-Vater-Kind-Bindung, die ein Fundament der weiteren persönlichen Entwicklung darstellt.

Auf die deutsche Sprache werden viele Kinder erst mit Eintritt in die Bildungsinstitution aufmerksam. Allerdings ist die Situation differenziert zu betrachten. Bei Kindern mit älteren Geschwistern zum Beispiel kann der Kontakt mit der deutschen Sprache bereits frühzeitig in der Familie erfolgen. Auch in Familien, in denen die Erstsprache bewusst zurückgestellt wird, haben die Kinder bereits frühzeitig Erfahrungen mit Deutsch gemacht.

Neben 50 Prozent der Kinder, die mit ihren Eltern nur in der Erstsprache sprechen, verwenden weitere knapp 50 Prozent für die Kommunikation mit Mutter und Vater den Sprachenwechsel. Im Gespräch mit den Geschwistern nimmt der Sprachenwechsel mit 56 Prozent sogar einen noch höheren Stellenwert ein. Der Sprachenwechsel erweist sich als eine Gesprächsart, die für die mehrsprachigen Kinder, Jugendlichen und auch Erwachsenen ganz selbstverständlich ist.

Tab. 2 Sprachverhalten mit Freizeitfreunden aus dem gleichen Herkunftsland

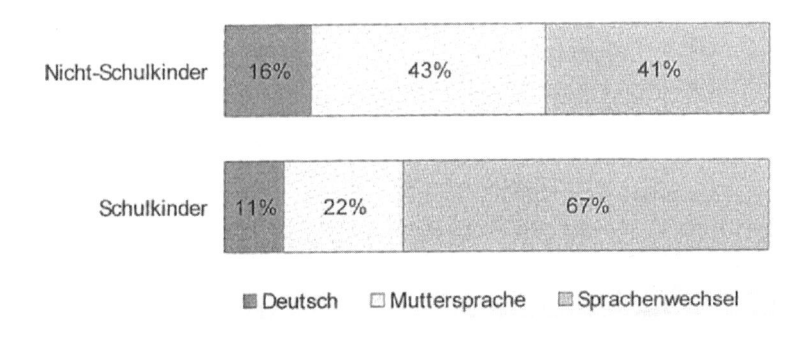

	Deutsch	Muttersprache	Sprachenwechsel
Nicht-Schulkinder	16%	43%	41%
Schulkinder	11%	22%	67%

Das Sprachverhalten der Kinder im Freundeskreis zeigt, dass, wenn es möglich ist und wenn es passt, beide Sprachen verwendet werden. Der Sprachenwechsel zeigt sich aufgrund der erhobenen Daten als das für die Kinder gängigste Sprachverhalten in kommunikativen Situationen mit Gleichaltrigen (gleicher Erstsprache) sowie im familiären Kontext.

Neuere Untersuchungen und Beobachtungen zu dieser besonderen Form des Sprachverhaltens bei Mehrsprachigkeit widerlegen die Vermutung, sprachliche Defizite seien hierfür die Ursache. In der Kinderbefragung hat sich gezeigt, dass der Sprachenwechsel im Prozess des Spracherwerbs mit zunehmendem Alter verstärkt praktiziert wird. Das heißt, je kompetenter die Kinder sprachlich werden, desto mehr benützen sie den Sprachenwechsel als kommunikatives Gestaltungsmittel (z. B. bei einer Situationsveränderung, wenn eine nur deutschsprachige Person in die Gesprächsrunde hinzutritt oder ein bestimmter Bedeutungsaspekt lässt sich nur in einer Sprache gut ausdrücken wie z. B. die differenzierten Bezeichnungen von Verwandtschaftsbeziehungen im Türkischen).

Sprachentwicklung als Teil der Gesamtpersönlichkeit
Sprache und Denken

Sprache existiert in einer engen Verbindung mit der Welt der Gedanken, sie ist unser Medium, Vorstellungen und Gedanken greifbar zu machen, über sie nachzudenken und uns frei zu machen von Gegenwart und Realität. Mit der Sprache können wir phantasieren, über Vergangenes und Zukünftiges nachdenken. Die enge Verbindung von Sprache und Denken führt leicht zu dem Fehlschluss, diese seien identisch, aber Sprache und Denken sind nicht dasselbe. Migranten sind häufig von dieser fatalen Gleichsetzung sprachlicher Ausdrucksmöglichkeiten mit geistigen Kompetenzen betroffen. Bekannt ist der Fehlschluss bei mehrsprachigen Kindern, die bei Eintritt in die Bildungsinstitutionen als Null-Sprachler wahrgenommen werden, obwohl sie eine sprachliche und kognitive Entwicklung wie jedes andere Kind hinter sich haben. Mit dieser Sichtweise der Kinder werden neben ihren sprachlichen Kenntnissen auch ihre mit der Muttersprache verknüpften Gefühle sowie Interessen und Fähigkeiten ausgeblendet. So kommt ein Bild zustande, das ein fünfjähriges Zuwandererkind als Sprachkleinkind definiert, dessen Sprachvermögen sich noch auf der Stufe eines ein- oder zweijährigen Kindes befinde.

Die Entwicklungslinien von Sprache und Denken treffen sich bei Kindern etwa im Alter von zwei Jahren. Vorher gibt es ein vorsprachliches, d. h. ein instrumentell-praktisches Denken (Erprobung von mechanischen Zusammenhängen) und ein vorintellektuelles Sprechen (Lautbildungen als expressiv-emotionale Reaktionen und Mittel des Kontakts mit Bezugspersonen). Ab zwei Jahren befruchten sich Denken und Sprechen gegenseitig und entwickeln sich in Abhängigkeit voneinander. Dieses bedeutsame Ereignis wurde vom Forscherehepaar Stern (1965) beschrieben. An ihren Beobachtungen lässt sich erkennen, wie bei Kindern ein erstes Bewusstsein von der Bedeutung der Sprache entsteht und der Wille, Sprache für sich zu erobern, geweckt wird: das Kind erkennt, dass jedes Ding einen Namen hat. Dieser bedeutsame Zeitpunkt, an dem sich Sprache und Denken miteinander verbinden, zeigt sich an zwei Kriterien: Bei jedem neuen Gegenstand fragt das Kind nach der Bezeichnung und ein rascher und sprunghafter Anstieg des Wortschatzes beginnt.

Wörter verhelfen uns dazu, Dinge wahrzunehmen und zu differenzieren, vieles lässt sich erst wahrnehmen oder erkennen, wenn ein Wort dafür zur Verfügung steht (z. B. Farbnamen). So erweitert die Sprache ständig unseren Gedankenhaushalt. Umgekehrt erweitert sich über unsere gedanklichen Fortschritte auch die Sprache. Es gibt ständig neue Phänomene und Erkenntnisse, die sich mit dem vorhandenen Wortmaterial nicht eindeutig begreifen lassen. Dass der Kreativität hier wenig Grenzen gesetzt sind, zeigen uns gerade auch Kinder mit ihren Wortschöpfungen und Wortkreationen. Ein gutes Beispiel für einen quasi natürlichen kreativen Umgang mit der Umgebungssprache sind die Sprachmischungen von Zuwandererkindern und –jugendlichen. Sie erschaffen sich so ihre eigene Sprache, die ein adäquater Ausdruck ihrer besonderen Lebenssituation und damit ihrer (sprachlichen) Identität ist. Das Experimentieren und Spielen mit Sprache, das Heranwachsen eines metasprachlichen Bewusstseins, ist ein wichtiges Indiz dafür, dass Kinder sich sprachlich weiterentwickeln. Für Tageseinrichtungen bietet sich eine Chance, mit Kindern Sprache/n zu einem Gegenstand von Spiel und Dialog zu machen.

Wichtig ist bei dem Zusammenhang von Sprache und Denken auch die Funktion von muttersprachlichen Kenntnissen. Bereits vor langer Zeit haben Untersuchungen (Skutnabb-Kangas, 1981; Cummins, 1982) belegt, dass eine Wechselwirkung zwischen dem Niveau der Muttersprache und einer Zweitsprache besteht. Kinder, die gute Kenntnisse in der Erstsprache besitzen, erwerben relativ leicht auch eine zweite Sprache auf einem hohen Niveau. Diese positiven Forschungsergebnisse weisen darauf hin, wie wichtig die Pflege und Unterstützung der Muttersprache für die gesamte Sprachentwicklung der Kinder ist. Beim Erwerb der zweiten Sprache ist es von entscheidender Bedeutung, ob ein Kind das Bedeutungskonzept eines Wortes bereits in seiner ersten Sprache aufgebaut hat. Ist ein kognitives Konzept vorhanden, stellt sich die Frage, ob es für die Zweitsprache abgerufen werden kann. Dies wird sich unter anderem daran entscheiden, wie weit und wie stabil der Prozess der Begriffsbildung vorangeschritten ist und ob das Kind einen sprachlichen Transfer herstellen kann. Dazu brauchen Kinder einen kreativen Umgang mit beiden Sprachen und die Erfahrung eines nützlichen und gewinnbringenden gegenseitigen Transfers der verschiedenen Sprachen im kindlichen Alltag.

Sprache und Individualität

Ein zweiter wichtiger Aspekt beim Spracherwerb ist die Individualität dieses Prozesses. Die Schwierigkeit der Wissenschaft, ein allgemeingültiges Erklärungskonzept für den Spracherwerb zu finden ist u. a. der Unterschiedlichkeit des Ablaufes geschuldet. Allein der Zeitpunkt, wann ein Kind zu sprechen beginnt, kann sich über eine Zeitspanne von mehr als einem Jahr unterscheiden. Über die Qualität der Sprache, die sich entwickeln wird, sagt dies nichts aus. Kinder sind Sprachpersönlichkeiten, was sich bei ihrem Spracherwerbsprozess, bei ihrer Art Sprache zu verwenden und auf ihre individuelle Art, Sprache für sich zu erobern, auswirkt.

So gibt es die sprachlich offenen, aktiven Kinder, die aus wenigen Wörtern ganz viel Kommunikation zaubern, die neben ihren verbalen auch alle nicht-verbalen Mittel einsetzen und denen es gelingt, sich auf vielfältige Weise verständlich zu machen. Daneben lassen sich Kinder wahrnehmen, die erst vorsichtig beobachtend passiv Sprache aufsammeln, bevor sie sich aktiv hervorwagen; die lange Zeit und eine große Portion an Sicherheit und Vertrauen brauchen, um sich sprachlich und nonverbal auszuprobieren. Die Wahrnehmung der Unterschiede in den Sprechpersönlichkeiten der Kinder liefert wichtige Vorinformationen für Überlegungen und Maßnahmen, wie Kinder bei ihrem Spracherwerb angeregt und begleitet werden können. Nur über eine genaue und kontinuierliche Einzelbeobachtung kann ein differenziertes Bild nicht nur über den aktuellen Sprachstand des jeweiligen Kindes entstehen, sondern auch – was extrem wichtig ist – ob das Kind motiviert ist, sich sprachlich weiterzuentwickeln. So stellt sich für jedes Kind immer wieder aufs Neue die Frage, ob seine verschiedenen Sprachen als interessante und gewinnbringende Medien von ihm erlebt und erfahren werden.

Wissenschaftlich nachgewiesen ist, dass sprachliche Motivation über Inhalte und interessengeleitete Aktivitäten entsteht. Sprachmotivierend wirken Anreize, die nicht unmittelbar an der Sprache ansetzen. Attraktive Aktivitäten und Themen, an denen die Kinder Interesse zeigen, regen sie zum Sprechen an. Im Vordergrund steht dabei der Inhalt der Tätigkeit, das Sprechen ist quasi Nebensache und Nebenprodukt für das Kind (Felix, 1978; McLaughlin & McLeod, 1997).

Sprache und Gefühle

> Interviewer: Kannst du dich noch erinnern, wie das war, als du in den Kindergarten gekommen bist?
>
> Deniz (11 Jahre, Junge, kurdisch-türkisch-deutsch): Ja, weil da habe ich mich erst mal blamiert, weil die dann gelacht haben. Dann habe ich mich geschämt.

Interviewer: Weil du kein Deutsch konntest?

Deniz: Ja!

Im Gespräch mit Deniz wird die Relevanz von Sprache in ihrer Vernetzung mit Emotionen sichtbar. Sprache trägt einen hohen emotionalen Anteil. Mit jeder sprachlichen Äußerung öffnet man sich gegenüber der Umgebung und gibt ein Stück Intimwelt preis. Eng verknüpft damit entsteht das Bedürfnis, sich problemlos verständlich machen und ausdrücken zu können. Dies ist eine wichtige Bedingung für das seelische Gleichgewicht. Insofern ist das Wohlbefinden beim Sprechen eng verknüpft mit der/den Sprache/n mit der/denen man aufgewachsen und vertraut ist.

Die hohe Relevanz des emotionalen Aspekts bei der Verwendung von Sprache ist an unterschiedlichen Phänomenen nachvollziehbar. Kinder 'verlieren ihre Sprache', wenn sie sich in Stresssituationen befinden. Umgekehrt gibt es Personen, die mit Hilfe der Sprache ihre Ängste und Sorgen 'tot reden'. Im Zusammenhang mit Zuwandererkindern ist schon lange das Phänomen des wochen-, monate- oder sogar jahrelangen Verstummens im Kindergarten bekannt. Die sprachliche Ausdrucksnot zwischen Erzieherin und Kind kann eine starke emotionale Beeinträchtigung der kindlichen Persönlichkeit bewirken. Wohlbefinden und emotionale Sicherheit lassen sich an der Art und Weise, wie Kinder mit Sprache agieren, erkennen. Das Sprachverhalten ist ein Indiz für die Gefühlslage des Kindes.

Auffällig ist bei einem Blick in die Praxis der Bildungsstätten, in welch starkem Maße Kommunikation und Annäherung ausschließlich auf Deutsch erfolgt. Die große Relevanz der Muttersprache für den gesamten Verlauf der kindlichen Entwicklung wird damit ausgeblendet. Ein Beispiel für Annäherung und das Erleben von Verständnis schildert der folgende Gesprächsausschnitt mit einer Erzieherin. Hier wird sichtbar, wie auch ohne gemeinsame verbale Sprache Nähe und Gesprächsbereitschaft signalisiert werden können. Entscheidend ist in vielen Situationen, dem Kind mit Empathie und Interesse zu begegnen:

„Wir haben einen dreijährigen italienischen Jungen bekommen, und der hat mir Geschichten erzählt. Mit den Händen hat er mir was erzählt. Er hat sich auf meinen Schoß gesetzt und ich habe ihm zugehört. Eigentlich habe ich mir gedacht, ja was meint er jetzt? Aber er hat erzählt und erzählt und hat nicht gewusst, dass ich nichts verstehe. Ich habe ihm zugehört und mir Zeit für ihn genommen." (Jampert, 2001)

Zusammenfassend

Mehrsprachigkeit als Chance oder Problem? Wahrnehmungen von und Umgangsweisen mit mehrsprachigen Kindern beziehen weder die differenzierte sprachliche Situation der Kinder in ausreichender Weise mit ein, noch reflektieren sie die Bedeutung der verschiedenen Sprachen für die bisherige Entwicklung der kindlichen Persönlichkeit. Meinungen zur Mehrsprachigkeit hierzulande sind weitgehend geprägt durch Sichtweisen von einsprachigen Personen. Für sie ist Mehrsprachigkeit – positiv als Chance oder negativ als Hindernis gesehen – immer etwas Besonderes: eine von der Norm abweichende Entwicklung. Beide Positionen widersprechen der von Kindern erlebten Normalität ihres mehrsprachigen Spracherwerbs. Für die Kinder selbst ist ihr mehrsprachiger Alltag eine Tatsache und Selbstverständlichkeit:

Interviewer: Von was hängt es denn ab, in welcher Sprache ihr euch zu Hause unterhaltet?

Benno (8 Jahre, Junge, deutsch-italienisch): Ist egal, wir denken immer in zwei Sprachen.

Literatur

Cummins, J. (1982): Die Schwellenniveau- und die Interdependenz-Hypothese: Erklärungen zum Erfolg zweisprachiger Erziehung, in: J. Swift (Hrsg.) Bilinguale und multikulturelle Erziehung. Würzburg: Königshausen + Neumann.

Felix, S. (1978): Linguistische Untersuchungen zum natürlichen Zweitsprachenerwerb, Tübingen.

Jampert, K. (2001): Sprachförderung entsteht über Beziehung und Aktivität, in: Projekt Multikulturelles Kinderleben, 5.

McLaughlin, B. & McLeod, B. (1997): Lernen in einer Zweitsprache. Entwicklungen in den USA, in: Bildung und Erziehung, 50. Jahrgang, Themenheft: Zweisprachige Schulen.

Projekt Multikulturelles Kinderleben (Hrsg.) (2000): Wie Kinder multikulturellen Alltag erleben. Ergebnisse einer Kinderbefragung, Projektheft 4/2000, München: Deutsches Jugendinstitut.

Projekt Multikulturelles Kinderleben (Hrsg.) (2001): Treffpunkt deutsche Sprache – Sprachförderung von mehrsprachigen Kindern in Tageseinrichtungen. Eine Tagungsdokumentation, Projektheft 5/2001. München: Deutsches Jugendinstitut.

Skuttnabb-Kangas, T. (1981): Bilingualism or Not. The Education of Minorities. Clevedon: Multilingual Matters.

Stern, C. & Stern, W. (1965): Die Kindersprache. Darmstadt: Wissenschaftliche Buchgesellschaft.

Erzählen – Sprachförderung

JOHANNES MERKEL

Erzählen – der erste Schritt zur Medienerziehung

Vom erzählenden Sprechen

Wenn wir Kinder zum Sprechen – und damit zur Sprache – bringen wollen, heißt das nicht zuletzt, dass wir sie zum Erzählen bringen. Was aber heißt erzählen gegenüber anderen Sprechweisen, dem Erklären etwa, dem Berichten, dem Beschreiben? Wir können uns den Sinn erzählenden Sprechens klarmachen, indem wir nachvollziehen, wie die Fähigkeit zu erzählen in der Kindheit erworben wird.

Wenn Kinder im zweiten Lebensjahr ihre ersten „Einwortsätze" benutzen, lernen sie Sprechen als Instrument zu benutzen, und sie bemerken schon bald, dass sich damit mehr erreichen lässt als mit körperlichen Handlungen, über die sich sie sich bisher ausdrückten. Statt nach einer Tasse zu greifen, bewirken sie nun mit dem Wörtchen „tinken", dass ihnen die Tasse gebracht wird. Worte sind Zauberhände, die auch dann nach dem Gewünschten zu greifen erlauben, wenn es sich weit außerhalb der Reichweite der eigenen Hände befindet. Das Kind kann nun mit und über Sprache handelnd auf seine Umgebung einwirken. Es kann „sprachhandeln", und hat damit einen „operativen Sprachgebrauch" gelernt.

Im dritten Lebensjahr erweitert sich seine Weise, Sprache zu benutzen: Es mag sich nun beispielsweise erinnern, dass am Vortag die Tasse umgestoßen wurde und die Milch über den Tisch lief. Es wird dann vielleicht seine leere Tasse umstoßen und sagen: „Mich weg". Der Erwachsene, der die verschüttete Tasse miterlebte, wird verstehen, dass sich die Äußerung auf den Vortag bezieht, und die kindliche Äußerung vervollständigt wiederholen: „Ja, gestern hast du deine Tasse umgestoßen und die Milch ist über den Tisch gelaufen". Bald wird das Kind dann in der Lage sein, dieses Ereignis mit seinen wachsenden sprachlichen Ausdrucksmitteln mehr oder weniger vollständig nachzustellen, so dass es auch Nichtbeteiligte verstehen können. Damit hat es im Ansatz gelernt, zu erzählen. Diesen Sprachgebrauch können wir als „narrativ" bezeichnen.

Worin liegt der Unterschied zwischen beiden Äußerungen? Statt in einer gegebenen Situation mit Hilfe sprachlicher Äußerungen auf diese Situation einzuwirken, wird die Handlung von gestern, die heute nur noch in der Vorstellung des Sprechenden existiert, mit sprachlichen Mitteln nachgestellt. Ich möchte gleich hier darauf hinweisen, dass diese Beschreibung eigentlich keine Unterscheidung zwischen Ereignissen zulässt, die „wirklich" passiert sind, und solchen, die sich der Erzählende ausdachte: In beiden Fällen existiert das Ereignis nur in der Vorstellung, hat weder für den Erzählenden noch für die Hörer die Qualität einer sinnlich greifbaren Wirklichkeit. Die Grenze zwischen „echt" und „ausgedacht" macht von der mentalen Tätigkeit her gesehen, die das Erzählen begleitet, keinen Sinn. Vorschulkinder übernehmen diese Unterscheidung erst allmählich und für jüngere Kinder bleibt sie lange ziemlich unverständlich. Was in ihnen vorgeht, hat für sie noch die gleiche, und oft sogar eine größere Macht über ihre Wahrnehmung als die mit Sinnen greifbare Außenwelt. Deshalb ertappen wir Kinder dieses Alters immer wieder dabei, dass sie uns ihre Phantasien als Tatsachen verkaufen. Werfen wir ihnen dann vor, sie würden doch nur lügen, beschneiden wir damit ihre Vorstellungswelt und hindern sie am Erzählen.

Erzählen heißt nicht nur reden

Erzählen fällt Kindern sichtbar schwerer als das Sprechen in alltäglichen Handlungskontexten. Aus einem einfachen Grund: eben weil dieser Handlungskontext fehlt. Im operativen Sprechen beziehen sie sich zunächst auf Menschen und Dinge, die gegenwärtig wahrnehmbar sind. Erzählend müssen sowohl die Handlungen wie die Situationen, in denen sie erfolgen, nachgestellt und damit für die Hörer vorstellbar gemacht werden. Zumindest ein Erzählen, das auch für den unbeteiligten Zuhörer verständlich ist, verlangt eine schon ausgeprägte Sprachbeherrschung. Narratives Sprechen erscheint deshalb später als operatives Sprechen. Es setzt erst ein, sobald komplexere grammatische Bezüge beherrscht werden, insbesondere die Vergangenheitsformen, das heißt im dritten und vierten Lebensjahr.

Das gilt allerdings nur für das ausgeführte sprachliche Mitteilen. Schon ehe sie die ersten Sprachäußerungen zustande bringen, verstehen sich Kinder längst über Gesten verständlich zu machen: Auch wo die Tasse zu weit entfernt steht, wird ein Kind danach zu greifen versuchen, und dieses Greifen zu einem gestischen Zeichen verkürzen, das sich dann in anderen Situationen wieder einsetzen lässt. Auch später werden alle Sprachäußerungen von solchen Gesten durchsetzt und ergänzt werden und in den körperlichen Ausdruck eingebettet sein. Erst in der Schule werden Schüler dann aufgefordert werden, vollständige Sätze zu bilden und sich damit ausschließlich der sprachlichen Mitteilung zu bedienen, um darüber die Grundlagen für das Schreiben zu legen. Zwar wird die Aufmerksamkeit dadurch nun vor allem auf die sprachliche Botschaft gerichtet, aber im Gespräch werden weiterhin auch körperliche und gestische Ausdrucksmittel genutzt.

Auch das Erzählen setzt mit gestischen Mitteilungen ein, bevor es in ausgeführten sprachlichen Sätzen erfolgt. Es spielen sich dabei aber etwas andere Gesten in den Vordergrund. Schon die umgestoßene leere Tasse hat eine andere Qualität als das Greifen nach der fernen Tasse. Es ist eine Art Spielgeste, die das Ereignis der verschütteten Milch nachbildet. Man kann auch sagen, es handele sich um eine verkürzte Spielhandlung, die ähnlich wie das ausgeführte Spielen die damit gemeinte Handlung in der Vorstellung wachruft. Es ist kein Zufall, dass diese Art gestischer Darstellung auch bei verbesserter Sprachbeherrschung alle Erzählungen durchsetzt: Erzählend versuchen wir ja den Hörer aus dem Hier und Jetzt des Erzählens in das Dort und Damals der Erzählung zu entführen, und damit seine Aufmerksamkeit aus der gegebenen sinnlich wahrnehmbaren Situation in die Welt der erzählten Fiktion zu lenken. Die Spielgesten regen die Vorstellungsfähigkeit an und helfen, das Erzählte anschaulich nachzuvollziehen.

Wenn wir vor Kindern erzählen, sollten wir uns nicht auf den sprachlichen Ausdruck beschränken. Zunächst einmal, weil wir uns damit besser verständlich machen: Gestische und spielerische Darstellungen knüpfen an die alltägliche Kommunikation an, wo wir uns stets auf beiden Kanälen äußern, dem hörbaren der Sprache und dem sichtbaren der körperlichen Zeichen. Je unvollkommener die Sprachbeherrschung der Kinder noch ist, desto größere Aufmerksamkeit richten sie auf die nonverbalen Mitteilungen. Diese sinnlichen Zeichen helfen ihnen also die Geschichten rascher und nachhaltiger aufzunehmen. Die sprachliche Ebene wird ergänzt durch eine spielerische, die wie alles Spielen Bilder dieser Handlungen hervorruft. Andere Formen der sinnlichen Verkörperung regen die Vorstellung in ähnlicher Weise an: Das Erzählen mit Gegenständen, die man nach Bedarf aus einer Kiste holt, das Erzählen mit Puppen oder auch das improvisierende, die Geschichte begleitende Zeichnen (das dann aber auf einem senkrechten Plakat erfolgen sollte, damit es alle mitbekommen). Gestik hat den Vorteil, dass sie ohne große Vorbereitung immer und überall zur Verfügung steht.

Je anschaulicher die Geschichte vorgestellt und je besser sie deshalb verstanden wird, desto eher regt sie dazu an, darüber zu sprechen oder gar selbst eine Geschichte zu erzählen. Die immer noch verbreitete Befürchtung, die Kinder würden durch eine lebendige Darstellung abgelenkt und davon abgehalten, sich sprachlich auszudrücken, ist recht unbegründet. Für Vorschulkinder ist Sprache immer noch fast ausschließlich gesprochene Sprache und die Förderung sprachlicher Fähigkeiten wird sich an ihr entwickeln müssen.

Die Nähe, die lebendiges Erzählen zu den Formen alltäglicher Unterhaltungen hat, macht die Begeisterung, die erzählte Geschichten vor allem bei jüngeren Kindern auslösen, noch einmal von einer ganz anderen Seite verständlich. Es ist deshalb gar nicht empfehlenswert, mit erhobenem Tonfall und einem geheimnisvollen „Es war einmal…" zu beginnen. Gerade wo man im Stil alltäglichen Sprechens beginnt, treten die außergewöhnlichen Ereignisse der Geschichte umso schärfer hervor.

„Bildschirm der inneren Welt"

Was Kinder im Kindergartenalter selbst erzählen, empfinden wir häufig noch gar nicht als „echte" Geschichten. Wir finden solche Erzählungen vielleicht belustigend und putzig, aber es fehlt ihnen doch sichtbar etwas, was zu einer Geschichte zu gehören scheint.

Die „Textsorte Geschichte" folgt einem ziemlich festen Bauplan, der beim mündlichen Erzählen eingehalten werden muss, damit Menschen und ihre Handlungen beim flüchtigen Hören aufgenommen und wiedergegeben werden können. Auf das Nötigste verkürzt, erwarten wir folgende Informationen: Zum Einstieg wollen wir wissen, wem die Geschichte passierte, wo und zu welcher Zeit. Danach muss ein Ereignis in das Leben dieses Helden eingreifen, das die alltägliche Erwartung sprengt. Schließlich ist zu berichten, wie der Held mit dieser Herausforderung umging und zu welchem Ergebnis das führte, sei es, dass er damit zu Rande kam oder daran scheiterte. Damit ist der Schlusspunkt gesetzt, der allenfalls noch einige wertende Anmerkungen von Seiten des Erzählenden erlaubt, wie sie auch sonst in die Erzählung eingestreut werden dürfen.

Dieses „Geschichtenschema" aber beherrschen jüngere Kinder noch nicht und es dauert ziemlich lange, bis sie es alle seine Anforderungen zu erfüllen verstehen. Vollständig beachtet wird es meist erst etwa um das zehnte bis zwölfte Lebensjahr.

Im Alltagsverständnis erzählen wir um wiederzugeben, was uns irgendwann einmal widerfahren ist. Dem steht jedoch die Feststellung gegenüber, dass Geschichten einem Strukturschema folgen müssen, um als Geschichten anerkannt zu werden. Aus unseren laufenden alltäglichen Handlungen und Wahrnehmungen lassen sich allenfalls Beschreibungen bauen, die die meisten Hörer mit Langeweile quittieren würden. Und nur selten erleben wir so außergewöhnliche Ereignisse, dass sie sich für eine gute Erzählung anbieten. Deshalb dramatisieren wir als Erzähler unsere Vorlagen, passen sie den Anforderungen an eine echte Geschichte an, und tun das um so ungenierter, je besser wir damit ankommen.

Dass wir „wirkliche" Erfahrungen verbiegen müssen, um zu erzählbaren Geschichten zu kommen, mag eine etwas unangenehme Feststellung sein, die unserem Selbstverständnis widerspricht, zumindest wenn wir Erlebnisse erzählen, wiedergeben, was wirklich passiert ist. Gerade weil sie die Anforderungen an Geschichten noch unvollständig erfüllen, werfen die Erzählungen sehr junger Kinder ein bezeichnendes Licht auf das, was Geschichten ausmacht. Sie erzählen entweder reine Alltagssequenzen oder setzen Phantasien unverbunden nebeneinander. Meist mixen sie sogar beide Elemente ohne einen erkennbaren Zusammenhang wie die folgende Erzählung eines dreijährigen Jungen:

"Papa arbeitet auf der Bank. Und Mama macht das Frühstück. Dann stehen wir auf und werden angezogen. Und das Baby isst Frühstück und Honig. Wir gehen in die Schule und werden dafür angezogen. Ich ziehe den Mantel an und gehe ins Auto. Und der Löwe im Käfig. Der Bär lief so schnell, und er rennt, um den Bären zurückzubringen in den Käfig." (Pitcher / Prelinger, zit. nach Johannes Merkel: Spielen, Erzählen, Phantasieren – Sprache der inneren Welt, München 2000, S. 84)

Offenbar versprachlichen solche Äußerungen, was den Kindern gerade durch den Kopf schießt. Ich könnte auch sagen: Sie veräußerlichen, was auf dem Bildschirm ihrer inneren Wahrnehmung erscheint. Allmählich lernen sie, diese beiden Elemente, die Alltagswahrnehmung und die Phantasievorstellung, aufeinander zu beziehen, sie irgendwie auseinander hervorgehen zu lassen. Schließlich werden die die Alltagswahrnehmung sprengenden Phantasien in diese Alltagswelt integriert, ihr Auftauchen wird motiviert, das Außergewöhnliche und Phantastische greift in die gewöhnliche Lebenswelt ein und wird mit ihr verbunden. Die beste Geschichte ist die, in der das Unwahrscheinlichste passiert, und doch so selbstverständlich erscheint, als könnte es gar nicht anders sein.

Geschichten, kann ich nun sagen, versetzen die alltägliche soziale Lebenswelt mit den oft durchaus unsozialen Phantasien, Wünschen und Ängsten, die wir in unserer Vorstellungswelt ausbilden. Indem wir sie aufeinander beziehen und eng miteinander verbinden, versöhnen sie diese beiden Seiten unserer persönlichen Welt, die oft genug in einem unversöhnlichen Gegensatz stehen. Diese Verbindung wird als lustvoll und befriedigend empfunden, selbst dann noch, wenn der Held am phantastischen Ereignis scheitert. Es ist diese Versöhnung von Innen und Außen, die das Hören von Geschichten so faszinierend macht, für uns Erwachsene nicht anders als für unsere Kinder.

Im eigentlichen „Erzählalter" (das man so etwa vom vierten bis achten oder zehnten Lebensjahr ansetzen könnte) erfahren Kinder die Welt vor allem über vorgestellte symbolische Handlungen und spielen sie symbolisch in ihren Rollenspielen nach. Als Babys konnten sie ihre Umwelt nur handelnd erschließen, als Jugendliche werden sie sie auch über das Nachdenken begreifen. Kinder im Vorschulalter bis weit ins Schulalter verarbeiten ihre Wahrnehmungen und ihre Umwelt über erzählende Spiele und spielerische Erzählungen.

Es geht dabei aber nicht allein um das Nachstellen der wahrgenommenen Welt. Zwar hat das Kind gelernt, sich die Welt in seinem Kopf nachzubilden, aber es baut die Welt eben auch nach seinem Kopf um. Nehmen wir zum Beispiel die Träume, die nach dem Verständnis der meisten Traumdeutungen mit den Elementen des äußeren Erlebens („Tagesresten") die tieferen inneren Strebungen zum Ausdruck bringen. Es sind zunächst sehr individuelle Erfahrungen, die kein Anderer nachvollziehen kann. Ich kann sie wohl erzählen, habe aber das Gefühl, dass sie sich dabei verändern und nicht mehr der Traumerfahrung entsprechen. Warum? Weil ich sie erzählend veräußerlichen und in die Formen pressen muss, die ihre Kommunizierbarkeit sichern, weil sie anders für den Zuhörer nicht nachvollziehbar sind. (Übrigens fällt es Vorschulkindern noch schwer, zwischen Träumen und Geschichten zu unterscheiden. Viele Geschichten, die sie spontan erzählen, gehen auf Traumerfahrungen zurück.)

Jede Art von Erzählungen übt auf Kinder im Vorschul- und Grundschulalter eine eigenartige Faszination aus: Sie bekommen Stoff für die Ausgestaltung und Bereicherung ihrer inneren Vorstellungswelt geliefert, und wo sie selbst erzählen, können sie diese Innenwelt nach außen kehren und mitteilen. Das trifft natürlich gleichermaßen auf Erwachsene zu. Aber während Erwachsene gelernt haben, innere Zustände auch sachlich beschreibend wiederzugeben, können Kinder innere Wahrnehmungen kaum anders als erzählend mitteilen. Diese Redeweise ermöglicht, Vorstellungen und Phantasien zusammen mit den Erfahrungen und Gefühlen, die sie hervorgebracht haben, zum Ausdruck zu bringen.

Aus Geschichten lernen

Über die Sprachförderung hinaus bieten Geschichten aber auch eine Menge an Information und Weltverständnis. Ich will nur einige Punkte andeuten:

Geschichten erzählen meist von Lebensbereichen, die weit außerhalb der Erfahrbarkeit liegen und damit über die Welt außerhalb des persönlichen Umfelds berichten. Man kann deshalb vom Erzählen, ähnlich wie das für die Medien geltend gemacht wurde, als einer körperlichen „Extension" sprechen: Sie erlauben Zusammenhänge zu „begreifen", die weit außerhalb der Reichweite der eigenen Hände liegen.

Da Geschichten immer von menschlichen Handlungen berichten, und zwar auch da, wo Gegenstände, Tiere und dergleichen ihre Helden stellen, werden den Kindern so etwas wie Handlungsmodelle vor Augen geführt. Gerade weil sie die kindliche Handlungsfähigkeit fast immer übersteigen, erweitern sie das Repertoire denkbarer Handlungen und lehren über symbolische Handlungen die Zusammenhänge der Welt besser zu verstehen, in der wir leben.

Aus Geschichten ziehen sich Kinder aber auch viele kleine "Informationen" heraus, und auch dabei wird ständig „gelernt". Es handelt sich um eine Weise des Lernens, die man als „natürliches Lernen" im Gegensatz zum curricularen Lernen pädagogischer Einrichtungen bezeichnen kann: Einzelne Wissenspartikel werden gespeichert, lagern sich an bereits Bekanntes an und erweitern den Wissensvorrat. Eine Unterscheidung von Fact und Fiction, von Information und Unterhaltung, macht im Kindergartenalter wenig Sinn. Sie wird erst mit dem Schulbesuch entwickelt, und bleibt ja auch im ganzen Bereich der Erwachsenenmedien eine recht künstliche und fragliche Unterscheidung.

Die Unmittelbarkeit des Erzählers

Diese „Lerneffekte" gelten nun sicher für Geschichten in jeder medialen Form, seien es mündliche Erzählungen, Bilderbücher, Fernsehsendungen, Hörkassetten oder dergleichen. Aber viele Erzählungen in den Medien werden von Kindergartenkindern nur bruchstückhaft verstanden. Zwar lassen sich dabei dennoch einzelne Eindrücke und Wissenssplitter herausfischen. Aber die in einer Erzählung präsentierten Zusammenhänge und die formalen Regeln des Erzählens können nur dann realisiert werden, wenn die vorgeführten Geschichten vollständig aufgenommen werden.

Nehmen wir beispielsweise Fernsehsendungen. Obwohl fast alle Vorschulkinder täglich fernsehen, können nur wenige Kinder die gesehenen Sendungen einigermaßen wiedergeben. Schon wenige Tage später ist kaum ein Kind mehr in der Lage, die Inhalte einer einzelnen Sendung zu erinnern. Das Gesehene scheint, von Ausnahmen abgesehen, durch die nachfolgenden Sendungen schon fast vollständig gelöscht zu sein. Man kann das zum Teil darauf zurückführen, dass die Machart der Sendungen kindlichen Sehweisen zu wenig entspricht oder auch darauf, dass die Geschichten, die das Fernsehen erzählt, nicht sorgfältig genug gebaut sind oder dass Bild und Erzählung sich nicht ergänzen, sondern häufig auseinander laufen. Die letzten beiden Feststellungen gelten auch für viele Bilderbücher. Aber Bilderbücher kann man immer wieder zur Hand nehmen und meist wird mit den Erwachsenen über die abgebildete Geschichte geredet. Das Fernsehprogramm läuft weiter, und was im flüchtigen Augenblick nicht aufgenommen wurde, ist verloren. Bis zu einem gewissen Ausmaß lässt sich der flüchtigen Aufnahme entgegenwirken, indem die Sendungen wiederholt gesehen werden. Es kann deshalb sinnvoll sein, Vorschulkindern eine kleine Videothek von Sendungen zur Verfügung zu stellen, aus der sie ihre Sendungen auswählen dürfen, ähnlich, wie man ihnen ein Bilderbuch so lange immer wieder vorlesen wird, bis sie es selbst nicht mehr wollen. Das ist dann im allgemeinen der Zeitpunkt, an dem sie die Geschichte vollständig in sich aufgenommen haben.

Dass Vorschulkinder die in den Medien erzählten Geschichten oft nur ansatzweise verstehen, hat wohl vor allem damit zu tun, dass die medialen Formsprachen, von der Schrift bis zu den audiovisuellen Medien, eine beträchtliche Stilisierung gegenüber der mündlichen Kommunikation darstellen, die die Kinder eben zu gebrauchen gelernt haben. Es ist kein Zufall, dass Hörkassetten, die der mündlichen Kommunikation am nächsten stehen, auch am genauesten gespeichert und verstanden werden. Beim Vorlesen wird das Verstehen dadurch erleichtert, dass die Stimme einer vertrauten Person zu hören ist, die die Zuhörer wahrnimmt und auf sie reagieren kann.

Diese „Rückkoppelung", die selbst das „interaktive" Computerspiel nur an wenigen, im Programm vorgesehenen Stellen realisieren kann, gehört aber selbstverständlich zum mündlichen Erzählen: Hier reagieren Erzähler und Zuhörer aufeinander, stehen in ständigem Austausch. Einerseits hat der Erzähler die Zuhörer im Blick und organisiert seinen Text wie seine Handlungsführung nach ihren Reaktionen, andererseits reagieren die Zuhörer stets über körperliche Zeichen und sprachliche Einwürfe. Unter der Oberfläche des einseitigen Vortrags setzt mündliches Erzählen das wechselseitige Gespräch fort. Und die sprachlichen Fähigkeiten entwickeln sich in diesem Alter fast ausschließlich im kommunikativen Gespräch. Diese Nähe zu den ihnen geläufigen Kommunikationsweisen zeigt sich in der Weise, wie sie Geschichten behalten. Selbst nach Monaten und Jahren können viele Kinder Geschichten wiedergeben, die sie nur ein einziges Mal gehört haben.

„Was du kannst, das kann ich auch"

Auf die Frage zurückkommend, wie Kinder zu Wort kommen, erweist sich mündliches Erzählen als ein sehr brauchbares Medium für das Vorschulalter. Es ist die Nähe zu den ihnen schon geläufigen Kommunikationsweisen, die nach dem Hören von Geschichten Kindergartenkinder dazu anregt, selbst zu erzählen. Der Ansporn dazu hat zwei Seiten: Einmal ist es das Kommunikationsspiel, die Erfahrung, im Mittelpunkt zu stehen und mit seinen Erzählungen die Zuhörer zu fesseln. Erstaunlicherweise klappt das auch dann noch, wenn die Geschichte selbst, zumindest für Erwachsene, kaum nachvollziehbar scheint, ja Sätze oft nicht einmal verständlich artikuliert werden. Dennoch können die übrigen Kinder fasziniert zuhören. Wichtiger aber ist der zweite Punkt: Das erzählende Kind bekommt die Gelegenheit, seine Phantasien und inneren Bilder zu „veröffentlichen". Dazu aber braucht ein Kind im Vorschulalter aber eine ausreichende Anregung und Stütze.

Wir neigen dazu, Kinder an und für sich für phantasiebegabt zu halten. Das kindliche Vorstellungsvermögen aber braucht Stoff und Anregung, an denen es sich entwickeln kann. Überfällt man Kinder mit der Aufforderung: „Erzähl doch mal eine Geschichte!" werden das die meisten Kinder ablehnen. Hat man zuvor selbst erzählt, ist es im allgemeinen sehr einfach, einige Zuhörer zum Erzählen zu bringen. Häufig lässt sich dann beobachten, dass sie die Strukturen der gehörten Geschichte benutzen und sie mit den eigenen Phantasien neu einkleiden.

Hilfreich dafür ist es, wenn man das Erzählen etwas in Szene setzt: Zum Beispiel, indem man einen Erzählerstuhl einführt, der die wunderbare Eigenschaft besitzt, seinem „Besitzer" eine Geschichte einzuflüstern. Natürlich muss das vorgeführt werden, und man platziert sich deshalb am Beginn der eigenen Erzählung auf dem Stuhl und wartet, bis die Geschichte in den Kopf steigt. Den gleichen Effekt macht ein "Erzählerhut" oder sonst irgendein attraktives Abzeichen.

Erzählen als Grundlage der „Medienkompetenz"

Medienerziehung wird zwar für den Kindergarten empfohlen, jedoch gibt es, trotz einer ausufernden Literatur zur Medienpädagogik, wenige Vorschläge, die unter den gegebenen Bedingungen im Kindergarten durchführbar sind. Wo es möglich und sinnvoll ist, Medienerlebnisse im Spiel aufzugreifen oder sonst über eine anschauliche Tätigkeit zu verarbeiten, ist das sehr zu empfehlen, das können aber angesichts der Flut von (meist rasch wieder vergessenen) Medieneindrücken immer nur einige wenige Aktivitäten sein.

Allein über die Medieneindrücke zu reden, macht bei Vorschulkindern allerdings wenig Sinn. Gerade Vorschulkinder neigen dazu, die Medieneindrücke in ihre Spiele einzubauen und sie sich darüber besser einzuverleiben. Die unter Erziehenden übliche Klage, die Kinder würden nur Fernsehen spielen, ist in dieser Hinsicht recht unbegründet: Es macht mehr Sinn, auf solche Spiele einzugehen und noch besser mitzuspielen, weil man darüber auf die Spielinhalte Einfluss nehmen kann. Wo über Medienerfahrungen nur gesprochen werden soll, ist es ratsam, mit einiger Vorsicht vorzugehen, da dabei stets die Gefahr besteht, dass die lustvoll erlebten medialen Wahrnehmungen (so kritikwürdig sie vielleicht auch sein mögen) durch das kritische Beäugen vermiest werden, so dass sich die Kinder das nächste Mal zurückhalten.

„Medienkompetenz" heißt zunächst einmal die Medienprodukte als Mitteilungen zu verstehen, mit denen die Medienproduzenten eine Wirkung auf die Nutzer auszuüben suchen. Es ist, abgesehen von den ganz anderen Herstellungsbedingungen genau das, was wir auch mit jeder sprachlichen Äußerung bezwecken. Vorschulkinder suchen in den Medien „Unterhaltung" und finden sie in Erzählungen. Sie können aber die komplexen medialen Mitteilungsformen zu wenig durchschauen, während sie die mit den alltäglichen kommunikativen Äußerungen verfolgten Absichten durchaus verstehen. Jede Medienerziehung im Kindergarten hat deshalb an dem Medium anzusetzen, das für die Kinder durchschaubar bleibt: dem mündlichen Erzählen, das über Gestik und Spielelemente sprachliche Darstellung und bildliche Vorstellung verbindet. Hier ist der Schritt vom Mediennutzer zum Medienmacher auch nur ein Schrittchen.

Eine aktive Medienarbeit, so weit sie in diesem Alter und im Kindergarten durchführbar ist, kann sich hier nahtlos anschließen: Die selbst ausgedachten Geschichten, die auf diese Weise zustande kommen, stellen brauchbare Vorlagen für eine aktive Medienarbeit dar. Das beginnt damit, Szenen der Geschichte malen zu lassen, die dann als Dia-Serie aufgenommen und zu einem vorführbaren Bilderbuchkino verarbeitet werden. Geschichten können in verschiedenen Formen nachgespielt werden (als Rollenspiel, als Figurenstück mit Alltagsgegenständen oder mit Puppen, etc.). Die auf Kassette oder Video aufgenommenen Spielaktionen lassen sich wiederum zu kleinen Hörspielen oder Videofilmen verarbeiten.

Wer aber beim Erzählen gelernt hat, dass Geschichten gemacht werden, wer deshalb eigene Geschichten hat, lässt sich nicht mehr so leicht jede Geschichte andrehen. Und er hat Chancen zu begreifen, dass auch die medialen Produktionen nur Erzählungen sind, die man auch anders erzählen und denen man die eigenen Geschichten gegenüberstellen kann. Was man „Medienkompetenz" nennt, beginnt beim Erzählen im Kindergarten.

STIENKE ESCHNER

Leseförderung für Vorschulkinder – Kooperationsprojekte mit Bibliotheken

Im Bus beobachte ich regelmäßig folgende Szene: Ein Erwachsener steigt mit einem kleinen Kind ein, das sich aufmerksam und neugierig umschaut. Es fängt an zu brabbeln oder zu reden. Was passiert? Nichts! Die erwachsene Begleitperson schweigt. Dem Kind wird der Schnuller oder das Teefläschchen gegeben, und damit hat es sich. Kommunikationsversuche werden ignoriert und das über mehrere Stationen. Wortlos wird das Kind auf den Schoß genommen oder der heruntergefallene Schnuller gereicht oder das eventuell aus dem Wagen gefallene Spielzeug.

So werden viele Anlässe für eine Kommunikation mit dem Kind einfach ignoriert, wie ich immer hoffe, nicht bewusst, sondern aus Unkenntnis. Unkenntnis darüber, wie wichtig es ist, jeden Anlass zu einem Gespräch mit dem Kind zu nutzen. Wie interessant könnte so eine Busfahrt sein, wenn die Mama oder der Papa darüber reden würden, was man alles sehen kann, wie viele Stationen man noch fahren muss und was einem der Tag noch alles bringen wird. Die Kinder sind immer der aktive Teil. Sie wollen sprechen, wollen, dass ihr dada als „danke" und ihr uhuhu als „guck mal, wie schön der Baum ist" erkannt wird. Selbst wenn etwas ganz anderes gemeint ist, die Reaktion – das positive Feedback – ist das, was das Kind interessiert. Diese kleinen Szenen zeigen, vielen Eltern ist nicht bewusst, wie wichtig diese Gespräche für die Sprachentwicklung ihrer Kleinen sind. Ihnen ist nicht bewusst, dass sie ihren Kindern durch ihr Verhalten schaden, denn die Qualität der sprachlichen Umgebung des Kindes gestaltet die Struktur und die Funktion seiner Sprachzentren im Gehirn langfristig mit. Die Fähigkeit, Lesen und Schreiben zu lernen, hängt von dieser Grundvoraussetzung ab. Können Bibliotheken Eltern sowie Erzieherinnen und Erzieher bei der Sprachförderung unterstützen? Und wie können Bibliotheken Eltern sowie Erzieherinnen und Erzieher bei der Sprachförderung von Kindern unterstützen?

Die Bibliotheken wenden sich in erster Linie an Leser, sie verstehen sich als Einrichtungen für Menschen, die ihre Sprachentwicklung im Großen und Ganzen abgeschlossen und bereits Lesekompetenz entwickelt haben. So orientiert sich das Veranstaltungsangebot in erster Linie an den Bedürfnissen von Schulkindern, Jugendlichen und Erwachsenen. Folgerichtig haben viele Bibliotheken feste Kooperationsvereinbarungen mit umliegenden Schulen abgeschlossen, um Lehrkräfte bei der Festigung der Lesekompetenz und dem Erhalt der Lesefreude zu unterstützen. Durch diese Projekte soll erreicht werden, dass der sog. Leseknick flacher wird und die Lesemotivation über das Teenageralter hinaus erhalten bleibt. Auch große bundesweite Projekte hatten das Ziel, die Zusammenarbeit zwischen Schulen und Bibliotheken zu optimieren. Dabei blieb unberücksichtigt, dass wesentliche Entwicklungsphasen des kindlichen Gehirns, die die Sprachentwicklung und damit auch die Voraussetzung für die Entwicklung von Lesekompetenz betreffen, bereits vor Schuleintritt abgeschlossen sind. Die Schlüsselqualifikationen in der Arbeitswelt der Zukunft wie Abstraktionsvermögen, Phantasie, intellektuelle Beweglichkeit, Urteilskraft und Entscheidungsfähigkeit sowie geistige Selbständigkeit, bilden sich mit der Entwicklung von Sprachvermögen und Lesefähigkeit heraus. Sie bilden sich in einem bestimmten Alter, in dem die entsprechenden Entwicklungsfenster offen sind.[1] Die Entwicklungsfenster sind die Zeitabschnitte, in denen bestimmte Erfahrungen gemacht werden müssen, damit bestimmte Fertigkeiten bzw. Fähigkeiten erworben werden. Kommt es nicht dazu, werden diese Fertigkeiten bzw. Fähigkeiten zeitlebens nicht mehr gelernt (Spitzer, 2002, S. 240). Für die Sprachentwicklung liegt die sensibelste Phase vor dem 6./7. Lebensjahr (vgl. Eliot, 2001, S. 557).

Die kommunikativen Fähigkeiten entfalten sich in erster Linie in der Familie, gefolgt von institutionalisierten Bereichen: Kindergarten und Schule. Für eine erfolgreiche Grundschulzeit sind gute familiären Strukturen und eine anregende Vorschulzeit wichtig. Leseförderung im Vorschulalter verbessert Lebens- und Entwicklungschancen. Kinder, die in ihrer Vorschulzeit regelmäßig Geschichten hören, entwickeln für das Lesenlernen mehr Interesse als andere und sie sind dabei besonders bei mehrmaligem Vorlesen in der Lage, komplexe Äußerungen zu formulieren. Vorlesen verbessert den aktiven und passiven Wortschatz. Generell gibt es einen deutlichen Zusammenhang zwischen frühem Vorlesen und späteren Sprach-, Lese- und Schulleistungen. Nicht der Bilderbuchtext allein, sondern die intensive Kommunikation zwischen Bezugsperson und Kind über die Bilderbuchinhalte regt die Wortproduktion und die Redefreude von Kindern an. Zweijährige, denen die Eltern früh und häufig vorgelesen haben, sind in der Sprachentwicklung weiter als Kinder, denen weniger häufig vorgelesen wird, ein Vorsprung, der anscheinend bis weit in die Grundschuljahre anhält. Tatsächlich wurde berichtet, dass eine *Dialoglesen* genannte Methode, die das Kind während des Vorlesens insbesondere zu Kommentaren, Antworten, Ausschmückungen usw. anregt, die Sprachentwicklung Zweijähriger um bis zu neun Monate beschleunigt (Eliot, 2001, S. 556).

Idealerweise beginnt die Sprachförderung am Tag der Geburt. Schon lange vor Besuch einer pädagogischen Einrichtung ist ein aktivitätsförderndes und kommunikationsreiches Umfeld für Kinder wichtig, damit die jeweils für ihre augenblickliche sensible Entwicklungsphase benötigten Erfahrungsreize verfügbar sind. Um der großen Bedeutung kommunikativer Prozesse für die Hirnentwick-

---

[1] Vgl. zu dieser Thematik: Eliot, Lise: Was geht da drinnen vor?: die Gehirnentwicklung in den ersten fünf Lebensjahren, und Spitzer, Manfred: Lernen: Gehirnforschung und die Schule des Lebens

lung genügend Rechnung zu tragen, sollte neben dem Einsatz der rationalen Sprache gerade bei Kindern auch darauf geachtet werden, dass Spaß im Spiel ist. Wichtig sind Fingerspiele, Kniereiter, Reime und Musik (vgl. Eliot, 2001, S. 556)

Die Stiftung Lesen hat schon vor geraumer Zeit erkannt, dass in den Kindergärten deutlich mehr Leseförderung stattfinden muss. Unter dem Titel „Kinder wollen Bücher" führte die Stiftung, gefördert vom Bundesministerium für Bildung und Forschung, in elf Kindertagesstätten in Mainz und Wiesbaden ein dreijähriges Modellprojekt zur Leseförderung in Kindergärten durch. Im Jahr 2003 hat sie die 100 vorlesefreundlichsten Kindergärten ausgezeichnet. In Zusammenarbeit mit Kinderärzten versucht die Stiftung Lesen mit in der Praxis ausliegenden Informationsschriften und Buchausstellungen, Eltern von Kleinst- und Kleinkindern anzuregen, ihren Kindern vorzulesen und damit Freude an der Kommunikation und an Büchern zu wecken.

Immer mehr Kindergartenkinder und Schulanfänger sind in der Sprachentwicklung gestört und diese Störungen führen auch zu Problemen beim Schreiben- und Lesenlernen. Das heißt, wir müssen uns viel intensiver mit den Lernphasen vor der Schule und sogar vor dem Kindergarten beschäftigen. Besonders wichtig sind zwei Maßnahmen:

1. In den Kindergärten muss mehr für die Kinder getan werden, die Probleme mit dem Sprechen haben, denn in dieser Phase kann durch gezielte Förderung noch einiges repariert werden. So ist es hier auch noch möglich, Defizite im Elternhaus auszugleichen.
2. Eltern müssen besser als bisher darüber informiert werden, wie sie ein die Sprachentwicklung förderndes Umfeld schaffen können. Sie müssen motiviert werden, sich intensiver mit dem Thema Sprachförderung auseinander zu setzen. Sie sind zu unterstützen, indem sie Anregungen erhalten, wie sie selbst die Sprachentwicklung ihrer Kinder während der ersten drei Lebensjahre aktiv fördern können. Sie müssen in die Lage versetzt werden, Freude und Spaß an Büchern weiterzugeben.

Kindergärten und auch Eltern brauchen also mehr Unterstützung als bisher. Es fehlen insbesondere für den Zeitabschnitt, den die meisten Kinder in der Familie verbringen – also das Alter von 0–3 Jahre – attraktive Eltern-Kind-Angebote, an denen sich die Familien freiwillig und mit Freude beteiligen. Hier können die Öffentlichen Bibliotheken einen Beitrag leisten

Zahlreiche Beispiele aus dem Ausland zeigen, dass Bibliotheken durch Angebote von „Baby-times", „Schoßkinderveranstaltungen", „Mit 2 dabei" usw. eine sinnvolle Rolle spielen können. Bibliotheken in Göttingen und in Hamburg haben diese Anregungen erfolgreich in ihrer Arbeit umgesetzt.[2]

---
[2] Beispiele in: Mehr mit Medien machen, Bd. 2

Warum ausgerechnet die Bibliotheken als Anbieter? Weil sie „neutrale" Einrichtungen sind, die freiwillig, ohne einem Verein oder einer Kirche anzugehören, besucht werden können. In der Regel verfügen Bibliotheken über Räume, in denen sie mit kleinen Gruppen arbeiten können. Die Medien Bilderbücher und Ratgeber – sind für die Eltern und die Kinder geeignet und viele Bibliothekarinnen und Bibliothekare haben in ihrer Ausbildung auch gelernt, mit Kleinkindern zu arbeiten und altersgerechte Literatur auszuwählen.

Als Orte der Leseförderung sind Bibliotheken ideal: die Atmosphäre zwischen den Bücherregalen lädt zum Lesen, Stöbern und Spielen ein. In der Bücherei steht nicht das Lernen im Vordergrund, sondern der gemeinsame Spaß an der Sache, sei es beim Lesen, Zuhören oder beim kreativen Tun.

Wie kann nun eine solche kontinuierliche Arbeit mit dem Kind in der Bibliothek oder in Zusammenarbeit mit der Bibliothek aussehen?

Das Angebot der Bibliothek soll drei Phasen umfassen. Die erste Phase richtet sich an Kinder im Alter von ungefähr 20 Monaten. In der zweiten Phase gibt es ein Angebot für zwei- bis dreijährige Kinder und die dritte Phase konzentriert sich auf Kindergartenkinder.

1. Angebot für Kinder ab 20 Monaten

Dieses Angebot soll über die Eltern die Kinder erreichen, denn bereits im Elternhaus muss die Kommunikationsfähigkeit als Basiskompetenz gefördert werden. Dadurch wird dem Kind der Übergang in Kindergarten und Grundschule erleichtert. Diesem Zweck dient die Baby-times-Veranstaltung. Die Bibliothek bietet für maximal 10 Eltern-Kind-Paare sechs Veranstaltungen an, eine pro Woche, Dauer ein- bis maximal eineinhalb Stunden. Bei dieser Altersgruppe geht es natürlich noch nicht darum, den Kindern nur vorzulesen, sondern im Mittelpunkt stehen Knieretter, Fingerspiele, Reime, Lieder usw. Jeder Termin hat ein eigenes Thema, aber gleich bleibende Begrüßungs- und Abschiedsrituale. Selbstverständlich sollen Kinder und Eltern aber auch Gelegenheit haben, Bilderbücher zu betrachten und mit Büchern zu spielen. Wichtig ist ein gut vorbereiteter Elternabend, fast eine Elternschulung. Die Eltern sollen die Bibliothek kennen lernen, qualifiziert durch den Dschungel der Neuerscheinungen geführt werden, lernen, wie man Kinder für Bücher interessieren kann. Sie werden aber auch an einen Grundkanon von Geschichten herangeführt, die mit unserer Kultur zu tun haben und die früher in den Familien durch Erzählen oder Vorlesen weitergegeben wurden. Dafür bieten sich klassische Märchen, kindgerecht bearbeitete Bibelgeschichten und Kinderbuchklassiker an.

2. Angebot für zwei- bis dreijährige Kinder

Das Angebot für diese Altersgruppe hat die Ausbildung der Sprachfertigkeit und die Erweiterung des Wortschatzes des Kleinkindes zum Inhalt. Das gemeinsame Betrachten von Bilderbüchern wirkt sich positiv auf die Sprachfertigkeit des Kindes aus und diese ist maßgebend für den schulischen Erfolg. Ebenso wie in der ersten Phase richtet sich das Angebot an maximal 10 Eltern-Kind-Paare. Es handelt sich wieder um fünf bis sechs Veranstaltungen, ergänzt durch einen Elternabend.

In dieser Phase steht schon das Buch im Mittelpunkt der Veranstaltungen und zwar zu jedem Termin ein anderes. Das Buch wird nicht nur betrachtet und vorgelesen, es wird mit sinnlichen Erlebnissen ganz unterschiedlicher Art verbunden. Szenen werden nachgespielt, es wird gemalt, zusammen mit den Eltern gebastelt, es wird gekocht, gesungen, getanzt und getobt. Das Buch ist der Ausgangspunkt für zahlreiche andere Aktivitäten, die den Kindern die Möglichkeit geben, selbst kreativ zu sein und vor allen Dingen, viel zu sprechen. In dieser Phase sollte für die Eltern nicht nur ein Elternabend stattfinden, sondern auch ein Vorlesetraining angeboten werden. Ein weiterer Pluspunkt dieser Veranstaltung ist das Kennen lernen der Bibliothek. Eltern sollen erfahren, was es heißt, über das Medium Buch den Kontakt mit den Kindern aufzunehmen, die Inhalte spielerisch aufzugreifen und schließlich in eigene Aktivitäten umzusetzen. Dabei sind Sprachförderung und Einübung sozialer Kontakte mit anderen Kleinkindern und deren Eltern angenehme Begleiterscheinungen des Programms.

3. Arbeit mit Vorschulkindern

Eine ähnlich wie Phase 2 aufgebaute Veranstaltungsreihe auf einem höheren, dem größeren sprachlichen Verständnis der Kinder angepassten Niveau. Hier ist die Bildung von Eltern-Kind-Paaren nicht mehr notwendig. In dieser Phase kann mit einer Kindergartengruppe entweder an 6 Terminen in der Bibliothek oder im Kindergarten gearbeitet werden. Auch in dieser Phase steht an jedem einzelnen Termin ein anderes Kinderbuch im Mittelpunkt. Mehr noch als in Phase 2 geht es um die eigenständige Beteiligung der Kinder am Geschehen. Sie werden aufgefordert weiterzuerzählen, nachzuerzählen, selbständig zu basteln, kleine Aufführungen plus Dekoration zu erarbeiten usw. Natürlich sollte die Bibliothek auch für diese Phase gemeinsam mit dem Kindergarten einen Elternabend anbieten.

Wie werden diese Überlegungen im Saarland in die Praxis umgesetzt?

Im Saarland hatte der Minister für Bildung, Kultur und Wissenschaft, Jürgen Schreier, vor zwei Jahren zu Gründung eines Netzwerks MEHR LESEN aufgerufen. Im Rahmen dieses Netzwerks sollen Projekte zur Leseförderung erarbeitet, recherchiert und auf ihre Umsetzbarkeit im Saarland hin geprüft werden.

Es gab schon bisher in den saarländischen Bibliotheken Veranstaltungen mit Bilderbuchkino und Vorlesenachmittage. Einige Bibliotheken haben auch regelmäßig Kindergärten eingeladen, einige haben selbst Veranstaltungen in Kindergärten durchgeführt. Hierauf konnte aufgebaut werden. Das Ministerium für Bildung, Kultur und Wissenschaft hat also zunächst den Friedrich-Bödecker-Kreis ermutigt, seine Programme auch an Kindergärten zu versenden und bei der Auswahl der Autoren stärker diejenigen zu berücksichtigen, die auch im Vorschulbereich eingesetzt werden können. Bibliotheken, die beim FBK eine Autorenlesung für Kindergartenkinder buchen, werden vom Kultusministerium finanziell unterstützt, wenn sie einen Elternabend und eine spezielle Aktion für Kindergartenkinder in der Bibliothek zusätzlich veranstalten. Darüber hinaus erhalten diejenigen Bibliotheken einen finanziellen Zuschuss, die ein Vorlesetraining für Eltern, Lehrkräfte sowie Erzieherinnen und Erzieher anbieten. Das Fortbildungsprogramm für Bibliothekarinnen und Bibliothekare hat in diesem Jahr den Schwerpunkt Arbeiten mit Kindergartenkindern. Auch die Kindergärten konnten sich an einem landesweiten Mal- und Schreibwettbewerb „Freunde aus aller Welt" beteiligen. Aus den Einsendungen ist ein Buch entstanden, das im Handel zu erwerben ist.[3] Alle diese Angebote werden gut angenommen, aber sie bauen nicht sinnvoll aufeinander auf. Dies ist jedoch das Ziel eines Konzepts, an dem zur Zeit gearbeitet wird.

Medienpartner Bibliothek und Kindergarten

Im laufenden Jahr werden erstmals feste Kooperationen zwischen Bibliotheken und nahe gelegenen Kindergärten finanziell gefördert. Dabei geht es darum, während eines Jahres kontinuierlich und je nach den Gegebenheiten der Bibliothek mit zwei bis vier Kindergärten zusammenzuarbeiten. Die Aktivitäten sollen teils in der Bibliothek, teils im Kindergarten stattfinden. Besonders wichtig ist ein fester Rhythmus für Veranstaltungen. Eingebunden sind Begegnungen mit Autoren, Bilderbuchkino, Aktionen rund um Bilderbücher, Vorlesestunden usw. Wesentlich sind auch in diesem Projekt gemeinsame Elternabende, Buchvorstellungen, Vorlesetraining für Eltern und Erzieherinnen, gemeinsame Fortbildungsveranstaltungen für Erzieherinnen und Bibliothekarinnen und Bibliothekare. Darüber hinaus kann die oben beschriebene Phase 3 „Arbeit mit Vorschulkindern" Bestandteil der Kooperation sein.

Arbeit mit Eltern – Kind – Paaren

Die Elternarbeit sowie die Eltern-und-Kindarbeit sind zusätzliche Aufgaben für die Bibliotheken, die jedoch durch ihre bisherigen Aufgaben ausgelastet sind.

---

[3] Freunde aus aller Welt – ein Buch von Kindern für Kinder, St. Ingbert: Kiga-Fachverlag, 2002

Daher hat der Verein zur Förderung des Bibliothekswesens im Saarland e. V. mit Unterstützung des Kultusministeriums und des Sozialministeriums im Rahmen von Strukturanpassungsmaßnahmen zwei Kräfte eingestellt, die in den Bibliotheken die Veranstaltungen durchführen. Dies hat den Vorteil, dass diese Programme auch von den kleinen konfessionellen ehrenamtlich geleiteten Bibliotheken angeboten werden können. Dort wo die Bibliotheken keinen geeigneten Raum zur Verfügung haben können sie natürlich auch in andere geeignete und allgemein akzeptierte Räume ausweichen, bisher hat aber noch jede Bibliothek diesen Platz bei sich gefunden. Für diese Veranstaltungen muss intensiv geworben werden, damit das Angebot den Eltern von Kleinkindern auch bekannt wird . Darum arbeiten die Bibliotheken eng mit sozialen Einrichtungen, Kinderärzten und Kindergärten zusammen. Wir hoffen, dass so auch Eltern erreicht werden, die bisher noch nicht für das Thema Sprachförderung sensibilisiert sind.

Die Projekte wurden in enger Zusammenarbeit mit dem für Kindergärten zuständigen Referat im Kultusministerium entwickelt und fügen sich daher in das Gesamtkonzept des frühen Lernens im Kindergarten ein. Die Angebote können und wollen kein Ersatz sein für Sprachförderung im Kindergarten, sie ergänzen das Projekt zur Sprachförderung „Hören – Lauschen – Lernen", das seit Januar 2003 landesweit im Saarland durchgeführt wird.

Literatur

Deutsches Bibliotheksinstitut (Hrsg.) (1994): Mehr mit Medien machen, Bd. 2: Mit ZWEI dabei: Programme für Schoßkinder in Kinderbibliotheken. Berlin.
Eliot, Lise (2001): Was geht da drinnen vor?: Die Gehirnentwicklung in den ersten fünf Lebensjahren. Berlin: Berlin-Verlag.
Spitzer, Manfred (2002): Lernen: Gehirnforschung und die Schule des Lebens. Heidelberg, Berlin: Spektrum.

EVA HAMMES-DI BERNARDO

Die Welt im Buch – interkulturelles Lernen zwischen Phantasie und Realität

Das Kind im Buch, die Welt im Buch, die Welt des Kindes im Buch – Aspekte, die in den letzten 30 Jahren vor dem Hintergrund der multikulturellen Entwicklung unserer Gesellschaft einige Male wesentliche Veränderungen erfahren mussten. Seit den Anfängen des modernen Kinderbuches Ende des 19. Jahrhunderts wurde in ihm die Möglichkeit gesehen, dem jungen Leser die Welt näher zu bringen, aber auch sich durch die Projektion im Buch mit der eigenen Realität auseinander zu setzen.

So definierten sich die Ziele der Ausländerpolitik und der interkulturellen Erziehung in den 70er Jahren noch dadurch, dass durch kompensatorische Erziehungsmethoden eine möglichst schnelle Anpassung der Kinder mit fremder Kultur und Sprache an deutsche kulturelle Werte und Lebensformen erfolgen sollte. Es sollten Benachteiligungen abgebaut, Konfliktpotenziale zwischen Deutschen und Ausländern behoben werden. Die Hypothese „Kinder aus fremden kulturellen und sprachlichen Lebenswelten haben gegenüber deutschen Kindern ein kulturelles Defizit" fand auch lange Zeit ihren Ausdruck in Kinder- und Jugendbüchern. Wurde z. B. der Kinderalltag in Deutschland in Bilderbüchern dargestellt, war dort die Rede von Sonja, Marie, Jens und Klaus, hellhäutigen, oft blonden Kindern, die ihr wohlbehütetes Leben mit Eltern, Großeltern und Freunden in einer nordeuropäischen Stadt, einem deutschen Dorf oder Bauernhof hatten. Sie wurden weder von Heimweh geplagt (höchsten mal im Urlaub), noch angefeindet wegen ihres Aussehens, ihrer schwarzen Haare, ihrer dunklen Haut. Sie konnten sich sprachlich mitteilen. Und Weihnachten war Weihnachten, Ostern war Ostern, man verstand sich. Das Kind nicht-deutscher Herkunft lebte meist in Afrika, in Asien oder bei den Eskimos, hatte dort ein befremdendes, oft armes und nicht einfaches Leben, und blieb durch diese oft beschönigende Darstellung für Klein-Klaus so exotisch wie ein Marsmännchen.

Doch diese Art der Darstellung gehört in der multikulturellen Gesellschaft von heute weitgehend der Vergangenheit an. Die Differenzhypothese der interkulturellen Erziehung „Alle Kinder in Deutschland leben in vielfältigen kulturellen Lebenswelten" fand in den letzten Jahren Eingang in die Kinderliteratur. Aisha und Hassan, Elena und Ho leben jetzt auch im Kindergarten, spielen auf der Straße, sind traurig, weil ihre Eltern keinen Weihnachtsbaum aufstellen wollen. Und diese Kinder kennen Gefühle und Probleme, von denen man bisher weder im Kindergarten noch in der Schule gehört hatte: sie fühlen sich ausgeschlossen, weil sie die Sprache nicht verstehen, sie vermissen ihre Freunde, mit denen sie bisher jeden Tag gespielt haben, sie fühlen sich fremd, weil sie anders aussehen als die meisten Kinder, weil ihre Eltern sich nicht so benehmen wie die Eltern der anderen Kinder. Die Liste ließe sich beliebig fortsetzen.

Die Wahrnehmung der Unterschiede, der vielfältigen Kulturen wird in der neuen Kinder- und Jugendliteratur altersgemäß aufgearbeitet und mit visuellen oder sprachlichen Bildern näher gebracht. Stellen sich „Bobo und Susu" in Rafik Schamis Bilderbuchklassiker in anschaulichen Zeichnungen die Frage, warum ihr Zusammenleben als Elefant und Maus so schwer ist und wie sie ihre Probleme lösen können, geht Anneliese Schwarz in ihrem Buch „Meine Oma lebt in Afrika" das Problem der kulturellen Zugehörigkeit an: Eric hat in Bremen, wo er lebt, immer das Gefühl, wegen seiner dunklen Haut nicht richtig dazu zu gehören. Sein Vater kommt aus Ghana und nimmt ihn mit zu einem Besuch in Afrika. Aber auch hier gehört Eric nicht dazu, durch seine deutsche Mutter ist er viel zu hell, fällt auf. Doch neben der Verzweiflung, die der Junge im Moment der Erkenntnis erfahren kann, lernt der junge Leser auch viel über das Leben in Ghana, die Sitten und Bräuche, die Spiele der Kinder. Und vor allem, dass das harmonische Zusammenleben nicht eine Frage der Hautfarbe ist, sondern des gegenseitigen Respektes und der Toleranz. Eine ähnliche Erfahrung macht Emma in „Die Reise nach Tamerland" von Angelika Mechtel. Mit Hilfe eines Flaschengeistes darf sie erfahren, was es heißt, fremd zu sein.

Immer mehr dieser Bücher finden Eingang in die Leseecken der Kindergartengruppen, die Bibliotheken der Schulen, die Buchregale der Kinderzimmer. Die Geschichten von Su Yin, Ismail und Ludjana gehören zum Alltag unserer Kinder wie der persische Nachbar oder die italienische Oma von gegenüber. Und das Leben dieser Menschen, die eine andere Herkunft haben, fremde Bräuchen und Sitten, wird auch zu ihrem Leben. Sie teilen mit ihnen nicht nur Döner und Pizza, sondern auch ihre Probleme, ihre Freude, ihre Trauer. Das Buch bietet dem Kind die Möglichkeit, sich neuen Realitäten erst einmal auf einer distanzierten Ebene zu nähern, sich den Problemen auf der phantastischen Ebene zu stellen. Es kann seine eigenen Überlegungen machen, ohne in einen direkten Handlungszwang zu kommen. Unbekanntes verliert seinen Schrecken, weil man ihm im Schutz des Kinderzimmers dem eigenen Rhythmus entsprechend schon einmal gegenüber gestanden hat. Doch auch Lösungen können gefunden werden für die eigenen Probleme und Schwierigkeiten: die der eigenen Situation ähnliche Geschichten zeigen Möglichkeiten auf, man erfährt etwas über das Leben in anderen Ländern, bei anderen Familien. Und selbst wenn man nicht persönlich betroffen ist, gewinnt man mit der Zeit Einblick in verschiedene kulturelle und soziale Situationen, erfährt, was Toleranz ist, wie verletzend Vorurteile und Stereotype sind und wie sie das Zusammenleben gefährden können. Durch diese Art der Auseinandersetzung mit den verschiedenen Lebensrealitäten, durch das Gespräch darüber kann die eigene Sprachlosigkeit dem Unbekannten, dem Problem, dem Befremdlichen gegenüber überwunden werden.

Die Welt im Buch, das bedeutet: die Gesellschaft, die Sitten und Bräuche, die Natur und Umwelt anderer Länder kennen lernen – aber auch die Sprache. Die Faszination, die illustrierte Bücher auf Kinder ausüben, bietet einen wunderbaren Einstieg in die Auseinandersetzung mit fremden Sprachen. Einige Verlage bieten selbst für jüngere Kinder zweisprachige Bilderbuchausgaben an, Bücher, in denen erste Begriffe in einer anderen Sprache in einem altergerechten Kontext angeboten werden. Man denke nur an „Briefe von Felix" und „Julies Einschlafbuch". Und auch in einer intensiveren Auseinandersetzung mit einer fremden Sprache bietet ein illustriertes Buch die optimale Voraussetzung, in die neue Sprache und Begrifflichkeit einzutauchen: die Darstellungen sind den Kindern in ihrer Muttersprache meist geläufig und durch die Kombination des gesprochenen Wortes mit dem Bild können sie sich auch in einer anderen Sprache vorarbeiten. Für viele ausländische Kinder ist die Sprachförderung mit Hilfe von Bilderbüchern ein wesentliches Element in ihrer deutschen Sprachentwicklung. Und auch für die deutschen Kinder, die bereits im Kindergarten eine Fremdsprache erlernen, sind Bücher in dieser Sprache unverzichtbar. Doch ist dies nicht immer so einfach wie im Saarland, wo bereits zahlreiche Kindergärten und Grundschulen zweisprachig deutsch-französisch arbeiten und ihnen über das Landesbüchereiamt, städtische Büchereien usw. französische Originalmaterialien zur Verfügung gestellt werden. Und selbst die nächste französische Buchhandlung ist nicht so weit entfernt. Die Arbeit mit den französischen Büchern ist auch für die deutschen Pädagogen eine Bereicherung: sie können feststellen, dass die gleiche Problematik z.B. in einer Familie in einem deutschen Buch ganz anders dargestellt wird als in dem französischen. Der Buchhandel bietet mittlerweile viele Kinderbücher aus anderen Ländern in deutscher Übersetzung an. Diese Bücher gewährleisten die identische Wiedergabe der Lebensrealität in diesen Ländern aus dem Blickwinkel der Menschen, die dort leben, keine Verfälschungen durch einen exotischen Blick von außen oder dadurch, das die beschreibende Person in einem anderen System der Wertvorstellungen lebt. Das Buch ist und bleibt ein Tor zur Welt, für Kinder vielleicht noch mehr als für Erwachsene: man beobachtet ohne Vorurteile und kann sich so wahrhaft der Realität nähern.

Literatur

Langen, A. & Droop, C.(1995): Briefe von Felix. Coppenrath-Verlag
Mechtel, A. & Schmidt, J. (1996): Die Reise nach Tamerland. Ravensburger Buchverlag
Schami, R. (1986): Bobo und Susu. Jumbo-Verlag
Schwarz, A. (2002): Meine Oma lebt in Afrika. Beltz & Gelberg
Wiederhold, D. & Sobat, V. (1998): Julies Einschlafbuch. ars-edition

RAGNHILD FUCHS

Integration von Sprachförderung und interkultureller Erziehung in die Gesamtkonzeption einer Kindertageseinrichtung

Die Sprachentwicklung ist Bestandteil komplexer frühkindlicher Bildungsprozesse. Sprachliche, sensorische, emotionale, kognitive, motorische, soziale und ästhetische Entwicklungsbereiche beeinflussen sich gegenseitig. Dies sollte sich auch in Konzepten zur Sprachförderung widerspiegeln, indem die Erst- und Zweitsprache in Zusammenhängen gefördert werden, die aus Sicht der Kinder Sinn machen. Die Sprachförderung in die Gesamtkonzeption zu integrieren ist hier eine wesentliche Grundlage. Den Kindern wird so in ihrem Alltag die Möglichkeit gegeben, ihr gesamtes Entwicklungspotenzial für den Spracherwerb auszuschöpfen. Damit dies gelingen kann, ist der Blick auf die individuelle Lebenssituation des Kindes notwendig. Sein sozialer und kultureller Hintergrund, seine biographischen (Migrations-)Erfahrungen, seine aktuelle Lebenssituation, kontinuierliche Beobachtungen, Dokumentationen und Auswertungen – all dies liefert grundlegende Informationen für die Gestaltung der Sprachförderung.

Mit der Verbindung von interkultureller Erziehung und dem situationsbezogenen Ansatz liegt ein Handlungsrahmen zur Sprachförderung vor, der die individuelle Lebens- und damit auch die Sprachsituation des Kindes als Ausgangspunkt pädagogischer Planung aufgreift. Die Vielfalt von Unterschieden zwischen und innerhalb von Kulturen spiegelt sich auch in der Vielfalt von familialen Sprachsituationen wider, in denen Kinder heutzutage aufwachsen. Dies betrifft nicht nur unterschiedliche Sprachkompetenzen in der Erst- und Zweitsprache, sondern auch große Unterschiede in der Gestaltung einer sprechfreudigen Kommunikationskultur.

Wenn es vor dem Hintergrund der PISA-Ergebnisse in Deutschland Ziel sein soll, allen Kindern unabhängig von ihrer sozialen und kulturellen Herkunft, die gleiche Chance zu geben, ihre sprachlichen Kompetenzen auszubilden, so müssen Sprachförderungskonzepte es leisten, die individuelle Lebenssituation und die unterschiedlichen sprachlichen Voraussetzungen des Kindes und seiner Familie zu berücksichtigen.

(Sprachförderungs-)Konzepten, die von der individuellen Lebenssituation des Kindes ausgehen, wird manchmal der Vorwurf gemacht, die Förderung des Kindes nicht systematisch genug im Blick zu haben. Dabei wird „systematisch" oft verkürzt gleichgesetzt mit der Frage, wie oft und wie lange ein Angebot für Kinder durchgeführt wird. Vor diesem Hintergrund soll an dieser Stelle ein anderes

Verständnis von systematischer Sprachförderung dargelegt werden. Der Begriff der „systematischen Sprachförderung" wird unter drei Perspektiven beleuchtet:

- Einbindung in den Alltag;
- Sprachförderung in Kleingruppen;
- Einbindung in die Gesamtkonzeption einer Tageseinrichtung.

Einbindung der Sprachförderung in den Alltag

Kinder sind für den Erwerb der Erst- und Zweitsprache auf möglichst vielfältige sinnliche Anregungen angewiesen. Neue Laute, Worte und Satzstrukturen müssen möglichst oft und in unterschiedlichen Situationen gehört und verarbeitet werden. Kinder brauchen außerdem viele Gelegenheiten, sich selbst sprachlich auszudrücken – vor allem in Zusammenhängen, die ihnen Sinn machen. Im Prinzip kann die Sprache bei jedem Kontakt im Alltag gefördert werden. Grundsätzlich geht es darum, den Blick dafür zu erweitern, welche Situationen sich in welcher Form dazu eignen, die (mehr-)sprachliche Entwicklung des Kindes zu unterstützen. Sich den Zusammenhang von Wahrnehmung und Sprache zu vergegenwärtigen, die Bedeutung der Erstsprache für die Identitätsentwicklung und den Zweitspracherwerb, die Bedeutung entwicklungsunterstützender Kommunikationsformen für die Sprachförderung, sich selbst als sprachliches Vorbild anzubieten – all dies sensibilisiert die pädagogischen Fachkräfte dafür, den Alltag systematisch mit Blick auf die Sprachförderung zu gestalten.

Sprachförderung in Kleingruppen

Ein weiterer Bestandteil systematischer Sprachförderung sind gezielte Anregungen zur Sprachförderung in Kleingruppen. Die Anbindung dieser Gruppenarbeit an ein Gesamtkonzept zur Sprachförderung ist Voraussetzung dafür, dass die Inhalte und die Form der Unterstützung nicht losgelöst von den Stärken, den Interessen und Sichtweisen des Kindes durchgeführt werden. Dies gilt sowohl für die Zusammensetzung der Kleingruppe wie auch für die Auswahl des Themas und der Methodik.

Welche Zusammensetzung für eine Kleingruppe optimal ist, sollte nicht pauschal anhand des Sprachstands oder des Entwicklungsalters von Kindern bestimmt werden. Vielleicht kommt Hülya mehr aus sich heraus, wenn ihre Freundin Anna dabei ist, obwohl sie eigentlich keine zusätzliche Sprachförderung braucht. Vielleicht ist Murat froh, seinen Freund Okran dabei zu haben, weil der ihm etwas übersetzen kann. Allein dies kann schon Murat einen „Sicherheitsvorsprung" geben, der es ihm erleichtert, offen zu sein für neue Lernerfahrungen.

Eine gute Zusammensetzung von Kleingruppen hat also viel mit der Berücksichtigung der emotionalen Voraussetzungen des Kindes zu tun. Die Erzieherin sollte die Kinder gut kennen und auch immer wieder aufs Neue überprüfen, ob sich die Konstellation bewährt. Auch die Methoden und Themen der Kleingruppen werden eher bei den Kindern ankommen, wenn sie auf der Grundlage der Beobachtung ihrer Interessen und Stärken ausgewählt werden.

All dies trägt dazu bei, dass sich die Kleingruppenarbeit den Kindern nicht als isolierte „Lerninsel" präsentiert. Darüber hinaus sind Absprachen mit Kolleginnen unbedingt erforderlich: was passiert vor, während und nach den Kleingruppen? Wie können die Inhalte der Kleingruppenphasen und die Erfahrungen der Kinder sich weiter durch den Alltag hindurch ziehen? Welche Themen und Fragen haben die Kinder beschäftigt – auch unabhängig davon, was die Erzieherin angeboten hatte? Welche Lieder und Spiele können auch über die nächsten Tage hinweg immer wieder gesungen und gespielt werden? Welche Ausflüge können gemacht werden, die an die Themen und Fragen aus den Kleingruppen anknüpfen? Auf diese Weise erhalten die Kinder die Gelegenheit, neue Laute, Wörter und Satzstrukturen möglichst oft und in unterschiedlichen Zusammenhängen zu hören, wieder zu erkennen, zu verarbeiten und selbst für ihre Kommunikation zu nutzen. Eine systematische Sprachförderung in Kleingruppen berücksichtigt also immer auch die Verknüpfung der Inhalte mit den alltäglichen Abläufen in der Kindertageseinrichtung.

Systematische Einbindung von Sprachförderung und interkultureller Erziehung in die Gesamtkonzeption

Sowohl beim Erst- wie auch beim Zweitspracherwerb sind Kinder auf vielfältige Sprach- und Wahrnehmungsanregungen angewiesen. Jerome Bruner (1997, S. 32) spricht von einem so genannten „Unterstützungssystem für den Spracherwerb", das dem Kind für die Erstsprache in den meisten Fällen selbstverständlich zur Verfügung steht: Die Eltern sind aufmerksam für die Interaktionsangebote, die das Kind mit der Körpersprache, mit Blickkontakt und bei ersten Lautäußerungen sendet. Sie greifen diese Angebote auf, wiederholen sie und geben ihnen eine Bedeutung. Sie reden langsam und deutlich in zunächst einfachen Sätzen. Sie zeigen fast automatisch in der Phase der Einwortäußerungen auf die Gegenstände, die sie gerade benennen, um es dem Kind zu erleichtern, neue Laute und Worte zu erlernen.

Oftmals wird nicht daran gedacht, dass auch beim Zweitspracherwerb das Kind auf ein breit angelegtes Unterstützungssystem angewiesen ist. Keine zeitlich begrenzten „Trainingseinheiten" sind gemeint, sondern eine systematische Einbindung der Sprachförderung in alle Handlungsbereiche und konzeptionelle Überlegungen der Einrichtung. Ein Konzept, das den Anspruch hat, von der Lebens-

□ = Aspekte des situationsbezogenen Ansatzes

▨ = Aspekte einer interkulturellen Erziehung

Abb. 1 Integration von Sprachförderung und interkultureller Erziehung in die Gesamtkonzeption einer Kindertageseinrichtung

situation des einzelnen Kindes auszugehen, kommt in Deutschland nicht mehr umhin, auch die Migrationshintergründe von Kindern und ihren Familien zu berücksichtigen.

Die Erstsprache des Kindes ist zudem eng mit der Identitätsentwicklung und dem Selbstwert des Kindes verbunden. Kinder und Eltern, die sich mit ihrem kulturellen Hintergrund wertgeschätzt fühlen, werden eher den Mut und die Bereitschaft finden, sich in einer Zweitsprache auszudrücken. Auch manche Hemmschwelle in der Zusammenarbeit mit Eltern kann sich so verringern. Außerdem zeigt sich die Vielfalt der Lebenssituationen von Kindern mit Migrationshintergrund auch in der Vielfalt an familialen Sprachsituationen. Längst ist es nicht mehr möglich, von der Nationalität eines Kindes auf die Sprache(n) zu schließen, die es beherrscht. Genaues Nachfragen ist notwendig, um die Kompetenzen des Kindes und seiner Familie bei der Sprachförderung einzubinden.

Mit der Verbindung von interkultureller Erziehung zum einen und dem situationsbezogenen Ansatz zum anderen wird ein Handlungsrahmen zur Gestaltung der Sprachförderung von Kindern vorgeschlagen, der ihnen ein breit angelegtes Unterstützungssystem anbietet und dabei von der individuellen Lebenssituation des Kindes ausgeht.

Wie eine systematische Einbindung von Sprachförderung in die Konzeption einer Einrichtung gelingen kann, soll Abb. 1 mit den dazugehörigen Fragestellungen verdeutlichen. Gemeinsam mit dem Team können Schritt für Schritt alle Handlungsbereiche und konzeptionelle Überlegungen um eine sprachfördernde Perspektive erweitert werden.

Eine auf diese Weise in der Konzeption verankerte Sprachförderung trägt dazu bei, dass

- alle Ressourcen der Kindertageseinrichtung (z. B. Zusammenarbeit mit Eltern, Gemeinwesenorientierung) mitbedacht und genutzt werden,
- sich das gesamte Team für die Sprachförderung der Kinder verantwortlich fühlt – sofern die Konzeption kontinuierlich gemeinsam überarbeitet wird,
- Sprachförderung unter der Perspektive von interkultureller Erziehung umgesetzt wird.

Fragestellungen zur Erarbeitung der Gesamtkonzeption unter der Perspektive von Sprachförderung und interkultureller Erziehung

1. Orientierung an der Lebenssituation und Sprachförderung

- Welche Möglichkeiten gibt es, von der Lebenssituation des Kindes ausgehend die Sprache(n) der Kinder zu fördern?
- Welche Situationen im Alltag eignen sich und welche eignen sich weniger für sprachfördernde Gespräche?

- Wie können Erzieher/innen dafür sorgen, etwas über die konkrete familiäre Sprachsituation des Kindes zu erfahren (Sprache der Mutter, des Vaters, der Geschwister, der Großeltern, weiterer wichtiger Bezugspersonen, Sprechfreude innerhalb der Familie)?

2. Eigenaktivitäten der Kinder und Sprachförderung

- Welche Möglichkeiten gibt es, die Sprachförderung so zu gestalten, dass sich die Kinder mit ihren Stärken, Fragen, Interessen und eigenen Sichtweisen einbringen können?
- Welche Konsequenzen hat dies auf die Auswahl von Methoden, Themen und die Zusammenstellung einer Kleingruppe zur Sprachförderung?
- Wie kann die Sprachförderung beim einzelnen Kind so gestaltet werden, dass das Kind möglichst eigenaktiv „bei der Sache ist"?

3. Rolle der Erzieher/innen bei der Sprachförderung

- Die Erzieher/innen sind maßgeblich daran beteiligt, die Sprachförderung wie einen „roten Faden" durch den gesamten Alltag hindurch ziehen:
- Welche Aufgaben haben deutschsprachige Erzieher/innen bei der Sprachförderung?
- Welche Aufgaben kommen muttersprachlichen Erzieher/innen zu?
- Worauf sollten Erzieher/innen in ihrer Funktion als (mutter-)sprachliches Vorbild achten?
- Welche konkreten Absprachen sollten im Team über das Konzept zur Sprachförderung getroffen werden?

4. Zusammenarbeit mit Eltern und Sprachförderung

- Wie können Erzieher/innen die Eltern und Großeltern mit ihren jeweiligen Sprachkompetenzen in die Sprachförderung einbinden?
- Welche Empfehlung zur Sprachförderung sollte den Eltern(-teilen), den Großeltern und weiteren wichtigen Bezugspersonen je nach familiärer Sprachsituation gegeben werden?
- Welche Kontakte können die Eltern zu Institutionen im Gemeinwesen herstellen, die bei der Sprachförderung behilflich sein könnten?
- Welche Formen der Zusammenarbeit eignen sich für welche Elterngruppe?

5. Gemeinwesenorientierung und Sprachförderung

Die Gemeinwesenorientierung kann sowohl eine Öffnung nach außen als auch eine Öffnung nach innen mit sich bringen.

Integration von Sprachförderung

- Welche Ansprechpartner und Organisationen kann es im Stadtteil geben, die bei der Wertschätzung und Förderung der Erst- und Zweitsprache behilflich sein können?
- Welche der folgenden Möglichkeiten könnten entsprechend der Rahmenbedingungen der Einrichtung vor Ort umgesetzt werden?
  - Einbezug muttersprachlicher Kontaktpersonen, die bei der Förderung der Erstsprache der Kinder behilflich sein könnten;
  - Besuch von Geschäften, Einrichtungen und Orten, bei denen es muttersprachliche Fachkräfte gibt;
  - Einbezug von Großeltern oder anderen älteren Menschen mit und ohne Migrationshintergrund, die z. B. Märchen erzählen und Geschichten vorlesen;
  - Einbezug von Personen im Umfeld, die bei Verständigungsschwierigkeiten mit Migrantenfamilien durch mündliche oder schriftliche Übersetzungen helfen;
  - Angebot von Deutsch-Sprachkursen für Eltern innerhalb der eigenen Einrichtung.

6. Offene Planung und Sprachförderung

Damit die Sprachförderung der Kinder nicht losgelöst von ihrer Lebens-/-Situation durchgeführt wird, ist es hilfreich, Planungsschritte im Sinne einer offenen Planung durchzuführen – d. h. mit einem Wechsel von Beobachtung, Situationsanalyse, Vorausplanung, Handeln und Reflexion.

- Welche Chancen und welche Grenzen liegen darin, die Sprachförderung im Sinne einer offenen Planung durchzuführen?
- Welche Erfahrungen haben Sie mit der Reflexion und Veränderung von Planungsschritten gemacht?
- Wie werden neu entstandene Fragen und Interessen der Kinder in die ursprüngliche Planung aufgenommen?

7. Kultur und Sprachförderung

- Auf welche Weise kann das Wissen über die familiären und kulturellen Hintergründe des Kindes bei der Sprachförderung behilflich sein und einbezogen werden?
- Welche Möglichkeiten gibt es, Vertrautes aus dem familiären und kulturellen Hintergrund des Kindes in die Raumgestaltung zu integrieren?
- Wie können Erzieher/innen dem Kind Wertschätzung für seine kulturellen Hintergründe vermitteln, um damit eine Basis für eine vertrauensvolle Beziehung im Rahmen der alltäglichen Sprachförderung aufzubauen?

8. Identität und Sprachförderung

- Welchen Stellenwert hat die Berücksichtigung der Identitätsentwicklung des Kindes bei der Auswahl geeigneter Methoden zur Sprachförderung?
- Auf welche Weise sollte der Selbstwert des Kindes bei der Sprachförderung berücksichtigt werden?
- Welche der Sprachen, die das Kind spricht, wirkt sich identitätsstützend auf das Kind aus?
- Wie kann der Blick auf die Stärken und Kompetenzen des Kindes für die Sprachförderung genutzt werden?

9. Integration und Sprachförderung

- Welche Möglichkeiten gibt es, die Sprachförderung und die Integration von Kindern miteinander zu verbinden?
- Welche Ansätze eignen sich zur Integration von Kindern unterschiedlicher sozialer und kultureller Herkunft? Welche eignen sich nicht?
- Wie kann die Zweisprachigkeit der Kinder gefördert werden, ohne sie aus dem Gruppengeschehen herauszureißen und damit mögliche Ansätze der Annäherung von Kindern zu verhindern oder zu unterbrechen?

Literatur

Bruner, J. (1987): Wie das Kind sprechen lernt. Bern: Huber Verlag.

Gründler, E. (1998): Sprache lernen. klein & groß, 10, 30–32.

Kolonko, B. (1998): Wie Erzieherinnen Kinder im Dialog sprachpädagogisch unterstützen können. klein & groß, 10, 33–35.

Ministerium für Frauen, Jugend, Familie und Gesundheit des Landes Nordrhein-Westfalen (Hrsg.) (2002) Fuchs, R. & Siebers, Ch. Sprachförderung von Anfang an. Arbeitshilfen für die Fortbildung von pädagogischen Fachkräften in Tageseinrichtungen für Kinder. Köln.

Sozialpädagogisches Institut NRW (Hrsg.) (2002): Militzer, R., Fuchs, R., Demandewitz, H. & Houf, M. Der Vielfalt Raum geben. Interkulturelle Erziehung im Elementarbereich. Münster: Votum. Sozialpädagogisches Institut NRW, S. 153

PETRA KÜSPERT

Möglichkeiten der frühen Prävention von Lese-Rechtschreibproblemen
Das Würzburger Trainingsprogramm zur Förderung der phonologischen Bewusstheit bei Kindergartenkindern

Das Trainingsprogramm „Hören, lauschen, lernen" fördert mit der phonologischen Bewusstheit ein bedeutsames Vorläufermerkmal des Schriftspracherwerbs; es wurde an der Universität Würzburg für Vorschulkinder entwickelt und in drei Längsschnittstudien sorgfältig evaluiert. Die Befunde zeigen, dass diese spielerische Förderung den späteren Schriftspracherwerb wesentlich erleichtert und somit als Prävention von Lese-Rechtschreibproblemen wirksam eingesetzt werden kann.

Die Förderung von Schulkindern mit spezifischen Lese-Rechtschreibdefiziten (sog. Legasthenikern) erbringt vielfach trotz intensiver pädagogischer resp. therapeutischer Bemühungen wenig überzeugende Befunde (vgl. Küspert, 2001); dies insbesondere dann, wenn sich die Kinder zum Zeitpunkt der Diagnosestellung und Beginn der Förderung schon in höheren Klassenstufen befinden. Dieser Umstand mag zum einen daran liegen, dass über die verfügbaren Förderprogramme zu wenig individualisiert – im Sinne des Einbezugs individueller Schwächen und Stärken – vorgegangen werden kann; außerdem ist bei spätem Förderbeginn der inzwischen sehr große Leistungsabstand zwischen den Legasthenikern und ihren Mitschülern allenfalls etwas reduzierbar, vielfach erreichen die geförderten Kinder jedoch das Leistungsniveau ihrer Klassenstufe nicht mehr. Erschwerend kommt hinzu, dass Legasthenie häufig sekundär zu gravierenden Beeinträchtigungen im persönlichen und sozialen Bereich des Kindes führt.

So richtete sich zum Ende des 20. Jahrhunderts das Forschungsinteresse zunehmend auf die Suche nach präventiven Lösungen aus. Seit den frühen 80er Jahren wurde der Schriftspracherwerb eingehend untersucht und es wurden Modelle entwickelt, die die beim Lesen und Schreiben ablaufenden Prozesse abbilden; daneben dokumentieren Entwicklungsmodelle die Stufen, auf denen sich das Kind vom Analphabeten hin zum kompetenten Schriftsprachnutzer bewegt.

Durch diese neue Herangehensweise ließen sich nun Teilfertigkeiten isolieren, die für erfolgreiches Lesen- und Schreibenlernen verantwortlich sind; es zeigte sich überdies, dass all diese relevanten Teilfertigkeiten sich nicht erst mit der Einschulung entwickeln, sondern bereits in der Kindergartenzeit vorhanden sind. Der Schuleintritt ist demnach nicht die Stunde Null für den Schriftspracherwerb, denn die Kinder unterscheiden sich bereits bei der Einschulung enorm hinsichtlich der Vorläufermerkmale, die für den späteren Erfolg beim Schriftspracherwerb ausschlaggebend sind.

In einer Reihe von Längsschnittuntersuchungen ließ sich zeigen, dass Merkmale der phonologischen Informationsverarbeitung, und hier insbesondere die sogenannte *phonologische Bewusstheit,* schon im Vorschulalter in der Lage sind, den Erfolg eines Kindes beim späteren Schriftspracherwerb bedeutsam vorherzusagen (vgl. Schneider & Näslund, 1993).

Phonologische Bewusstheit

Phonologische Bewusstheit meint den Einblick in die Lautstruktur der gesprochenen Sprache und bezeichnet die Fähigkeit, formale sprachliche Einheiten wie Wörter, Silben, Reime und Phoneme (Laute) in der gesprochenen Sprache zu identifizieren.

Phonologische Bewusstheit in rudimentärer Form lässt sich schon im Kindergartenalter beobachten, und zwar als Bewusstheit um größere sprachliche Einheiten, wie Wörter, Silben und Reime (phonologische Bewusstheit im weiteren Sinne). Diese phonologische Bewusstheit im weiteren Sinne entwickelt sich im Kindergartenalter spontan; die phonologische Bewusstheit im engeren Sinne bezeichnet die Bewusstheit um die einzelnen Laute und etabliert sich durch gezielte Instruktion, die in der Regel mit der Einschulung einsetzt.

Nachdem die Bedeutung der phonologischen Bewusstheit als Vorläufermerkmal des Schriftspracherwerbs belegt war, schloss sich die Frage an, ob sich die Ausprägung dieses bedeutsamen Vorläufermerkmals durch vorschulische spielerische Förderung steigern ließe.

Aufbauend auf eine sehr erfolgreich verlaufene skandinavische Trainingsstudie (vgl. Lundberg, Frost & Petersen, 1988) wurde von unserer Würzburger Arbeitsgruppe ein Trainingsprogramm für den deutschen Sprachraum entwickelt und in insgesamt drei großen Längsschnittstudien evaluiert.

Das Trainingsprogramm zur phonologischen Bewusstheit

Das Trainingsprogramm (Küspert & Schneider, 2001) besteht aus sechs Übungseinheiten, die inhaltlich aufeinander aufbauen und das Ziel verfolgen, den Vorschulkindern Einblick in die Lautstruktur der gesprochenen Sprache zu vermitteln. Es beinhaltet die folgenden Übungsabschnitte:

1. Lauschspiele: Mit diesen Übungen sollen die Kinder darin geschult werden, ihre Aufmerksamkeit auf Geräusche zu richten. Die Erzieherin erzeugt z. B. ein Geräusch (etwa Papier zusammenknüllen, Schlüsselbund auf den Boden fallen lassen), und die Kinder sollen mit geschlossenen Augen genau zuhören, um das Geräusch danach benennen zu können. Im weiteren Verlauf der Übungen dürfen die Kinder selbst Geräusche erzeugen (z. B. Namen oder Botschaften flüstern). Das Ziel der Übungen besteht darin, dass die Kinder sich auf die Geräusche in ihrer Umgebung konzentrieren und genau zuhören.

2. Reime: Zu Beginn dieses Übungsabschnittes spricht die Erzieherin Reime vor und lässt die Kinder wiederholen, wobei die sich reimenden Wortenden stark zu betonen sind. Im Verlauf dieser Übungseinheit kommen viele bekannte Kinderreime zum Einsatz. Später dürfen die Kinder selber zu vorgegebenen Wörtern Reimwörter bilden.

3. Sätze und Wörter: Die Kinder lernen, dass (gesprochene) Sätze sich in kleinere Einheiten, nämlich Wörter, zerlegen lassen. So bekommen die Kinder die Aufgabe, in vorgesprochenen Sätzen (anfangs Zwei-Wort-Sätze, später längere Einheiten) jedes einzelne Wort durch Hinlegen eines Bauklötzchens zu markieren. Im weiteren Verlauf der Übungen lernen die Kinder, Wörter zu verbinden (z. B. ergibt die Zusammensetzung der Wörter „Schnee" und „Mann" das neue Wort „Schneemann").

4. Silben: In diesen Übungen sammeln die Kinder Erfahrungen damit, dass sich Wörter in Silben zerlegen lassen (Analyse) und dass andererseits mehrere Silben zu einem Wort zusammengefügt werden können (Synthese). Die Kinder klatschen einzelne Silben in Wörtern (E-le-fant) und lernen, einzelne von der Erzieherin vorgegebene Silben zu einem Wort zu verbinden.

5. Anlaute: Hier beginnt die Einführung in die kleinsten Einheiten der Sprache, die Laute oder Phoneme, und dabei sind möglichst viele Sinneskanäle der Kinder anzusprechen. Die Kinder machen die Erfahrung, dass manche Laute gut wahrnehmbar sind (z. B. das /s/), andere aber nur an der Mundstellung ablesbar sind (z. B. das /b/). Zu Anfang spricht die Erzieherin Wörter vor, dehnt dabei den Anlaut (z. B. Nnnn-adel) und lässt die Kinder nachsprechen. Dann sollen die Kinder z. B. aus Bildkarten diejenigen aussuchen, die Wörter mit gleichem Anlaut darstellen, und schließlich üben sie, den Anlaut vom Rest des Wortes zu isolieren (aus Rrr-eis wird Eis), bzw. neue Anlaute zu Wörtern hinzuzufügen (aus Ohr wird Rrrr-ohr).

6. Phoneme: Nun lernen die Kinder, ganze (kurze) Wörter in ihre Lautbestandteile zu zerlegen. Zu Beginn spricht die Erzieherin Wörter in Einzellauten vor (/h//u//t/), lässt die Kinder wiederholen und das Wort benennen (Phonemsynthese). In analoger Weise wird die Phonemanalyse eingeführt. Später wird in Spielen der Umgang mit Lauten geübt, z. B. sollen die Kinder aus einem Set von Bildkarten dasjenige heraussuchen, auf dem das längste Wort dargestellt ist, oder aber es liegen Bildkarten auf dem Tisch, und die Kinder dürfen sich alle Bilder nehmen, auf denen Wörter mit einer bestimmten Lautanzahl dargestellt sind. Die Kinder lernen auch, einzelne Laute innerhalb eines Wortes zu isolieren („Hört genau hin, was kommt bei der /N//a//s//e/ nach dem /a/?).

Die Übungen des Trainingsprogramms werden in täglichen 10-minütigen Sitzungen über den Zeitraum von 20 Wochen, kurz vor der Einschulung, von den Erzieherinnen mit den Vorschulkindern in Kleingruppen in einem separaten Raum des Kindergartens durchgeführt; wichtig ist hier vor allem die Förderung der

„schwächeren" Kinder. Ein detaillierter und exakt einzuhaltender Trainingsplan regelt die gesamte Trainingsphase.

Die Studien zur Evaluation des Trainingsprogrammes

Die Wirksamkeit dieses Trainingsprogrammes wurde in drei groß angelegten Längsschnittstudien überprüft. Den Studien lag das folgende Design zugrunde:

Trainingsgruppe	Kontrollgruppe
Vortest (Mitte des Vorschuljahres)	Vortest (Mitte des Vorschuljahres)
Durchführung des Trainings im Kindergarten (6 Monate)	Kein Training
Nachtest (Ende des Vorschuljahres)	Nachtest (Ende des Vorschuljahres)
Lese- und Rechtschreibtests in der Grundschule (1., 2., 3. Klasse)	Lese- und Rechtschreibtests in der Grundschule (1., 2., 3. Klasse)

In jeder Studie befanden sich etwa 200 Versuchspersonen in der Trainingsgruppe und ca. 150 Kinder in der Kontrollgruppe.

In den ersten beiden Studien (1991–1994 resp. 1994–1997) konnte belegt werden, dass sich die phonologische Bewusstheit auch im deutschen Sprachraum trainieren lässt. Die trainierten Kinder waren nachfolgend den nicht trainierten Kindern der Kontrollgruppe im Lesen und Rechtschreiben signifikant überlegen (vgl. Küspert, 1998; Schneider, Roth & Küspert, 1999).

Wenn sich nun auch nachweisen ließ, dass eine unausgelesene Gruppe von Kindergartenkindern von einem solchen Training profitiert, heißt dies noch nicht zwingend, dass alle Kinder gleichermaßen Nutzen ziehen. Es wäre ebenso denkbar, dass die stärkeren Kinder enorm zulegten, die schwächeren aber kaum bis gar nicht profitierten. Darum wurden für die 3. Studie von vornherein *„Risikokinder"* (ermittelt über das Bielefelder Screening (Jansen, Mannhaupt, Marx & Skowronek, 1999)) für die Förderung ausgewählt und einer Stichprobe *unausgelesener Kinder* in der Kontrollgruppe gegenüber gestellt.

Außerdem galt es, neben dem Training der phonologischen Bewusstheit noch eine zweite Trainingsvariante zu überprüfen, und zwar eine Kombination aus der Förderung in phonologischer Bewusstheit mit einer Einführung in die Phonem-Graphem-Korrespondenzen. Hierzu kam ein Buchstaben-Laut-Training zum Einsatz (vgl. Roth, 1999), durch welches den Kindern die Buchstaben-Laut-Beziehungen exemplarisch anhand der 12 häufigst gebrauchten Buchstaben verdeutlicht werden. Gemäß neuerer angloamerikanischer Befunde war von einer solchen kombinierten Trainingsvariante der größte Nutzen für die Risikokinder zu erwarten. Die identifizierten Risikokinder wurden nun einer von drei Trainingsgruppen zugeteilt:

Gruppe 1: Training der phonologischen Bewusstheit
Gruppe 2: Training der phonologischen Bewusstheit plus Buchstaben-Laut-Training = Kombinationstraining
Gruppe 3: Buchstaben-Laut-Training

Bei diesem Design waren die (Risiko-)Kinder der Trainingsgruppen im Vortest der Kontrollgruppe signifikant unterlegen und es war zu klären, welche der drei *Risiko*-Trainingsgruppen nach der Intervention nicht mehr signifikant schlechter abschneiden würde als die *unausgelesene* Kontrollgruppe.

Die Befunde der ersten drei Schuljahre zeigen, dass insbesondere die ehemaligen Risikokinder, die das kombinierte Training erhalten hatten, im Lesen und Rechtschreiben das durchschnittliche Niveau der Kontrollgruppe erreichen konnten (vgl. Roth, 1999; Schneider, Roth & Küspert, 1999). So ist davon auszugehen, dass auch Risikokinder, also Kinder, für die die spätere Ausbildung einer Lese-Rechtschreibproblematik mit großer Wahrscheinlichkeit zu prognostizieren ist, von einer Förderung in phonologischer Bewusstheit – insbesondere in Kombination mit einer Einführung in Phonem-Graphem-Korrespondenzen – enorm profitieren und so vor dem Schicksal einer Lese-Rechtschreibstörung bewahrt werden können.

Literatur

Jansen, H., Mannhaupt, G., Marx, H. & Skowronek, H. (1999): Bielefelder Screening zur Früherkennung von Lese-Rechtschreibschwierigkeiten (BISC). Göttingen: Hogrefe.

Küspert, P. (1998): Phonologische Bewusstheit und Schriftspracherwerb. Frankfurt/Main: Lang.

Küspert, P. (2001): Wie Kinder leicht lesen und schreiben lernen. Ratingen: Oberstebrink.

Küspert, P. & Schneider, W. (2001): Hören, lauschen, lernen – Sprachspiele für Vorschulkinder, 3. Aufl. Göttingen: Hogrefe.

Lundberg, I., Frost, J. & Petersen, O. P. (1988): Effects of an extensive program for Stimulating phonological awareness in preschool children. Reading Research Quarterly, 23, 253–284.

Roth, E. (1999): Prävention von Lese-Rechtschreibschwierigkeiten: Evaluation einer vorschulischen Förderung der phonologischen Bewusstheit und der Buchstabenkenntnis. Frankfurt/Main: Lang.

Schneider, W. & Näslund, J. C. (1993). The impact of early metalinguistic competencies and memory capacities on reading and spelling in elementary school: Results of the Munich Longitudinal Study on the Genesis of Individual Competencies (LOGIC). European Journal of Psychology of Education, 8, 273–288.

Schneider, W., Roth, E. & Küspert, P. (1999). Frühe Prävention von Lese-Rechtschreibproblemen: Das Würzburger Trainingsprogramm zur Förderung sprachlicher Bewußtheit bei Kindergartenkindern. Kindheit und Entwicklung, 8 (3), 147–152.

INGE TREMMEL

Praxis-Erfahrungen mit dem „Würzburger Programm" im Kindergarten Bavaria in Kempten

Vor knapp drei Jahren haben wir in unserem Kindergarten damit begonnen, das Förderprogramm zur *Phonologischen Bewusstheit* im Vorschulalter praktisch umzusetzen.

Wie kamen wir zu diesem Modellversuch?

Durch reinen Zufall in einem Gespräch mit dem Leiter der Psychologischen Beratungsstelle (PB) unserer Stadt hörte ich vom „Würzburger Programm".

Dies machte mich natürlich neugierig. Ich berichtete im Team darüber und stieß auf Interesse und Neugier. Trotzdem standen wir zunächst dem Ganzen auch skeptisch gegenüber. Deshalb luden wir den Leiter der PB Kempten in unser Team ein, um Näheres darüber zu erfahren und unsere offenen Fragen zu diskutieren. Diese Informationen waren für uns sehr überzeugend, wollten wir uns aber dennoch ein wenig Zeit für die Meinungsbildung im Team lassen. Wir setzten uns mit Vor- und Nachteilen auseinander und stellten konzeptionelle und praktische Überlegungen zur Durchführung an.

Trotz einiger Fragen, die zunächst noch offen blieben, entschieden wir uns – besonders auch deshalb, weil wir in unserem Leitbild eine bestmögliche Förderung für jedes einzelne Kind verankert haben – das Programm zunächst für ein Jahr auszuprobieren.

Wie immer, wenn Neuland betreten wird – es ist erst einmal spannend.

Wie lässt sich die Förderung im Alltag gut integrieren?
Wie reagieren die Eltern?
Wie gehen wir und die Kinder mit den Tests um?
Wie empfinden die Kinder regelmäßige Übungen dieser Art?
Werden wir dadurch unserem pädagogischen Konzept und unseren Zielen untreu?
Wie viel Zeit und Arbeit nimmt die Förderung in Anspruch?
Was bringt es den Kindern wirklich?
Welche Folgen könnte das Projekt für andere Tageseinrichtungen haben?

Praxis-Erfahrungen mit dem „Würzburger Programm"

So gingen wir vor.

Vorüberlegungen

Wir klärten ab, wer die Förderung gerne übernehmen möchte, wie die Zeit sinnvoll im Tagesablauf integriert werden kann, wie der Zeitplan erstellt werden sollte u. ä.

Vorbereitungen

Zwei Mitarbeiterinnen unseres Teams, eine Erzieherin und eine Kinderpflegerin arbeiteten sich in das Programm ein. Sie übernahmen eigenverantwortlich die Planung und Organisation – auch Absprachen mit der begleitenden Fachkraft der PB, Infoabend für Eltern, Terminabsprachen für Tests und Elterngespräche u. ä.

Dann ging es los.

Wir luden alle Eltern unserer angehenden Schulkinder zu einem Info-Abend ein, um ihnen einen näheren Einblick in das Projekt zu geben und ihre Meinungen dazu zu erfahren. Wir waren erstaunt über die positiven Rückmeldungen. Alle Eltern, bis auf eine Mutter (sie war dagegen, „dass man ihr Kind testet und in eine Schublade steckt"), wollten ihr Kind testen lassen und sahen dieses Angebot als Chance für die Kinder. Sie fanden es auch völlig in Ordnung, dass das Projekt zunächst erst einmal ausprobiert werden sollte, um Erfahrungen damit zu machen.

Nach dem Info Abend gaben uns die Eltern ihr schriftliches Einverständnis zur Durchführung des Tests.

Durchführung

Der Test

Das Bielefelder Screening (BISC) wurde von der Fachkraft der PB durchgeführt und ausgewertet. Zuvor besprachen wir dies natürlich mit den Kindern. Der Test dauerte ca. 20 Minuten pro Kind. Obwohl wir bei manchen Kindern mit Schwierigkeiten wie Ängsten, Unsicherheiten oder Anspannungen rechneten, waren die Kinder mit Stolz und Begeisterung dabei.

Wir fragten bei jedem Kind, ob es alleine mitgehen oder begleitet werden möchte. Nur ein Mädchen brauchte unsere Nähe, verlor aber schnell die Skepsis.

Die Auswertung des ersten Tests

Bei der Auswertung durch die PB wurde im ersten Jahr bei 6 von 32 Kindern ein LRS-Risiko festgestellt, im zweiten Jahr waren es 4 von 22 Vorschulkindern. Wir waren überrascht, dass es nicht diejenigen Kinder betraf, die wir vermuteten, weil sie anderweitige sprachliche Schwierigkeiten hatten. In beiden Jahren waren im übrigen auch nicht die fremd- bzw. mehrsprachigen Kinder eher betroffen. Ein Kind, das kaum Anweisungen versteht, könnte allerdings auch nicht das BISC-Verfahren bewältigen. Es müsste sicherlich zunächst eine andere Art von Sprachförderung erhalten.

Nach der Auswertung wurden die Ergebnisse von der PB mit den ausführenden Mitarbeiterinnen besprochen. Die Eltern wurden in Form eines Briefes über die Ergebnisse informiert. Die Briefe an die Eltern der *Risikokinder* gaben wir natürlich persönlich zurück, um gegebenenfalls eine erste Bestürzung auffangen zu können. Die Fachkraft der PB lud betroffene Eltern zu einem Gespräch ein, das sowohl die weitere Vorgehensweise (worin zeigen sich die individuellen Auffälligkeiten, wie gehen wir mit dem Kind um, ohne es zu verunsichern, wie wichtig ist die Regelmäßigkeit, ...) als auch das Einverständnis zur Durchführung beinhaltete.

Die Durchführung des Programms

Der Trainingsplan (siehe auch Artikel von Petra Küspert) ist klar strukturiert, sehr einfach nachzuvollziehen und lässt viel Freiraum für eigene Ideen von Kindern und Erwachsenen.

Man sollte darauf achten, die angegebene Reihenfolge einzuhalten, um einen größtmöglichen Nutzen daraus zu ziehen.

Er ist nach Schwierigkeitsgraden in 6 Einheiten aufgebaut und sollte auf spielerische Weise am besten in der Kleingruppe durchgeführt werden.

Hier einige Beispiele

1. *Lauschspiele*
   Flüsterspiele; Geräusche erkennen; Worte erkennen, die gleich klingen; ...
2. *Reime*
   Reimspiele aller Art
3. *Sätze und Wörter*
   Ergänze das Wort: Vogel – nest, -ei, -haus; Wörterpuzzles; ...
4. *Silben*
   Namen klatschen; Wörter, die in Silben vorgesprochen werden, erkennen, z. B. E – le – fant
5. *Anlaute*
   Wörter mit gleichen Anfangslauten finden; Anlaute betonen – Rrrr -eis, Nnnn -adel; Rätsel raten – ich kenne ein Wort, das mit „S" beginnt, die Sache

sieht aus wie ein Ball, man sieht sie nicht immer, sie wärmt uns, finde den letzten Laut: Ofen – Kinder sagen „nnn", Kopf – „pf"; ...
6. *Phoneme*
Wörter in einzelnen Lauten sprechen bzw. erkennen: h –a – s – e

Am Ende des Programms wurden alle *Risikokinder* nochmals getestet. Hier zeigte sich die Wirksamkeit dieser Methode, denn bei allen konnte ein Fortschritt zwischen 75 und 90 Prozent festgestellt werden.

Allgemeine Erfahrungen mit dem Programm

Das Programm ist leicht verständlich und kann durch die eigene Phantasie der pädagogischen Kraft ergänzt bzw. abgewandelt werden. Die Spiele können auch sehr gut im Alltag mit einfließen. Somit können alle Kinder dadurch profitieren.

Mit der Zeit wurden die *Risikokinder* immer sicherer. Wir entdeckten sogar, dass sie solche Sprachspiele zwischendurch mit ihren Freunden spielten.

Die Kinder machten durch die Kleingruppenarbeit vielseitige Erfahrungen. Sie lernten beispielsweise auch, damit umzugehen, dass jeder sein eigenes Tempo hat. Beim einen kam das „Aha- Erlebnis" eher als beim anderen, was sich aber nicht als Nachteil erwies, denn im Programm sind Wiederholungsübungen für die langsameren Kinder eingebettet und ebenso kann ein erfahrenes Kind gezielt als Bereicherung eingesetzt werden.

In den beiden Jahren verliefen die Kleingruppen zum Teil auch unterschiedlich. Gerade deshalb wurde es notwendig, über den Verlauf zu reflektieren und entsprechend zu reagieren.

Die Kinder haben, soweit wir das bisher beobachten konnten, viel Spaß mit den Spielen, wobei das aber nicht als Garantie für alle Kinder auch in Zukunft angesehen werden kann. Es ist durchaus möglich, dass ein Kind etwa über- bzw. unterfordert ist oder aus einem anderen Grund nicht mitmachen möchte. In diesem Fall würden wir dies sicherlich im Team besprechen, um weitere Entscheidungen zu treffen.

Sehr gute Erfahrungen machten wir mit den Eltern. Sie zeigten sich offen und dankbar. Alle betroffenen Eltern arbeiteten gut mit uns zusammen, brachten beispielsweise die Kinder pünktlich oder gaben uns Rückmeldungen über die Entwicklung ihres Kindes. Dennoch gab es aber in beiden Jahren je einen Erziehungsberechtigten, der diese Förderung nicht wollte, weil er beispielsweise generell gegen ein „Schubladen-Denken" war oder das Kind sowieso in die „Aktive Schule" geben wollte. Selbstverständlich respektierten wir diese Ansichten. Gäbe es allerdings mehrere Eltern, die eine Förderung dieser Art ablehnten, würden wir sicher neu darüber diskutieren und eventuell andere Wege suchen.

Inzwischen haben wir auch erste Rückmeldungen von Eltern, die uns berichteten, dass ihre Kinder keine besonderen Lese- oder Rechtschreib-Probleme in der

Schule hätten. Ein Lehrer gab uns auch die sehr erfreuliche Rückmeldung über seine Beobachtung, dass gerade ein betroffenes Kind immer sehr genau hinhört.

An dieser Stelle ist zu betonen, dass eine intensivere Zusammenarbeit mit der Grundschule generell gut und wichtig ist. Vielleicht kann hierdurch ein neuer Schritt getan werden.

Mein erstes persönliches Fazit

Nach diesen ersten Erfahrungen mit dem Würzburger Programmm und dem Bielefelder Screening konnten wir im Team feststellen, dass diese Förderung sichtbare Erfolge zeigt und gewinnbringend für die Kinder ist.

Deshalb, insbesondere auch aufgrund der (Lern-)Freude der Kinder an diesen Sprachspielen, haben wir beschlossen, diesen Baustein, der sicherlich nur ein ganz kleiner von vielen ist, weiterhin in unsere pädagogische Arbeit zu integrieren.

Betonen möchte ich aber auch den relativ hohen Zeitaufwand, der hierfür benötigt wird. 40 bis 80 Stunden auf das Jahr verteilt sind für eine oder zwei Mitarbeiterinnen schon eine ganze Menge.

Eine Kindergartenleitung, die sich für dieses Programm interessiert und es umsetzen möchte, sollte deshalb vorher mit dem Team und dem Träger klären, ob dieses Angebot mit der momentanen Personalsituation möglich ist. Ebenso wichtig ist die Übereinstimmung mit konzeptionellen Grundsätzen der Einrichtung. Meiner Meinung nach ist es wenig sinnvoll, sich das Programm überstülpen zu lassen. Vielmehr müsste klar gestellt werden, dass man es erst einmal ausprobieren muss, bevor Entscheidungen getroffen werden.

Abschließend möchte ich allen interessierten Lesern mitteilen, dass wir uns weiterhin in einem Prozess befinden, der sich durchaus noch verändern lässt. Ich bin davon überzeugt, dass hier viele weitere Erfahrungen gesammelt werden und in der Praxis reifen. Meine persönliche Vision ist es, dass wir uns mit der Zeit fundiertes Wissen in diesem Bereich aneignen werden und ein feeling dafür bekommen, welche Kinder mehr Förderung zur phonologischen Bewusstheit benötigen. Vielleicht lässt sich LRS-Prävention auch ohne das aufwendige Testverfahren von außen mit dem gleichen Erfolg umsetzen?

KATHARINA THRUM / ROSWITHA SCHNEIDER /
ALEXANDRA SANN

Opstapje – Sprachförderung mit 2- bis 4-jährigen Kindern in sozial benachteiligten Familien

Die Entwicklung sprachlicher Kompetenzen ist Bestandteil des lebenslangen Lernprozesses. Die individuelle Lernbiographie erstreckt sich über die gesamte Lebensspanne bis ins hohe Alter und soll möglichst früh beginnen. In den ersten Lebensjahren wird mit dem Spracherwerb eine wichtige Basiskompetenz erworben und damit das Fundament für spätere Lernerfolge gelegt (OECD, 2001). Erstmalig wurde jetzt in der Bundesrepublik ein Modellprojekt zur frühen Förderung initiiert, in dem auch Kinder aus sozial benachteiligten Familien eine reelle Chance bekommen, wichtige Kompetenzen, wie Konzentration und Ausdauer und Sprache zu erwerben. Dieses Modellprojekt „Opstapje – Schritt für Schritt" ist ein in den Niederlanden entwickeltes Spiel- und Lernprogramm für 2- bis 4-jährige Kinder und ihre Eltern. Seit Sommer 2001 wird es an den Projektstandorten Bremen und Nürnberg erprobt. Dem Deutschen Jugendinstitut München obliegt die gesamte Koordination des Modellprojektes sowie die wissenschaftliche Begleitung und Evaluation in Zusammenarbeit mit den Universitäten Regensburg und Bremen.

Opstapje ist als *Hausbesuchsprogramm* konzipiert und dauert *zwei mal 30 Wochen*. Mit der *Gehstruktur* werden Familien erreicht, die Unterstützungsangebote mit Kommstruktur nicht nutzen. Das Konzept des Programms zielt auf „Empowerment", also Nutzung und Erweiterung vorhandener *Kompetenzen und Ressourcen* der Familien. Schwerpunkt ist die Verbesserung der Mutter- bzw. Vater-Kind-Interaktion. Allgemeine und insbesondere die sprachliche Entwicklung fördernde Verhaltensweisen der Eltern werden modellhaft angeleitet und im alltäglichen Kontext eingeübt. Altersgerechte, anregende Materialien und Bilderbücher werden in den Familien bereitgestellt. Auf diese Weise erweitern sich die Spiel- und Lernerfahrungen der Kinder und ihre kognitive, motorische, sozio-emotionale und sprachliche Entwicklung wird gefördert. Die Eltern werden für die Bedürfnisse ihrer Kinder sensibilisiert und gewinnen an erzieherischer Kompetenz. Durch regelmäßige Gruppentreffen erhalten sie zudem Gelegenheit, neue Kontakte zu knüpfen und sich mit anderen auszutauschen. Auch Geschwisterkinder profitieren von den neuen Fähigkeiten der Eltern und den Angeboten des Programms.

Kurzbeschreibung des Programms

Opstapje besteht aus zwei Teilen.

(1) Wöchentlich werden 30-minütige *Hausbesuche* einer *semi-professionellen Laienhelferin* (Hausbesucherin), die selbst Mutter aus der Zielgruppe ist, durchgeführt. Diese Hausbesucherin stellt ein für die Familien akzeptables Modell dar, was Erziehung, Lebensführung und Sprache anbelangt. Während des *Hausbesuches* finden Spielaktivitäten der Hausbesucherin und der Mutter mit dem Kind statt. (Das Programm wendet sich an die Mütter und Väter. Da am Modellprojekt nur Mütter aktiv teilnehmen, sprechen wir der Einfachheit halber im Text aber nur von Müttern.) Die Mütter sind aufgefordert, einmal täglich mit dem Kind für 15 Minuten die jeweilige „Aktivität der Woche" zu spielen. Das dazu erforderliche Arbeitsblatt und das jeweilige Spielmaterial verbleiben in der Familie.

(2) Zusätzlich finden alle 14 Tage *Gruppentreffen* der Mütter gemeinsam mit den Kindern statt. Die Gruppentreffen verfolgen drei Ziele: (a) soziale Kontakte zwischen den Familien herstellen, (b) Informationen zu Entwicklung und Erziehung von Kindern vermitteln, (c) eine weitere oder schwierige Spielaktivität erklären.

Die Hausbesucherinnen werden in das Programm eingewiesen und einmal wöchentlich von der *Projektkoordinatorin* angeleitet. Für die Arbeit in den Familien stehen den Hausbesucherinnen klar strukturierte Arbeitsblätter zur Verfügung. Diese legen den zeitlichen Ablauf, die verwendeten Materialien, die Formen der Interaktion und insbesondere die sprachlichen Instrumente und Prozesse fest. Die Projektkoordinatorin ist eine sozialpädagogische Fachkraft, der die gesamte Durchführung des Programms obliegt. Sie wirbt Familien, organisiert Gruppentreffen und macht Öffentlichkeitsarbeit.

Wissenschaftliche Begleitung

Ziel der wissenschaftlichen Begleitung und Evaluation des Modellprojektes Opstapje ist es, Aussagen zur Einführung des Programms in Deutschland in der Zielgruppe der sozial benachteiligten Familien und zur Wirksamkeit des Programms zu machen. Dazu werden an drei Zeitpunkten die Projektfamilien und Kontrollgruppenfamilien befragt und die Kinder entwicklungspsychologisch untersucht. Um längerfristige Effekte feststellen zu können, wird ein Teil der Projektfamilien noch einmal sechs Monate nach Ende des Programms untersucht. Die Erfahrungen mit der Einführung und Praxis des Programms werden durch Befragungen der Hausbesucherinnen und Koordinatorinnen dokumentiert.

Ergebnisse

1. Definition und Erreichbarkeit der Zielgruppe

Es werden drei Dimensionen *sozialer Benachteiligung* unterschieden: (1) Strukturelle Benachteiligung, wie schlechte Wohnverhältnisse, Arbeitslosigkeit oder Migration, (2) belastete familiäre Lebenssituation wie chronische Konflikte und Allein-Erziehen, und (3) persönliche Probleme der Eltern wie Überforderung oder psychosoziale Probleme. Aufgrund des variierenden Belastungsgrades, der sich aus der Anzahl und Schwere der einwirkenden Stressoren im Verhältnis zu den verfügbaren Bewältigungsmöglichkeiten und Ressourcen ableiten lässt, ergeben sich in Kombination mit der ethnischen Zugehörigkeit für das Modellprojekt *drei Untergruppen*:

A. Sozial benachteiligte deutsche Familien

Familien, die mit einzelnen Belastungsfaktoren wie Allein-Erziehen, geringem sozioökonomischem Status oder Isolation konfrontiert sind und von bestehenden präventiven Förderangeboten mit Kommstruktur nicht ausreichend profitieren. Hier bietet Opstapje einen Einstieg, die Ressourcen und Selbsthilfepotentiale der Familien zu aktivieren. Diese Familien für das Projekt zu gewinnen, gestaltete sich schwierig. Die Akzeptanz für ein Angebot wie Opstapje scheint gering, da die Familien sich meist defizitär erleben und die Annahme von Unterstützung dieses Defizit bestätigt. Angst vor staatlicher Kontrolle schränkt die Teilnahmemotivation ebenfalls ein. Sind diese Familien aber einmal für das Programm gewonnen, nehmen sie stabil teil und profitieren sehr gut.

B. Migrantenfamilien

Zu dieser Gruppe zählen Familien ausländischer Herkunft, welche die deutsche Sprache nur eingeschränkt beherrschen und/oder wenig integriert sind bzw. Benachteiligungsmerkmale der Gruppe A aufweisen. Die Werbung dieser Familien erwies sich als relativ problemlos, da die meist vorhandene Bildungs- und Aufstiegsorientierung in dieser Gruppe die Akzeptanz für ein Programm wie Opstapje erhöht. Mit der Aufnahme von Migrantenfamilien in das Modellprojekt muss jedoch dem Themenkomplex des Aufwachsens von Kindern unter Bedingungen von Zweisprachigkeit zusätzliche Aufmerksamkeit geschenkt werden. Deshalb wurden als Maßnahme zur Überbrückung evtl. Sprachbarrieren zweisprachige Hausbesucherinnen eingestellt. Die Arbeitsmaterialien und Bilderbücher sind jedoch momentan nur in deutscher Sprache verfügbar. Im Rahmen der gegenwärtigen Diskussion der Sprach- und Integrationsförderung von Migrantenfamilien mittels informeller alltagsnaher Strukturen, erscheint Opstapje aber ein sehr viel versprechender Ansatz.

C. Multiproblemfamilien

Bei diesen Familien sind Benachteiligungen in mehreren Benachteiligungsdimensionen vorhanden, die Zahl einwirkender Stressoren ist hoch, es können nur wenige oder keine Ressourcen entgegensetzt werden. Hier stößt Opstapje an die Grenzen seines Leistungsvermögens. Es ist hoch strukturiert und standardisiert, arbeitet mit Laienhelferinnen und lässt nur wenig Spielraum für individuelle Betreuung und Förderung. Die Erfahrungen am Standort Bremen zeigen bei den Multiproblemfamilien u. a. geringe Termintreue, mangelhafte eigenständige Durchführung der Spielaktivitäten sowie eingeschränkte Gruppenfähigkeit. Dennoch erscheint es möglich, einzelne Familien (max. zwei bis drei) in eine Gruppe mit aufzunehmen, wenn zusätzliche unterstützende Maßnahmen installiert werden. Der niederländische Programmentwickler *Averroes Stiftung* empfiehlt aufgrund seiner langjährigen Erfahrungen mit dem Programm gleichfalls eine gute Mischung der Gruppen bezüglich des Belastungsgrades der Familien.

2. Wirksamkeit von Opstapje für die Eltern, Kinder und die Familie

Die Wirksamkeitsaussagen beziehen sich gegenwärtig auf Mitteilungen der zwei Projektkoordinatorinnen und zwei Hausbesucherinnen in den qualitativen Interviews und auf Aussagen von 20 Familien zu qualitativen Fragen in den Familieninterviews. In weiteren, hier noch nicht dokumentierten Auswertungsschritten, sollen diese dann durch quantitative Daten aus den Familieninterviews und den Kindertests validiert werden.

Elternebene

Die Eltern haben die Möglichkeit, sich stärker als Erziehende wahrzunehmen. Sie können lernen, mehr mit dem Kind zu sprechen, Fragen zu stellen, es zu beobachten und dem Kind beim Spielen ihre ungeteilte Aufmerksamkeit zuzuwenden. So kann es ihnen zunehmend besser gelingen, die Bedürfnisse der Kinder wahrzunehmen und angemessen darauf einzugehen. Die Eltern-Kind-Beziehung kann auf diese Weise intensiviert und stabilisiert werden. Auf die Frage „Was hat Ihnen an Opstapje besonders gut gefallen?" antwortete eine 31-jährige türkische Mutter: „Durch Opstapje werde ich dazu angeregt, mich konzentriert mit meinem Sohn hinzusetzen und mit ihm zu spielen." Auch die anfangs eher skeptischen Väter lassen sich im Verlauf des Programms für Opstapje begeistern.

Kinderebene

Das Programm bietet die Möglichkeit, altersangemessene Spielmaterialien und Beschäftigungsideen in die Familien einzuführen. Die Kinder können ausmalen, schneiden, kleben usw. lernen. Sie werden gemeinsam mit ihren Eltern gezielt an das Lesen und Vorlesen heran geführt. In den Gruppentreffen können sie lernen, mit anderen zu spielen und zu sprechen. Ihre Konzentrationsfähigkeit kann verbessert werden. Mit den angestrebten Lern- und Spracherfahrungen werden die Kinder gut auf den Kindergarten vorbereitet. Die Kinder mit Migrationshintergrund machen erste Erfahrungen mit der deutschen Sprache, was ihnen den Start in das Bildungssystem erleichtert.

Familienebene

Die Teilnahme an den Gruppentreffen bewirkt eine Aufhebung der Isolierung, die viele Mütter im Alltag erleben. Vielfältige neue Kontakte entstehen und die Frauen unterstützen sich gegenseitig. Stadtteilbezogene Angebote für Familien werden durch die Koordinatorinnen bekannt gegeben, so dass die Familien sich gezielter Unterstützung und Anregung holen können. In schwierigen Situationen werden konkrete Hilfemöglichkeiten aufgezeigt und die Familien an die entsprechenden Institutionen vermittelt. Die Familien mit Migrationshintergrund lernen durch das Programm die deutsche Kultur, besonders im Hinblick auf Kinder, Familie und Erziehung, besser kennen und werden in ihrem eigenen Spracherwerb unterstützt. Die neuen Spielmaterialien werden auch von Geschwisterkindern genutzt.

Zusammenfassung

Diese ersten Ergebnisse zeigen, dass Opstapje als präventives Frühförderprogramm geeignet ist, sozial bedingte Bildungsbenachteiligung zu reduzieren. Die Entwicklung der Kinder wird intensiv in allen wichtigen Bereichen (Kognition, Sprache, Motorik, Sozialverhalten) gefördert. Die Eltern gewinnen an Kompetenz und Sicherheit im Umgang mit ihren Kindern. Die Familie als ganzes profitiert von den erweiterten Handlungsmöglichkeiten. Kommunikation vermittels Sprache gewinnt als Lösungsmöglichkeit bei Konflikten und Problemen an Bedeutung. Die Integration ins soziale Umfeld verbessert sich. Kinder aus Migrantenfamilien erhalten erste Gelegenheiten, die deutsche Sprache kennen zu lernen. Die Sprachkompetenz der Eltern der Migrantenfamilien im Deutschen kann ebenfalls erweitert werden. Der Einsatz geschulter Laienhelferinnen hat sich grundsätzlich bewährt, hat aber bei den Multiproblemfamilien seine Grenzen. Diese ersten Ergebnisse gilt es, durch weitere Datenanalysen zu überprüfen. Die größte Schwierigkeit besteht darin, sozial benachteiligte Familien für die Teilnahme am Programm zu gewinnen. Nehmen sie jedoch einmal teil, gibt ihnen Opstapje die Chance „Träger von Ressourcen" zu werden und nicht „Träger von Problemen" zu bleiben – und das sowohl in der Selbstwahrnehmung als auch aus gesamtgesellschaftlicher Perspektive.

Literatur

OECD (Organisation for Economic Co-operation and Development) (2001): Starting Strong – early childhood education and care. Paris: Author.

Sprachenpolitik und
sprachliche Bildung in Europa

ALBERT RAASCH

Europa auf dem Weg zur Mehrsprachigkeit?

Einleitung

Das Thema erscheint bei erstem Hinsehen einfach und transparent. Aber schon bald wird deutlich, dass es in vielfacher Hinsicht interpretierbar ist; die folgenden Beispiele zeigen die Problematik:

Zum Begriff „Europa"

Eine Karte der Länder Europas ist ungemein bunt und weist die Vielfalt dieses Kontinents aus. Sie verdeckt aber die Tatsache, dass diese Karte eigentlich noch viel bunter ist, denn es besteht ja keine Identität von Land und Sprache. Manche Länder weisen mehrere Sprachen auf, wie z. B. Frankreich mit dem Baskischen, dem Bretonischen, dem Okzitanischen, dem Elsässischen usw.; in anderen Fällen findet sich dieselbe Sprache in verschiedenen Ländern: Französisch z. B. in Belgien, Luxemburg und Frankreich; Deutsch in Deutschland und in der Deutschsprachigen Gemeinschaft Belgiens usw. Damit sind wir noch lange nicht am Ende; folgende Stichwörter deuten die ungemein große Vielfalt an:

- Minoritätensprachen (wie z. B. das Sorbische in Deutschland)
- Regionalsprachen (wie z. B. das Elsässische in Frankreich)
- Dialekte
- Migrantensprachen (wie z. B. das Türkische in Deutschland)
- Nationalsprachen, Amtssprachen, offizielle Sprachen (Beispiele: Belgien, Luxemburg)

In eine solche Sprachenkarte Europas gehören natürlich auch die Sprachen, die in Schulen oder überhaupt im Bildungswesen gelehrt und gelernt werden bzw. eben NICHT gelehrt und gelernt werden.

Auf diese Weise spielt diese Frage nach den Sprachen Europas selbstverständlich auch in die Thematik eines Kongresses „Kinder kommen zu(m) Wort" hinein; das Miteinander in Kindergärten und Grundschulen verschiedenster Muttersprachen, vor allem dort, wo die Zahl der Migrantenkinder hoch ist, ist ein sicherlich einleuchtendes Beispiel. Aber auch die Erhaltung und Pflege einer Minderheitensprache, das Miteinander / Nebeneinander / Durcheinander von Dialekt und Hochsprache ist für viele Regionen und Familien „ein weites Feld". Die Wahl der Schulsprachen, die ihre Kinder lernen sollen / möchten / müssen / dürfen / nicht dürfen, ist ein Thema, um das wohl keine Eltern herum kommen.

Wir haben „Europa" bisher verwendet, als ob es selbstverständlich wäre, welche Dimension es hat:
- Meinen wir mit „Europa" die 15 Länder, die zur Zeit (noch) die Europäische Union bilden?
- Meinen wir das EU-25 einschließlich der Kandidatenländer?
- Meinen wir das Europa des Europarats mit derzeit wohl 45 Mitgliedsländern, die von Lissabon bis Wladiwostok reichen?

Wir wollen von den Kindern, von Ihren Kindern sprechen, und geraten plötzlich in die große Politik hinein; aber das ist wohl unvermeidlich in einer Zeit, die durch Europäisierung, Internationalisierung, Globalisierung gekennzeichnet ist und die uns alle, unabhängig von dem Alter, betrifft.

Vielleicht kann man ja einen Weg finden, Europa zu definieren, indem wir uns überlegen, was wir denn eigentlich mit „Europa" verbinden. Dazu gibt es Vorschläge, und sie spielen nicht nur in der großen Politik eine Rolle, sondern auch in die Realität des Bildungswesens hinein; sie betreffen auch Schule, Grundschule, Vorschule, Kindergarten; sie betreffen unsere Rolle als Erzieher/in, als Eltern, als Lehrer/in, und sie betreffen letztlich die Kinder selbst.

Diese Vorschläge sind im Rahmen des Europarates ausführlich diskutiert worden und finden ihren europaweiten Konsens in folgenden Kategorien:
- Europa definiert sich durch ein Leitziel, das mit „European citizenship" bezeichnet wird; Europäer ist, wer sich als Bürger eines demokratischen Staatswesens definiert, der zugleich Selbstverantwortung und Verantwortung für das Gemeinwesen übernimmt, der anderen gegenüber Toleranz übt und für diese Bürgerrechte und -pflichten eintritt. Ist das nicht auch ein Leitziel für Schule, Vorschule, Kindergarten, Familie?
- Europa definiert sich als multikulturell in dem Sinne, dass die Verschiedenheit seiner Kulturen als Reichtum angesehen wird und dass die Aufgaben und Lasten, die durch den Erhalt und die Pflege dieses Reichtums entstehen, von den Bürgern Europas übernommen werden. Ist denn dieser politische Grundsatz nicht zugleich auch ein erzieherisches Fundament bis hin zum Kindergarten?

Zum Begriff „mehrsprachig"

Wir haben mit „multikulturell" auch schon die Sprache als Komponente jeder Kultur mit gemeint, doch sollte man der Klarheit halber folgende Unterscheidung treffen:
- Ein Individuum kann mehrere Sprachen lernen, viele Sprachen werden dagegen die Ausnahme bleiben.
- Ein Land aber benötigt Kompetenzen in vielen Sprachen, d. h. also Menschen mit vielen verschiedenen Kompetenzen.

Wir brauchen also ein Bildungssystem - und dies beginnt im frühen Kindesalter, denn auch die Familie gehört in diesem Sinne zum Bildungssystem –, in dem die Menschen viele unterschiedliche Sprachen lernen können. Erst dann werden wir die soziale Kohäsion innerhalb Europas ermöglichen und den „Standort Europa" in der international-globalisierten Welt angemessen gestalten können.

Dass Sprachen kulturelle Identität abbilden, dass Kultur in der Sprache ist, dass Sprachen Brücken zwischen Kulturen sein können: Dies alles ist bekannt und soll deswegen hier nur anklingen.

Der Ansatz meines Beitrages, den ich hier andeutungsweise definieren wollte, ist also sprachenpolitischer Natur. Damit meine ich drei Dimensionen:

- Das Thema, wie es auch im Titel formuliert wurde, sind die sprachenpolitischen Problemfelder unseres zusammenwachsenden Europa.
- Ich will nicht nur ein Thema behandeln, sondern sprachenpolitische Perspektiven für uns und andere aufzeigen, mit anderen Worten: für sprachenpolitisches Handeln werben.
- Diese Veranstaltung hier mit dieser Thematik IST bereits aktive Sprachenpolitik. Wir sind hier, Sie und ich gleichermaßen – sprachenpolitische Akteure.

Mein Appell setzt sich von einem Slogan NRW's klar ab, der lautet: „Sprachförderung von Anfang an"; mein Slogan heißt: „Sprachenförderung von Anfang an." Damit gebe ich zugleich eine Antwort auf die im Titel gestellte Frage: Europa ist noch nicht auf dem Wege zur Mehrsprachigkeit, aber wir könnten es gemeinsam schaffen, dass wir das mehrsprachige oder vielsprachige Europa auf den Weg bringen; im Übrigen: Es führt kein Weg daran vorbei.

Europa auf dem Wege zur Mehrsprachigkeit? Beispiele

Beispiel: Zweisprachige Kindergärten im Saarland

Im Saarland wurden vor einigen Jahren 28 Kindergärten eingerichtet mit einem zweisprachigen deutsch-französischen Angebot. Wenn ich mich recht erinnere, wurde dieses Angebot im Sozialministerium beschlossen, wohl weil die Zuständigkeit dort lag, aber die Folge war, dass in der Grundschule eine entsprechende Fortsetzung im Sprachenangebot notwendig wurde, wovon das Kultusministerium seinerzeit mehr als überrascht wurde. Inzwischen ist die Einrichtung zahlreicher weiterer zweisprachiger Kindergärten beschlossene Sache im jetzigen Kultusministerium, und die Fortsetzung in der Grundschule ist nicht nur angedacht, sondern wird stufenweise realisiert.

Folgerungen: (1): Man muss nur etwas machen und damit andere unter Zugzwang setzen; dann bewirkt man etwas. Und (2): Wenn der politische Wille da ist und ebenso das notwendige Durchsetzungsvermögen, dann passiert etwas, sonst nicht.

Ausbildung von Erziehern/-innen und Lehrkräften

Die Qualifizierung von Lehrern weist generell eine bemerkenswerte Stufenleiter auf: Wer sozusagen „oben", sprich im Gymnasium oder gar in der S II unterrichtet, braucht mehr Qualifikation und ein entsprechend längeres Studium als jemand, der in der S I unterrichtet, ganz zu schweigen von Erzieherinnen, die ausgebildet werden, aber nicht studieren müssen. Dass *umgekehrt* ein Schuh daraus wird oder dass jedenfalls Gleichrangigkeit mit natürlich unterschiedlichen Schwerpunkten die angemessenere Sicht wäre, bekommt man in die politischen Köpfe nicht soweit hinein, dass sich etwas ändert, jedenfalls soweit ich sehe. Vielleicht sind es aber auch gar nicht die *politischen* Köpfe, in die da etwas hinein müsste. Was ich meine: Die Qualifizierungsangebote für Primarbereich und Vorschulbereich müssen verbessert werden; sie verdienen und benötigen einen anderen Status in der Bildungshierarchie.

Ausbildung von Fremdsprachenlehrer/-innen

Die Qualität von Fremdsprachenlehrern ist, soweit die Sprachkompetenzen gemeint sind, im Allgemeinen befriedigend und besser. Dass sie noch höher wird, wenn die Lehramtsstudierenden generell einen Auslandsaufenthalt absolviert haben, leuchtet ein, dennoch gibt es Hürden verschiedenster Art, einen solchen Auslandsaufenthalt obligatorisch zu machen. Finanzielle Probleme, wahrscheinlich auch rechtliche Vorbehalte, bestimmen auch hier und dort Motivationshindernisse, all dies und noch weiteres wird offenbar auch dadurch nicht ausgeräumt, dass es ja Fälle gibt, in denen eine solche Maßnahme möglich ist. Warum nicht auch anderswo, weiß ich nicht.

„Native speakers"

Dass eine Lehrkraft oder eine Erzieherin, die eine fremde Sprache gelernt hat, diese dann in der Schule und in den vorschulischen Einrichtungen betreut, hat seinen guten Grund: Sie kennt besonders gut die muttersprachlichen Voraussetzungen ihrer Schützlinge und kann daher gezielt kontrastiv fördern und unterrichten, also kommunikativen Fehlern vorbeugen, Fehler verstehen und Fehler korrigieren. Auch kennt sie besonders gut den geistigen, emotionalen und kulturellen Hintergrund der Lernenden. Gleichwohl wird niemand bestreiten, dass *native speakers* ebenfalls ihre interessanten Qualitäten haben, halt andere, die sich aus ihrer muttersprachlichen Kompetenz und aus ihrer kulturellen Identität ergeben. Beide Typen von Lehrkräften ergänzen sich also. Ein gutes Beispiel sind nach meiner Erfahrung die „*classes 13/13*" im Elsass; in Niederbronn-les-Bains z. B. spricht eine französische Lehrkraft 13 Stunden in der Woche Französisch mit den Kindern einer *école maternelle*, und in der zweiten Wochenhälfte kommt eine deutsche Erzieherin aus Karlsruhe und spricht nur Deutsch mit ihnen. Man *weiß* doch, welche Qualitäten z. B. in den Kindergärten oder in den Grundschulen, aber keineswegs nur dort, sondern auch in den weiterführenden Schulen gebraucht werden, die sich aus der gesamten fachdidaktischen Diskussion ergeben. Denn der Sinn gerade des frühen Lernens einer anderen Sprache ist ja gerade die authentische Begegnung mit dem Anderen. Mit seinen Reaktionen, Gefühle, Urteilen und vielleicht auch Vorurteilen. Gerade das sollten die jungen Menschen schon auf der Schule oder eben sogar früher lernen und erfahren. Maastricht feiert bald 10-jähriges Jubiläum: das Recht auf freie Wahl des Arbeitsplatzes in Europa steht seitdem auf dem Papier. Rechtliche Bedenken? Im Hinblick auf Schule: Ja, deutsche SI- und SII-Lehrer haben zwei Fächer studiert, französische nur ein Fach. Wenn französische Lehrkräfte dann eben noch ein zweites Fach studieren würden (gemeint ist: nachdem sie schon ein volles Studium abgeschlossen haben), dann wären wir ja bereit, sie in den Schuldienst zu übernehmen. Eine Zumutung? Nein, wenn sie zu uns kommen wollen, dann müssen sie sich halt anpassen an die hiesige Situation. Unterstützung durch die Gewerkschaften? Nein. Unterstützung durch die Vertretung der Fremdsprachenlehrer? Nein. Niemand will das also so recht, wobei die Notwendigkeit doch eigentlich unmittelbar einleuchtet. Und aus der Schulverwaltung höre ich dann oft: „Wir haben doch die Assistenten, da ist doch der *native speaker,* den Sie verlangen." Als ob damit etwas kompensiert werden könnte! Und was die Vorschule angeht, sei daran erinnert, dass deutsche Erzieherinnen in Frankreich nicht eingestellt werden können, weil die *école maternelle* nur Lehrkräfte einstellt, die für den Primarbereich ausgebildet sind, und umgekehrt sind französische Primarlehrkräfte überqualifiziert und kommen also für eine Einstellung in deutschen Kindergärten ebenfalls nicht in Frage. Der Weg nach Europa ist wirklich noch sehr weit!

Lebenslanges Lernen

Es gibt seit kurzem in allen Bundesländern eine Aufbruchsstimmung für Fremdsprachen in den Grundschulen. Da wird im allgemeinen Englisch eingeführt. In Baden-Württemberg wird auch ein wenig Französisch zugelassen, im Rheingraben. In Nordrhein-Westfalen wird auch ein wenig Niederländisch zugelassen, auch als erste Fremdsprache. „Zugelassen" ist der Ausdruck, den ich dafür von einer hohen Vertreterin des hiesigen Kultusministeriums gehört habe. „Mehrsprachigkeit? Öffnung zu mehr Sprachen? Zu Nachbarsprachen?" Die Antworten können nicht befriedigen angesichts europaweiter Bemühungen um mehr und bessere Sprachkompetenzen. Natürlich gibt es Gegengründe: Mangel an Ressourcen, auch Mangel an Fachkräften. „Lebenslanges Lernen?" Niemand ist dagegen, aber die Ausbildung der Erzieher/innen bleibt weiterhin getrennt von der Ausbildung der Grundschullehrer/innen, und die Ausbildung der Lehrkräfte an Grundschulen bleibt weiterhin getrennt von der Ausbildung der Lehrkräfte für weiterführende Schulen; und die Weiterbildung, die in Soest bis vor kurzem noch, und das war ein Paradebeispiel sinnvoller Strukturen, mit dem Schulbereich unter einem Dach und in Kontakt mit ihr existierte, wurde nun von der Schule getrennt und, soweit ich das überblicke, in das Sozialministerium eingegliedert. Lebenslanges Lernen ist aber das Motto, das in Europa, und auch in der Bundesrepublik, verabredet wurde. Und wenn ich mich an viele Gespräche mit Lehrkräften erinnere, auch an unsere Initiative, Grundschullehrer und Lehrkräfte weiterführender Schulen in ein Gespräch miteinander zu bringen, sie zu wechselseitigen Besuchen zu motivieren, damit sie Kenntnis nähmen davon, woher ihre Schüler kommen bzw. was aus ihren Schülern nachher wird, dann habe ich viel Verständnis für diese Initiative gefunden. Nur: hat sich etwas geändert? Punktuell ja, sonst aber kaum etwas oder auch gar nichts. Was ich also meine: Wir brauchen ein durchgängiges Fördern der Sprachen, von den Kindergärten bis zur Erwachsenenbildung.

Fremdsprachen und Beruf

Vertreter der Kammern haben uns in Gesprächen an der Universität und in ihren Beiträgen zu unseren sprachenpolitischen Seminaren wiederholt gesagt: „Ihre Absolventen merken zu spät, nämlich erst wenn sie im Beruf sind, dass sie Fremdsprachenkenntnisse benötigen, die sie sich dann unter erschwerten Bedingungen und größerem Aufwand später aneignen müssen, wenn sie merken, welche Anforderung ihr Beruf und ihre Stellung und ihr Unternehmen an sie stellen." Wenn Sie Belege für meine Behauptung wollen, dass unsere deutsche Gesellschaft ziemlich monolingual ist, dass die jungen Leute in Fremdsprachen nicht in der europäischen Spitzengruppe sind, dann schauen Sie sich manche der Veröffentlichungen des Instituts der deutschen Wirtschaft, hier in Köln, an, blättern Sie in den dortigen Publikationen von Reinhold Weiss und Sigrid Schöpper-Grabe, oder schauen Sie ins Eurobarometer und andere Statistiken im Internet, um die Belege einzusehen. Was ich meine: Wir brauchen mehr Menschen mit mehr Sprachenkompetenz, und das geht nur, wenn wir früher als bisher Fremdsprachen in das Gesamtcurriculum einbeziehen.

Informieren und beraten

Ich hatte die Möglichkeit, in Saarbrücken den *Sprachenrat Saar* zu gründen, der mittlerweile über zehn Jahre besteht. Neben vielen anderen Aktivitäten haben wir gelegentlich Bürgertelefone eingerichtet, im Zusammenwirken mit der *Saarbrücker Zeitung*, die uns die Telefone der Redaktion für den Samstag zur Verfügung stellte, die das Bürgertelefon zum Thema Sprachen breit ankündigte und anschließend ausführlich darüber berichtete. Unsererseits stellten wir die Experten zur Verfügung, die auf die Fragen aus der Öffentlichkeit antworten sollten. Dabei kamen die Sorgen zu Tage, die in der Öffentlichkeit verdeckt vorhanden sind: „Wie helfe ich meinem Kind, wenn es in der 3. Klasse der Grundschule im Französischen ja „nur spielt und singt", aber nichts lernt?" „Warum fängt unser Kind nicht mit Englisch an, das doch viel wichtiger ist auf der Welt als das Französische?" „Ist denn nicht Englisch auch viel leichter als Französisch?" „Warum müssen die Kinder schon in der Grundschule so viel Französisch *sprechen*, statt dass sie das Schreiben lernen?" „Warum sagt die Lehrerin in der 5. Klasse des Gymnasiums, dass unsere Kinder nun mal vergessen sollten, was sie vorher in der Grundschule im Französischen gemacht hatten, denn jetzt in der 5. Klasse ginge es nun richtig los."

Was ich meine: Wir brauchen mehr Beratung für die breite Öffentlichkeit.

Das Problem der Lingua franca

Schließlich, um noch einmal auf das Englische zurückzukommen: Die Kinder *wollen* ja Englisch, zuerst und vor allem *Englisch* und vielleicht ja auch ausschließlich. Ob die Schüler selbst entscheiden oder ob man im Gespräch mit den Eltern über diese Thematik spricht: Natürlich soll man Englisch können, aber wenn *alle* Englisch können, dann sind Englischkenntnisse eben keine besondere Qualifikation mehr; diese beginnt erst dort, wo *weitere* Kenntnisse in *anderen* Sprachen hinzutreten. „Natürlich braucht man Englisch, das braucht man doch überall", so sagen es viele Eltern und Schüler, mit denen ich darüber diskutiere. Und warum und wozu braucht man es überall? „Bei Aufenthalten im Ausland, wenn man die Landessprache nicht kennt". Ja, sicher, nur: *Dieses* Englisch verlangt nicht acht oder gar zehn Jahre Unterricht in der Schule; eine *Lingua franca* (im Allgemeinen wohl das Englische, aber in manchen Regionen auch das Französische oder das Deutsche) erwirbt man hinreichend in vier oder fünf Jahren. Nur wer das Englische als *Lingua culturalis*, wie ich das nenne, erwerben will, mit Shakespeare und Dickens und Byron usw., der braucht in der Tat so lange, die meisten aber denken an ganz andere, aktuelle und alltägliche Zielsetzungen, und wenn das Englische in vier oder fünf Jahren erworben wird, dann blockiert es eben *nicht* den Erwerb anderer Sprachen. Dann bleibt Platz und Zeit vor allem für die Nachbarsprachen, die für Jugendliche wie für Erwachsene so ungeheuer wichtig und attraktiv sind durch die alltäglichen Chancen des Gebrauchs dieser Sprachen bei Kontakten innerhalb des Landes und über die Grenze. Und jeder von uns weiß, wie wichtig es wäre, den kulturellen Ausgleich mit den Niederländern und den Belgiern zu suchen und deren kulturelle Wertesysteme kennen zu lernen; außerdem: Eine frühe Begegnung mit dem anderen, den anderen, den Fremden ist ungeheuer prägend, weil es nicht um *kognitiv* geprägtes Lernen oder nicht *alleine* darum geht, sondern um emotionale, affektive Schichten, um das Erleben einer Sprache als Brücke zum Fremden, das dann eben plötzlich kein Fremdes mehr zu sein beginnt.

Ich habe diese Liste von Beispielen aufgeblättert, weil ich damit dreierlei illustrieren möchte:

(1) Es gibt eine Fülle von Problemen, die im Zusammenhang mit Sprachenlernen, Sprachenlehren, Sprachverwendung, Sprachfunktionen auf Lösung warten.

(2) Es gibt eine Fülle struktureller Gegebenheiten, die der Lösung der Probleme entgegenstehen, und zwar auf allen Ebenen und in allen Bereichen; nur wirklicher politischer Wille könnte helfen.

(3) Es fehlt in der Öffentlichkeit an hinreichendem und hinreichend klarem Bewusstsein, welche Funktion das Sprachenlernen für den Einzelnen, seine Chancen, seine Entfaltungsmöglichkeiten bedeutet und welche Möglichkeiten für die Optimierung des Standortes bestehen.

Aus all diesem ziehe ich den Schluss, dass es vorab einer politischen Bewusstseinsbildung in der Öffentlichkeit bedarf, und dies, hoffe ich, ist unter anderem auch das Ziel dieser großen Kölner Veranstaltung, dass es ferner eines klaren Handlungskonzeptes bedarf und dass es schließlich eines massiven, oder wie man heute wohl gerne sagt: robusten politischen Willens bedarf, um voranzukommen. Ich sage es verkürzt: Ich möchte den Appell formulieren, dass wir sprachenpolitisch tätig werden, mehr als bisher.

Europäische Sprachenpolitik: Positionen und Perspektiven

Ich möchte im Folgenden im Zusammenhang mit dem europäischen sprachenpolitischen Rahmen konkretisieren, wie die Situation ist und was unter Nutzung europäischer Perspektiven zu tun wäre.[1]

Sprachen sind Brücken. Sprachen öffnen Türen. Sprachen öffnen Herzen. Sprachkenntnisse sind nötig, um das Verstehen zwischen Nachbarn zu ermöglichen, sie sind die Voraussetzung für die Verständigung zwischen den Menschen und den Völkern. Sprachliche Kompetenzen sind unerlässlich für Europa. Alle Europäer sollen neben ihrer Muttersprache mindestens zwei weitere Sprachen erwerben. Ein großer Anspruch, der ohne die Schaffung geeigneter Voraussetzungen nicht verwirklicht werden kann, und vor allem nicht ohne einen frühen Beginn. Die Formel lautet nicht: „je früher, desto besser", sondern: „früh, aber mit Qualität".

Das *Europäische Jahr der Sprachen 2001* hatte das Ziel, einer breiten Öffentlichkeit in Europa bewusst zu machen, wie wichtig Sprachkenntnisse für das Zusam-

---

[1] Ich greife dabei auf Ausführungen zurück, die ich im Sommer 2002 in einem der Beitrittsländer zur EU, nämlich in der Slowakischen Republik, vor 200 engagierten slowakischen Deutschlehrern zur Diskussion gestellt habe.

menwachsen Europas sind; dieses Ziel ist in mancherlei Hinsicht erreicht worden, die Bilanz der Aktivitäten, die der Europarat und die das Bundesministerium für Bildung und Forschung in Berlin gezogen hat, ist bemerkenswert: Das Sprachenjahr hat eine Fülle von Anregungen gegeben und durch die Dokumentation von Beispielen guter Praxis – hierbei waren die Ergebnisse in Nordrhein-Westfalen herausragend – viele weitere Möglichkeiten aufgezeigt, wie man das Sprachenlernen und das Sprachenlehren gestalten kann, wie man zum Sprachenlernen motivieren kann, wozu Sprachkompetenz dienen kann, wo und wie man Sprachen lernen und anwenden kann. Eine besonders bemerkenswerte Rolle hat dabei das Projekt „Portfolio" gespielt; dieses Projekt ist zu Recht in den Mittelpunkt auch zukünftiger Entwicklungen im Sprachenbereich gerückt worden. Die Initiativen, die das *Europäische Jahr der Sprachen 2001* auf den Weg gebracht hat, bedürfen nun der Nachhaltigkeit, und so ist es ein Schritt in die richtige Richtung, wenn für 2002 und die folgenden Jahre ein *Tag der Sprachen* ausgerufen wurde, der europaweit am 26. September eines jeden Jahres begangen werden soll.

Der Gedanke des Europäischen Jahres wurde vom Europäischen Parlament, dem Europarat und der Europäischen Union gemeinsam getragen und verwirklicht. Der *Europarat* hat bereits seit Beginn der 70er Jahre ein Programm zur Förderung der Sprachkenntnisse in Europa eingerichtet, das in Form aufeinander folgender Projekte bis in die 90er Jahre fortgesetzt wurde, dann zur Einrichtung einer „Division des langues vivantes" am Sitz des Europarates in Strassburg sowie zur Gründung eines Fremdsprachenzentrums des Europarates in Graz führte. Aus diesen Aktivitäten sind u. a. so bekannte Projekte hervorgegangen wie „Threshold Level", „Un Niveau Seuil", „Kontaktschwelle Deutsch" usw. Nach längeren Vorarbeiten wurden dann zum Europäischen Jahr der Sprachen zwei Projekte der Öffentlichkeit offiziell übergeben, nämlich das „Europäische Sprachenportfolio" und der „Europäische Referenzrahmen". Beide Projekte gehören in gewissem Sinn zusammen: Der Referenzrahmen entstand aus der Einsicht, dass Abschlüsse, Zeugnisse und Noten in den jeweils anderen Ländern nicht „lesbar" sind; die Notensysteme sind verschieden, die Abschlüsse wie z. B. das Abitur haben ihre je eigenen, nationalen Traditionen, die Zeugnisse sind nicht vergleichbar. Daher diskutierte man zunächst die Idee, ein europäisches Zertifizierungssystem an die Stelle der nationalen Traditionen zu setzen, doch wäre ein solcher Schritt nicht durchsetzbar gewesen. Daher hat man dann den Versuch unternommen, Standards („Niveaustufen") von sprachlichen Kompetenzen für die verschiedenen Fertigkeiten (Lesen, Schreiben usw.) zu definieren, und hat schließlich einen Konsens gefunden, nämlich durch eine Abstufung in sechs Niveaustufen (mit einigen Untergliederungen), die von rudimentären Sprachkenntnissen bis zur vollen Kompetenz eines Fast-Muttersprachlers reichen. Jetzt kann man neben die traditionelle, „nationale" Note einen Bezug zu dieser europäischen Skala herstellen (daher „Referenzrahmen") und auf diese Weise auch Arbeitgebern, Personalchefs usw. die herkömmlichen Zensuren, die sich in den Zeugnissen anderer Länder finden, „lesbar", also verständlich machen. Der Referenzrahmen ist also ein Instrument, das die Mobilität in Europa fördern kann; insofern hat es einen sprachenpolitischen Hintergrund. Zugleich aber hat es die Bemühungen um eine plausible, zukunftsorientierte Definition von „Sprache", von „Sprachkompetenz" und „Sprachverwendung" entscheidend vorangebracht, ebenso wurden die Bemühungen um die angemessene Gestaltung von Niveaustufen und, damit im Zusammenhang, Verfahren der Leistungsfeststellung intensiv gefördert. Es ergibt sich damit ein internationales Zusammenspiel von Linguistik, Angewandter Linguistik, Politik und Sprachenpolitik, das die Aktivitäten des Europäischen Jahres der Sprachen generell charakterisiert.

In dieselbe Richtung weist das Projekt „Portfolio", das ja gerade durch das NRW-Landesinstitut für Schule in Soest im Namen aller Bundesländer richtungsweisende Impulse erfährt. Jeder Lehrer und jede Lehrerin kennt den Terminus „Lerntagebuch". Ein Lerntagebuch zu schreiben, bedeutet: über den eigenen Lernweg nachdenken (z. B. darüber, wie man neue Vokabeln mit bekannten verbindet und sie mit Wörtern anderer Sprachen in einen Zusammenhang bringt oder sie einfach schön, interessant, lustig, beeindruckend findet: wie auch immer). Was für unser sehr schlichtes Beispiel der Vokabeln gilt, trifft natürlich auch für andere Lerngegenstände zu: sprachliche, kulturelle, interkulturelle. Seinen Lernprozess mit einer gewissen Distanz zu beobachten und zu analysieren, hilft, für das weitere Lernen erfolgversprechende Wege zu finden, andere Wege dagegen zu vermeiden. Auf diese Weise – durch Beobachten, Nachdenken und Formulieren – kann man seinen Lernprozess ökonomischer, effizienter gestalten. Es gibt schöne Beispiele für solche Lerntagebücher; Wilga Rivers z. B., die bekannte amerikanische Fremdsprachendidaktikerin, hat ihr Erlernen des Spanischen auf diese Weise beschrieben. Was das Lerntagebuch seit langem nachweislich leisten kann, ist jedem Sprachinteressierten ohnehin einsichtig und vielleicht auch vertraut; man muss es nur *machen*. Und dazu gibt es jetzt eine Anregung, die europaweit aufgegriffen worden ist, von Praktikern, Experten, Bildungsverwaltern in gleicher Weise, und zwar in vielen europäischen Ländern. Das „Lerntagebuch" ist Teil geworden eines Pakets von Anregungen zur Förderung der Sprachenkompetenz und insbesondere der Mehrsprachigkeit in Europa, das den Namen „Portfolio" bekommen hat, seit vielen Jahren im Gespräch ist und im *Europäischen Jahr der Sprachen 2001* also offiziell als Beitrag des Europarates vorgestellt wurde.

Der Referenzrahmen nun ist die Grundlage, die die Selbsteinschätzung der Lernenden transparent macht und überhaupt erst ermöglicht. Beide Projekte zusammen also fördern die Selbständigkeit der Lernenden, ihre „Lernautonomie" und bereiten auf das lebenslange Lernen vor, denn das Projekt betrifft die Grundschüler ebenso wie die Teilnehmer der Weiterbildung. Beide Projekte streben dem Ziel der „citizenship / citoyenneté" entgegen und wollen beitragen zur Entfaltung der individuellen Persönlichkeit, die selbstverantwortlich und zugleich für die Gesellschaft verantwortlich handelt.

Die *Europäische Union* hat seit 1990 bemerkenswert große Aktivitäten zur Förderung der Fremdsprachenkenntnisse in den Mitgliedsländern der EU entfaltet. Allgemein bekannt sind sicherlich Programme wie LINGUA, SOKRATES, LEONARDO, COMENIUS, EUROPÄISCHES SPRACHENSIEGEL usw., die sich an je verschiedene, klar definierte Zielgruppen wenden und entsprechende Zielsetzungen und Fördermaßnahmen aufweisen. Begegnungen von Lernenden mit unterschiedlichen Herkunftssprachen, gemeinsame Projekte von Schulen verschiedener Länder, Entwicklung von Lehr-/ Lernmaterialien, Maßnahmen zur Fortbildung von Lehrkräften, Kooperation zwischen Arbeitnehmern aus verschiedenen Ländern usw.: Dies sind nur wenige Beispiele aus der Bandbreite an Fördermaßnahmen, die die Europäische Kommission im Auftrag der Union durchführt, und zwar im Zusammenwirken mit Kammern, Hochschulen, Schulen, Einrichtungen der Erwachsenenbildung, Bildungsträgern usw. Diese Programme haben im Laufe dieser 12 und mehr Jahre ein dichtes Netz an Kontakten zwischen Institutionen, Experten, Agenturen in Europa geschaffen, das für alle Spracheninteressierten offen steht und eine hervorragende Möglichkeit zu europäischer Kooperation bildet.

Aus dem Gesagten wird sicherlich folgendes deutlich: Die Orientierung auf Europa bestimmt auch, was man unter „Sprache" zu verstehen hat, wenn es um Kontakte, Verstehen, Verständigung, Kooperation zwischen Menschen, Ländern und Kulturen geht. Man kann es auch deutlicher formulieren: Der Sprachbegriff ändert sich angesichts der Notwendigkeit, das Zusammenwachsen Europas zu befördern; Sprachen-Können dient letztlich dazu, den Zustand der Sprachlosigkeit zwischen den Menschen zu überwinden, und das bedeutet: den Frieden zu fördern. Das ist der politische Aspekt des Sprachenlernens und -lehrens. Sprachen zu können, erlaubt es dem Einzelnen, seinen Weg in diesem Europa zu machen, aber Sprachkompetenzen helfen auch, Barrieren und Grenzen abzubauen, Grenzen zwischen Kulturen und Ethnien ebenso wie Grenzen in den Köpfen der Menschen. Der Begriff von Sprache muss also im Hinblick auf solche Ziele auch in der Wirklichkeit des Bildungssystems überprüft werden, und dieser Appell geht uns alle an; es muss aber auch dafür gesorgt werden, dass man das grenzüberschreitende Verstehen wirklich praktiziert, d. h., es in die Tat umsetzt. In einer Zeit der Internationalisierung bedarf es vieler verschiedener Sprachkompetenzen in einem Land, um die Kontakte mit vielen anderen Sprachgemeinschaften zu pflegen. Daraus resultiert die Forderung der europäischen Institutionen nach „Mehrsprachigkeit" als dem Ziel aller Fördermaßnahmen.

„Mehrsprachig" kann der Einzelne werden, aber ein Land benötigt die „Vielsprachigkeit". Wenn die Einzelnen die Möglichkeit erhalten, je nach Interesse *verschiedene* Sprachen zu lernen, dann entsteht die Multilingualität des Landes aus der Plurilingualität seiner Bewohner. Die Folgerung liegt auf der Hand: Wir brauchen Schulen, Hochschulen, Bildungsträger von den Kindergärten und Vorschulen bis zur Erwachsenenbildung, die möglichst *viele verschiedene* Sprachen anbieten und in ihre Curricula aufnehmen; wir brauchen Lehrer/innen für *viele verschiedene* Sprachen. Als ich in einem Vortrag in Bielefeld 2001 die Gelegenheit hatte, auf das breite Sprachenangebot französischer weiterführender Schulen hinzuweisen, fragte ich die Ministerin anschließend, auch in meiner Eigenschaft als Wissenschaftlicher Leiter eines Mehrsprachigkeitsprojekts des Europarats im Verbund mit der Talenacademie in Maastricht, wie es in NRW um die Mehrsprachigkeit in den schulischen Angeboten bestellt sei, und erhielt die Antwort, dass man bis zu ca. 10 oder 12 Sprachen in den Gymnasien fände; erstaunt fragte ich, ob das generell an den hiesigen Gymnasien so sei. Die Antwort lässt sich wohl so resümieren: Nein, nein; Niederländisch gibt es hier und hier und hier; Spanisch gibt es da und da und da, Japanisch dort und dort und dort usw. usw. Ich möchte dies nicht weiter kommentieren, sondern schlussfolgern: Wir müssen, kurz gesagt, die Multilingualität in unseren Ländern fördern und fordern. Wir müssen also selbst sprachenpolitisch aktiv werden; Lehrer und Lehrerinnen sind in *all* ihrem Tun irgendwie sprachenpolitisch tätig, wie auch immer sie ihren Unterricht gestalten, welche Lehrbücher sie benutzen / bevorzugen / ablehnen, welche Ziele sie in ihrem Unterricht in den Vordergrund rücken, mit welchen Kollegen und Kollegien sie zusammenarbeiten und mit welchen nicht usw. Aber auch die Eltern handeln natürlich sprachenpolitisch, wenn sie für ihre Kinder entscheiden, welche Sprache als erste oder als zweite gelernt / nicht gelernt werden soll. Und die Schüler selbst sind sprachenpolitisch tätig, wenn sie das Sprachenlernen ernsthaft oder nebenher oder gar nicht betreiben. Wir alle also sind mitverantwortlich und daher aufgerufen, uns Gedanken über unsere sprachenpolitischen Konzepte und die Leitlinien unseres Handelns zu machen. Insofern ist das Europäische Jahr der Sprachen keineswegs mit dem Jahr 2001 vorüber, im Gegenteil: es hat die Öffentlichkeit ja erst aufgerüttelt, um sich diesen Fragen kritisch und auch selbstkritisch zu stellen. Natürlich ergeben sich aus diesen Einsichten ganz konkrete Folgerungen. Wenn die Mehrsprachigkeit das Ziel ist, dann müssen Kinder *früher* als bislang anfangen, Sprachkenntnisse zu erwerben und mit Sprachen umzugehen, also auch Kontakte mit Anderssprachigen zu pflegen; dann muss man das lebenslange Lernen wirklich realisieren, d.h., die Kooperation zwischen den Bildungsabschnitten wie Primar- und Sekundarschulen, zwischen Schule und Erwachsenenbildung, zwischen Schule und Hochschule, zwischen Bildungseinrichtungen und Wirtschaft fördern, die fachwissenschaftliche Ausbildung auf den Prüfstand bringen, die Lehr-/ Lernmaterialien kritisch prüfen, ebenso die Curricula und die Prüfungsanforderungen usw. Sprachenpolitik betreiben, heißt also nicht nur reflektieren, sondern reflektiert handeln. Dabei helfen die europäischen Institutionen auf verschiedene Weise: Ihre Unterstützung besteht in Folgendem:

- Aktivitäten, z. B. Austausche, Kontakte, durch ERASMUS, COMENIUS u. a.
- Projektförderung und Materialerstellung, z. B. durch LINGUA
- Konzepte, die die Praxis des Lehrens und Lernens von Grund auf verändern, z. B. PORTFOLIO und REFERENZRAHMEN
- Veröffentlichungen, z. B. Handbuch zur Mehrsprachigkeit, Weißbuch der Union zur Wissensgesellschaft
- Beratung und Fortbildung, z. B. durch Seminare
- Kooperation durch Netzwerke
- Öffentlichkeitsarbeit, z. B. durch das Europäische Jahr der Sprachen

Nun versteht sich von selbst, dass nicht die *europäischen* Institutionen die Maßnahmen, die in den Mitgliedsländern notwendig sind, vor Ort durchführen können; dies würde ihre Möglichkeiten übersteigen, und außerdem würde dies in die Kompetenzen der Bildungsverwaltungen massiv eingreifen, die ihrerseits zuständig sind. Daher entsprechen die Maßnahmen der europäischen Institutionen stets einem Grundsatz, dessen Schlüsselwort lautet: Subsidiarität. Damit ist gemeint: alles *top down* dient nur dazu, das *bottom up* zu fördern.

Dieses Prinzip ist ein politisches Prinzip, und es gilt für das Lernen und Lehren von Fremdsprachen, aber auch für andere Bereiche wie z. B. für soziale Maßnahmen, für den Umweltschutz, für die Verwaltung usw.

Dieses Prinzip lässt sich nun übertragen auf den Lehr-/Lernprozess. Dieser Prozess wird heute eben nicht mehr als *top down*-Prozess gesehen, sondern als ein *bottom up*-Prozess. So wie es in der Europäischen Gemeinschaft gilt: Das, was die Menschen und Länder vor Ort tun können, wird nicht durch Brüssel realisiert, so gilt doch auch für den Sprachunterricht: Nur das wird gelernt, was die Lerner *selbst* tun. Die Kommission in Brüssel unterstützt, berät, schlägt vor, koordiniert: Das sind vergleichbare Aufgaben, die die Lehrkräfte im Sprachunterricht erfüllen. Nur was beim Lerner und durch den Lernenden selbst passiert, ist Lernen.

Meine zentrale These lautet daher: Wer das Lernen *bottom up* gestaltet und es selbst in die Hand nimmt, macht sich fit für Europa. Wir müssen *unten* etwas tun, sonst passiert in Europa nichts.

Folgerungen

Aus meinen Ausführungen geht hoffentlich Folgendes hervor:
- Es geht in Europa um praktische Sprachkenntnisse, aber nicht nur.
- Es geht um Sprache, aber ebenso um Kultur und um das diese Kultur konkretisierende Wertesystem.
- Es geht um Sprache WEGEN der Kultur.
- Die Multikulturalität Europas ist eine politische Aufgabe.
- Sprachenlernen heißt, die Lernenden zu dem europäischen Ideal des „citizen / citoyen" zu führen.
- Das *Europäische Sprachenportfolio* im Verbund mit dem *Europäischen Referenzrahmen*, um ein konkretes Beispiel zu nennen, ist ein Instrument, das sowohl linguistisch wie psychologisch wie sprachenpolitisch und methodisch-didaktisch einen Qualitätssprung darstellt.
- Sprachenlehren ist politisches Handeln.
- Sprachenlehrer/innen wie alle Erzieher/innen sind wichtige sprachenpolitische Akteure (geworden).
- Auch derjenige / diejenige, die abseits stehen möchte, handelt politisch.
- Auch Sprachenlernen ist politisches Handeln.
- Europa ist spannend; man sucht sich nicht den *leichten* Weg, wenn man Europa mit seinem multilingualen und multikulturellem Reichtum anstrebt.

Wir alle, Spracheninteressierte oder nicht, aber insbesondere die Sprachenlehrer/innen haben Verantwortung (bekommen), die die Chancen des Einzelnen, der ihnen anvertraut ist, aber auch die Perspektiven unserer gemeinsamen Zukunft betreffen.

MARIE-PAUL ORIGER-ERESCH

Sprachförderungspolitik im luxemburgischen Vorschulsystem

Die luxemburgische Sprache im multikulturellen Kontext

Die ersten „Kinderbewahranstalten", wie sie damals genannt wurden, entstanden um die Jahre 1849/50 auf Grund von privaten Initiativen. Die ersten staatlichen Kindergärten wurden später, in den Jahren 1860/61 gegründet. Am 20. April 1881 kam es zu einer Gesetzesregelung, einer legalen Basis, die später im Schulgesetz von 1912 übernommen wurde. 1963 wurden die luxemburgischen Gemeinden durch ein Gesetz aufgefordert, Kindergärten zu gründen, wenn, wie im Text stand, „eine größere Anzahl von Kindern dies erfordere". Mit dem großherzoglichen Reglement vom 22. Oktober 1976 wird in Luxemburg die obligatorische Schulpflicht für Kleinkinder ab dem fünften Lebensjahr eingeführt, mit dem Reglement vom 2. September 1992 die obligatorische Schulpflicht ab dem vierten Lebensjahr. Heute neigen wir dazu, nicht mehr von Kindergärten zu sprechen, sondern wir gebrauchen eher die französische Bezeichnung, d. h. wir sprechen von „Vorschule/classe préscolaire/Spillschoul". Ein Rahmenprogramm (1991) legt die allgemeinen pädagogischen Richtlinien und Ziele fest. Die Vorschulen sind also staatliche Schulen und Teil der Grundschulen. Die Gemeinden stellen die Räumlichkeiten zur Verfügung, wählen und ernennen ihr Lehrpersonal. Sie werden für Neubauten, Renovierungen und für das Lehrpersonal finanziell vom Staat entschädigt, bis zu 50 Prozent bei Schulgebäuden und zu zwei Drittel für die Lehrergehälter. Da im sozialen Bereich die luxemburgische Gesellschaft, wie alle Industrienationen, mit Faktoren konfrontiert werden, die sowohl auf wirtschaftliche und soziale Entwicklung wie auf den Wandel von Familienstrukturen zurückzuführen sind, und immer mehr Eltern beide berufstätig oder allein erziehend sind, wurde im Jahre 1998/99 die Früherziehung (Éducation précoce) vom Luxemburger Unterrichtsministerium als innovatives Projekt eingeführt.

Bei der Früherziehung handelt es sich um die Frühförderung der Dreijährigen, welche auf freiwilliger Basis in Anspruch genommen werden kann. Diejenigen Familien, die dies nicht wünschen und die dazu in der Lage sind, können die Erziehung ihres Kindes bis zum Beginn der Vorschule im Rahmen der Familie übernehmen.

Von den 118 Gemeinden unseres Landes beteiligten sich damals spontan 20 an diesem Projekt, heute sind es 76 Gemeinden. Die luxemburgischen Gemeinden bieten auf freiwilliger Basis, mit der finanziellen Unterstützung des Staates,

Früherziehungsklassen an. Ab dem 1. Januar 2005 müssen alle Gemeinden Früherziehungsklassen anbieten. Die Eltern zahlen keine Gebühr für ihre Kinder. Was die pädagogische Betreuung angeht, so ist die Tatsache von Bedeutung, dass jede Kindergruppe der Dreijährigen über zwei Personen verfügt d. h. eine/n Lehrer/in und eine/n Erzieher/in. Dazu möchte ich allerdings bemerken, dass wir sehr wenige Lehrer in unseren Vorschulklassen haben. Diese Teamarbeit erleichtert die Differenzierung innerhalb der Gruppe: Arbeit in kleinen Gruppen, Eingehen auf den individuellen Lernprozess und optimale Betreuung von Migrantenkindern oder von Kindern mit einer körperlichen oder geistigen Behinderung.

Der Besuch dieser Früherziehungsklassen ist also fakultativ, allerdings liegt die Beteiligungsrate bei über 62 Prozent. Der Funktionsmodus ist etwas anders geregelt als in den Vorschulen, die sich an den Stundenplan der Grundschule anpassen. Die Einschreibungen erfolgen jeweils für einen halben Tag (d. h. acht halbe Tage pro Woche). Die Anwesenheit der Kinder beläuft sich meistens auf drei- bis sechsmal pro Woche. Ein spezifisches Rahmenprogramm (2000) für die Früherziehung wurde ausgearbeitet.

In die Vorschule (école préscolaire) werden alle Kinder aufgenommen, die vor dem 1. September vier Jahre alt geworden sind. Der Besuch der Vorschulen ist, wie oben schon erwähnt, obligatorisch. Die Klassen der Vier- und Fünfjährigen sind altersgemischt. Eine Lehrperson ist zuständig für die gesamte Klasse. Die Klassenstärke liegt zwischen 16 und 22 Kindern.

Die Früherziehungsgruppen und die Vorschulklassen beinhalten, was das pädagogische Konzept, die pädagogische Philosophie anbelangt, einen Gesamtzyklus von drei Jahren.

Historischer Überblick

1849/50	entstanden die ersten „Kinderbewahranstalten" auf private Initiativen hin.
1860/61	Die ersten öffentlichen, staatlichen „Kindergärten" wurden gegründet.
1881	Gesetzesregelung, die später durch das Schulgesetz von 1912 vervollständigt wurde.
1963	Gesetz, in dem die luxemburgischen Gemeinden aufgefordert wurden, Kindergärten zu gründen.
1964	Reglement bezüglich der staatlichen Zuschüsse bei Einrichtung von „Kindergärten".
1976	Die obligatorische Schulpflicht für Kleinkinder ab dem 5. Lebensjahr wird in einem großherzoglichen Reglement festgelegt.

1992	Die obligatorische Schulpflicht für Kleinkinder ab dem 4. Lebensjahr wird in einem großherzoglichen Reglement festgelegt.
1991	Ein Rahmenprogramm (plan cadre pour l'éducation préscolaire) legt die allgemeinen pädagogischen Richtlinien und die Ziele für die Vorschule fest.
1997/98	Einführung der Früherziehung.
2000	Ein Rahmenplan (plan-cadre pour l'éducation précoce) legt die allgemeinen Richtlinien und Ziele für die Früherziehung fest.

Die spezifische Situation Luxemburgs

Seit 1983 absolvieren die angehenden Vorschullehrer/innen nach dem „examen de fin d'études secondaires" (Abitur) eine dreijährige Hochschulausbildung (Fachhochschule: ISERP). Momentan wird ein luxemburgisches Hochschulgesetz ausgearbeitet, welches eine vierjährige universitäre Ausbildung vorsieht, ausgerichtet nach europäischen Kriterien und mit einem Lizenzabschluss.

In der Grundschule wird in der Sprache der jeweiligen Fächer unterrichtet, d. h. sowohl in Deutsch wie auch in Französisch und in Luxemburgisch. In den Vorschulen ist die Umgangssprache die luxemburgische Sprache.

Die meisten Lehrer werden innerhalb unseres Landes ausgebildet. Durch ein Staatsexamen (examen d'admission à la fonction), das nach Abschluss ihrer Hochschulausbildung erfolgt, erhalten die Kandidaten/innen die Genehmigung, als Lehrer in Luxemburg zu arbeiten. Sie sind demzufolge Staatsbeamte. Weiterbildungskurse werden jedes Jahr vom ISERP (Institut Supérieur d'Études et de Recherches Pédagogiques in Walferdingen/Luxemburg) angeboten. Diese haben keinen obligatorischen Charakter und finden außerhalb der Schulzeiten statt.

Die Lehrerausbildung – Ein historischer Überblick

Anfang 1900	Ausbildung in Köln, Würzburg, Aix-la-Chapelle (Aachen).
1911	Eine einjährige Ausbildung wird von Ordensschwestern in Luxemburg angeboten.
Nach 1944	Verlängerung der Ausbildung auf zwei, später auf drei Jahre.
1973	Schulgesetz vom 18. August: – Staatliche Übernahme der Ausbildung. – Einstellung der Lehrkräfte auf der Basis des BAC (diplôme de fin d'études secondaires).

- Ausbildung von zwei Jahren an der Pädagogischen Hochschule (ISERP- Institut Supérieur d'Etudes et de Recherches Pédagogiques) in Walferdingen (Luxemburg).
- Gleichstellung der Ausbildung zum/zur Vorschul- oder Primärschullehrer/in.

1993 Es kommt noch ein Universitätsjahr (am Centre Universitaire) in Luxemburg hinzu: Insgesamt drei Jahre Hochschulausbildung.

In unserem Land, in welchem mehrere Sprachen gesprochen werden, sollte nach unserem politischen und pädagogischen Konzept die luxemburgische Sprache dazu beitragen, alle Kinder aus verschiedenen Kulturen und mit unterschiedlichen Sprachen zusammenzubringen.

Der Anteil der Migrantenkinder beträgt im Landesdurchschnitt 38 bis 39 Prozent. Pro Ortschaft gesehen, schwankt dieser Prozentsatz zwischen 50 und 83 Prozent. Auch wenn viele Migrantenkinder hier im Lande geboren werden, beherrschen sie unsere Sprache oft sehr mangelhaft. Aus diesen Gründen ist die optimale Förderung der luxemburgischen Sprachkenntnisse ein wichtiger Schwerpunkt.

Die Umgangssprache in den Früherziehungsklassen und in den Vorschulen ist ausschließlich die luxemburgische Sprache, d. h. alle Aktivitäten in den Früherziehungsklassen und in den Vorschulklassen erfolgen in unserer Landessprache. Ihr kommt, vor allem im Kindergarten, eine integrative Funktion zu. Sie sollte in unserer Optik das Bindeglied sein, das uns alle, Luxemburger wie Ausländer, miteinander verbindet. Außerdem stellt die luxemburgische Sprache, wegen ihrer Ähnlichkeit mit der deutschen Sprache, eine hervorragende Grundlage für das Erlernen der deutschen Sprache dar, die Sprache, in welcher die Kinder im ersten Grundschuljahr alphabetisiert werden.

Die Besonderheiten unseres Vorschulsystems

Die Organisation des Stundenplans

Montags, mittwochs und freitags ist Schule von 8.00 bis 11.45 Uhr und von 14.00 bis 16.00 Uhr, dienstags und donnerstags von 8.00 bis 11.45 Uhr, an den beiden Nachmittagen und samstags ist schulfrei. Die Wochenstundenzahl beträgt 26 Stunden für die Kinder und 25 Unterrichtsstunden für das Lehrpersonal. Eine Stunde Elternarbeit pro Woche ist in dem Stundenplan integriert. Aus organisatorischen oder betriebstechnischen Gründen kann das Ministerium eine Abänderung von diesem Wochenplan genehmigen (z. B. bei Pilotprojekten oder bei Transportproblemen).

Obwohl es, bezüglich der Aktivitäten in der Vorschule, keinen festen Stundenplan gibt, ist die Lehrperson doch gehalten, mindestens zwei bis drei Aktivitätssequenzen pro Tag anzubieten.

Kinder lieben Regelmäßigkeiten. Bei rhythmisch wiederkehrenden Aktivitäten handelt es sich z. B.: um den morgendlichen Gesprächskreis, Geschichten, Lieder, Gedichte, ... „Rituale" in diesem Sinne regeln gewissermaßen den Tagesablauf. Sie geben dem kindlichen Leben Struktur und Orientierung. Sie stärken das Urvertrauen des Kindes und geben ihm Sicherheit.

Als Integrationshilfe für Migrantenkinder und um einen gezielten, differenzierten Unterricht anbieten zu können, werden in Gegenden mit hohem Ausländeranteil drei Lehrpersonen für zwei Klassen vorgesehen (Team-teaching). Die Differenzierung innerhalb der Klasse, das Reflektieren über die tägliche Praxis, die Bewertung des individuellen Entwicklungsprozesses der Kinder, die Beratungen unter den Lehrpersonen und die Besprechungen mit den Eltern stellen einige der Schwerpunkte dar.

Daneben setzt die überwiegende Zahl von Luxemburger Gemeinden, als zusätzliche Hilfemaßnahme für Migrantenkinder und zwecks optimaler Förderung der luxemburgischen Sprachkenntnisse, Zusatzlehrkräfte ein, die stundenweise in den Vorschulklassen gezielte, luxemburgische Sprachförderkurse anbieten.

Viele Gemeinden bieten einen Betreuungsdienst außerhalb der Schulzeiten an. Sie verfügen über eine Schulkantine und betreuen die Kinder während der Mittagszeit. Nach der Schule wird Hausaufgabenhilfe angeboten. Die Gemeinden können diese Betreuung auch im Rahmen von vertraglichen Vereinbarungen mit anderen Organisationen ausüben. Sie erhalten verschiedene staatliche Zuschüsse beim Anbieten dieser sozialen Dienste. Allerdings fehlt es noch an Aufnahmestrukturen.

Räumlich gesehen sind die meisten Vorschulen an die öffentlichen Grundschulen angegliedert oder die Früherziehungsgruppen befinden sich zusammen mit den Vorschulklassen in einem Gebäude, das sich abseits der Grundschule befindet.

Was die Zusammenarbeit zwischen den Früherziehungsgruppen (groupes d'éducation précoce) und den Vorschulklassen (classes de l'éducation préscolaire) angeht, so weist der Rahmenplan der Früherziehung auf den „regelmäßigen Austausch" und die „fruchtbare" Zusammenarbeit unter den Lehrern hin. Diese Anregung sollte sich allerdings nicht nur auf die Zusammenarbeit zwischen den Fachkräften beziehen, sondern auch die Interaktionen (gemeinsamen Aktivitäten) unter den Kindern vorantreiben. Die Initiative hierzu sollte jedoch von den Lehrern ausgehen. Allerdings lässt sich diese Richtlinie leichter in Gegenden befolgen, in welchen die Vorschulklassen und die Früherziehungsgruppen räumlich nicht zu weit voneinander entfernt sind.

In Luxemburg gibt es im Augenblick weder in den Vorschulen noch in den Grundschulen Schuldirektoren. In einem Gesetzesprojekt, welches sich momentan in der Ausarbeitung befindet, sind sie allerdings vorgesehen. Die administrative Arbeit erledigen die einzelnen Gemeinden (Schulkommissionen/Service de l'enseignement scolaire) in Zusammenarbeit mit den Schulinspektoren. Die jeweiligen Gemeinden zeichnen sich, wie schon oben erwähnt, verantwortlich für die Verwaltung, den Unterhalt der schulischen Einrichtungen, die Einstellung des Lehrpersonals, die Erstellung der Schulorganisation usw. Von dem Lehrpersonal gewählte „Lehrerdelegierte" vertreten die Anliegen der Kollegen im Rahmen der Schulpolitik in den Gemeinden.

Die Aufsichtspflicht liegt beim Bildungsministerium. Die Schulinspektoren haben so die Funktion eines Bindeglieds zwischen Ministerium und Schule inne (Beratung der Lehrer/Aufsicht der Schulorganisation).

Bei pädagogischen und administrativen Problemen wendet sich der Vorschullehrer in erster Linie an den Schulinspektor. Pädagogische Tagungen und regelmäßige Informationsversammlungen werden auf Initiative des Inspektors oder des Ministeriums organisiert. Bei rein administrativen Problemen kann sich der Lehrer auch an die Gemeindeverantwortlichen wenden.

Wenn der Lehrer pädagogische oder psychologische Hilfestellung für ein Kind benötigt, so wird dies über den Inspektor, im Rahmen der lokalen medizinisch-psychologisch-pädagogischen Kommission (CMPP régionale), geregelt. Wie schon oben erwähnt, können sich auch Eltern und Erziehungsberechtigte von den dortigen Fachkräften beraten lassen und gegebenenfalls an andere Spezialisten weitergeleitet werden.

Wohl haben die Theorien von Jean Piaget, Jerôme Bruner, Maria Montessori, Fröbel, Wygotzki, Bakthin und Freinet einen wesentlichen Einfluss auf die pädagogische Gestaltung von Früherziehung und Vorschule ausgeübt, doch in Anbetracht unserer Situation haben wir ein Bildungs- und Lernkonzept entwickeln müssen, das sich an internationalen Normen, Werten und Philosophien orientiert, aber auch gleichzeitig an unsere spezifische Situation angepasst ist.

Ein Rahmenprogramm für die Früherziehung (RpF-2000) „Plan cadre pour l'éducation précoce" und ein Rahmenplan für die Vorschule (RpV-1991) „Plan cadre pour l'éducation préscolaire" setzen die allgemeinen pädagogischen Richtlinien und Ziele fest. Beide Rahmenpläne wurden von einer Expertengruppe, unter der Verantwortung des Bildungsministeriums, ausgearbeitet.

Der Rahmenplan für die Vorschule erschien im Jahr 1991, über dreißig Jahre nach der obligatorischen Einrichtung von Kindergärten, wie sie damals genannt wurden, in den Gemeinden (5. August 1963). Der „Plan cadre pour l'éducation préscolaire" spiegelt somit vorwiegend den Ist-Zustand der Vorschule wieder und ist größtenteils von den Theorien Jean Piagets beeinflusst.

Der „plan cadre pour l'éducation précoce" wurde zwei Jahre nach der Einführung der „Education précoce" in Luxemburg, nämlich im Juli 2000 veröffentlicht. In diesem Curriculum wird das Projekt „Früherziehung" ausführlich beschrieben. Dieser Rahmenplan beruft sich vorwiegend auf die Theorien von Wygotzki und Bakthin.

Die Ziele der beiden Curricula verteilen sich auf die folgenden vier großen Bereiche:
– Den psychomotorischen Bereich – Le domaine psychomoteur.
– Den sozialen und affektiven Bereich – Le domaine affectif et social.
– Den kognitive Bereich – Le domaine cognitif.
– Den Bereich der Sprachentwicklung – Le domaine de la communication.

Während in beiden Rahmenplänen Wert auf die Wichtigkeit der kindlichen Bewegung und auf die vielfältigen Bewegungsformen (les activités physiques et corporelles) gelegt wird, geht man im „RpV" weiter in den Anforderungen und spricht von altersangepassten sportlichen Aktivitäten z. B.: Wettlaufen, Hoch- und Weitsprung, Ballspiele. Hier zeichnet sich ein deutlicher Aufbau der Aktivitäten über die drei Jahre Vorschulerziehung (ein Jahr Früherziehung und zwei Jahre Vorschule) ab.

Das Bildungskonzept

Der psychomotorische Bereich – Le domaine psychomoteur

Beide Rahmenpläne schildern ausführlich diesen Bereich und betonen die Wichtigkeit der sozialen Kontakte in diesem Alter. In den Früherziehungsgruppen vollzieht sich die Einführung des Kindes in die Klassengruppe jedoch progressiv. Im Halbtagesrhythmus lernt es mit Gleichaltrigen in einer Gemeinschaft zu leben, seine Kameraden zu akzeptieren, sie eventuell in ihrem Anderssein zu respektieren und sich gegebenenfalls auch zu behaupten. Der sozial-affektive Bereich ist im „RpF" ausführlicher beschrieben. Er unterstreicht die Wichtigkeit der kindlichen Interaktionen.

Der „RpF" beschreibt die Ziele der kognitiven Entwicklung. Dies geschieht durch gezielte Aktivitäten im Rahmen von zahlreichen Spielangeboten und in authentischen Situationen. Durch Experimentieren und Manipulieren lernen die Kleinen in möglichst vielfältigen Situationen des Alltags. Die angebotenen Aktivitäten im RpV" werden progressiv theoretischer ausgerichtet. Der schulische Aspekt kommt hier deutlich zum Vorschein. So erstreckt sich z. B. die Beschreibung der logischen und mathematischen Aktivitäten (les activités logiques et mathématiques) über sechs Seiten und wird wie folgt unterteilt:

1. Das Heranführen an die Mathematik in konkreten Lernsituationen, z.B: durch das Angebot spezifischer Materialien wie logische Blöcke (blocs logiques), „Cuisenaire Stäbchen".
2. Der Aufbau des logischen Denkens durch z.B.: Festigung von Oberbegriffen, Seriationen aufstellen, Bildergeschichten ordnen, Objekte (große-kleine-dicke-dünne) untereinander vergleichen, Rangordnungen aufstellen.
3. Altersangepasste mathematische Übungen wie Zahlenbegriffe oder Ziffern erkennen, verstehen und zuordnen.

In den naturwissenschaftlichen Aktivitäten «les activités d'éveil aux sciences» unterscheidet man zwischen folgenden Bereichen: Das Kind und sein Körper, das Kind und sein biologisches Umfeld, das Kind und sein physikalisches und technisches Umfeld.

Die musikalischen Aktivitäten (les activités musicales) sind unterteilt in die vokalistischen, die rhythmischen, die körperlichen, die instrumentalen, sowie die akustischen Aktivitäten. In den Kunst-Aktivitäten (les activités artistiques) unterscheidet man zwischen verschiedenen Papiertechniken, dem Zeichnen, dem Malen, der Modellierung, der Herstellung von Plastiken, den Druck- und Färbtechniken sowie der Vorstellung und Interpretierung verschiedener bekannter Künstler und ihrer Kunstkreationen.

Wie schon im „RpV" angedeutet, können viele Aktivitäten mehrere Bereiche umfassen (activités transversales).

Beide Rahmenpläne unterstreichen die Sprachförderung als grundlegendes Element der luxemburgischen Vorschulpolitik. Sie betonen die Wichtigkeit des kindlichen Spracherwerbs im Rahmen aller Aktivitäten:
– im sozialen und affektiven Bereich – Le domaine affectif et social
– im kognitiven Bereich – Le domaine cognitif
– im Bereich der Sprachentwicklung – Le domaine de la communication

Ausführlich behandelt der „RpV" die Sprachentwicklung des zwei- und mehrsprachigen Kindes im Text: "l'apprentissage de la langue".

Die luxemburgische Sprache wird als Kommunikationsmittel dargestellt, die das Zusammenleben und die Verständigung zwischen den Kindern der einzelnen Nationalitäten ermöglicht. In erster Linie soll dem Kind Freude am Gebrauch dieser Sprache vermittelt werden. Das Erlernen der Sprache erfolgt in vielfältigen Kommunikationssituationen, nach dem Motto «je authentischer, desto besser».

In der Vorschule wird die luxemburgische Sprache in ihrer Gesamtoptik altersangepasst, aber gezielt gefördert. Denn gute Kenntnisse in der luxemburgischen Sprache dienen als Basis und Ausgangspunkt für die spätere Alphabetisierung in der deutschen Sprache. Im Rahmen dieser „Sprachaktivitäten" (les activités de langage) unterscheidet man zwischen der Entwicklung der mündlichen Sprache und der Sensibilisierung für die geschriebene Sprache; d. h. zwischen solchen Aktivitäten, die eine Vorbereitung auf das spätere Lesen und Schreiben in der Grundschule darstellen (activités préparatoires à la lecture et à l'écrit) und der gesprochenen Sprache (langage oral) an sich.

Im Rahmen der Sprachförderung kommt der Kinderliteratur ein hoher Stellenwert zu (Klassenbibliotheken, ausgestattet mit zahlreichen Kinderbüchern bekannter, renommierter Kinderbuchautoren wie Lucy Cousins, Leo Lionni, David Mc Kee (Elmar), Kveta Pakowska (Das Alphabet/Der kleine Blumenkönig) oder von Kindern selbst erfundene und illustrierte Geschichten.

Unsere Zielsetzung ist, dass jedes Kind nach Abschluss der drei Jahren Früherziehung und Vorschule in der Lage sein sollte, sich in der luxemburgischen Sprache fließend auszudrücken.

Luxemburg: eine multikulturelle Gesellschaft

Wir leben in Luxemburg in einer multikulturellen Gesellschaft. Auf eine Gesamtzahl von mehr oder weniger 450 000 Einwohner kommen ungefähr 39 Prozent Ausländer. Der Anteil der Migrantenkinder in der Vorschule liegt weit über dem europäischen Durchschnitt.

An erster Stelle stehen die Portugiesen mit (19,2%), dann die Ex-Jugoslawen (5,3%), die Franzosen (3,1%), die Italiener (2,7%), die Deutschen (0,9%), die Kapverdianer (0,5%). Alle weiteren Nationalitäten zusammen (afrikanische Republiken, China usw.) machen ungefähr 5,1 Prozent aus.

Der Anteil der Migrantenkinder beträgt im Landesdurchschnitt 38–39 Prozent. Pro Ortschaft und pro Klasse kann dieser Prozentsatz schwanken zwischen 50 Prozent und 83 Prozent und mehr.

Die offizielle Landessprache ist "Lëtzebuergesch". Es handelt sich um einen westmoselfränkischen Dialekt.

Die Umgangssprache in den Früherziehungsklassen und in den Vorschulen ist die luxemburgische Sprache, d. h.: Alle Aktivitäten in den Früherziehungsklassen und in den Vorschulklassen erfolgen in unserer Landessprache.

Die Rolle der luxemburgischen Sprache in der Gesellschaft

Die Lebenswirklichkeit der Kinder, ihre Bedürfnisse, Interessen und Wünsche, gehören in den Mittelpunkt der Früherziehung (éducation précoce) und der Vorschule (éducation préscolaire).

Die Sprache wird als soziales Phänomen verstanden, welches sich in den Interaktionen der Kinder, im Rahmen der gemeinsamen Aktivitäten verwirklicht. Die Wechselwirkung von Sprache und Sozialisation, hauptsächlich angesichts der hohen Zahl an Migrantenkindern in unseren Klassen, ist von größter Wichtigkeit. Eine der Hauptaufgaben der Lehrperson wird folglich darin bestehen, die notwendigen Interaktionen in Gang zu setzen.

Aus dieser Sichtweise heraus ist die Sprachentwicklung ein dynamischer und interaktiver Prozess. Unterschiede in der sprachlichen Entwicklung stellen nach dem russischen Psychologen Lew Wygotzki (1896–1934) kein Hindernis dar, sondern können als Ausgangsbasis des Spracherwerbs und der Sprachentwicklung dienen, um das individuelle Entwicklungspotential zu nutzen, welches sich hinter den persönlichen Unterschieden verbirgt (Zone der nächsten Entwicklungsstufe/zone of proximal development). Untersuchungen in Luxemburg haben gezeigt, dass Kinder sehr wohl imstande sind, an den Sprachentwicklungsstand der Partner (Erwachsene und Kinder) anzuknüpfen und gemeinsame Sprachprodukte (mündlich oder schriftlich) selbsttätig zu erstellen. Im Hinblick auf diese Theorie teilt die Lehrperson ihre Kindergruppe in möglichst heterogene Kleingruppen auf, damit die Schwächeren von den Stärkeren lernen und um gleichzeitig viele sprachliche Interaktionen zu ermöglichen.

Die Entwicklung der Sprachkompetenzen beginnt am mündlichen Sprachpotential der Kinder: Die Vorbedingungen und die Ausgangspositionen des Lernumfeldes werden bewusst in die Betrachtungen miteinbezogen. Die Kinder, welche in die Früherziehungsgruppen oder in die Vorschule kommen, haben in ihrem Umfeld schon vielfaltige Erfahrungen mit verschiedenen Sprachen und Schriftsprachen gesammelt (Spracherwerb, Medien). So wird prinzipiell von diesen Sprachkompetenzen der Kinder ausgegangen.

Die Lehrperson kann den individuellen Sprachentwicklungsstand ermitteln durch Beobachtungen des Kindes (Freispiel, Pause, Rollenspiele …) und anhand einer Dokumentation von kindlichen Produktionen (Audio-Videoaufnahmen) über eine längere Zeit hinweg. So ist sie in der Lage, das einzelne Kind in allen Bereichen, hauptsächlich aber im sprachlichen Bereich, gezielt fördern.

Sinnvolle, bedeutungstragende Aktivitäten und Interaktionen, welche eine Sprachentwicklung herbeiführen können, sind dadurch charakterisiert, dass unbedingt ein enger Zusammenhang zwischen Handlung oder Tätigkeit (im weitesten Sinne) und Sprache bestehen muss. Im Rahmen von Aktivitäten, wo Kinder sich „mit ihren fünf Sinnen" (sehen, riechen, schmecken, hören, fühlen) beteiligen können, werden sie sich der Möglichkeiten der Sprache wirklich bewusst und entwickeln ein tiefes Interesse, ihre eigenen Sprachkompetenzen voranzutreiben.

Die Schule und die beteiligten Lehrer/innen zeichnen sich verantwortlich für den pädagogischen Rahmen und für die Entwicklung spezieller Konzepte, in welchen sich das jeweilige Potential der Kinder, auf Basis eines gemeinsamen Projektes oder Themenkreises innerhalb der Klasse ausreizen lässt.

Um Migrantenkinder den Einstieg in die Klassengemeinschaft zu erleichtern, wird in manchen Vorschulklassen (alle altersgemischt) das Modell des „Tutorat" praktiziert; d. h. ein älteres Kind zeigt sich verantwortlich für ein jüngeres und hilft ihm z. B. beim Übersetzen von Anweisungen des Lehrers (von Geschichten, Liedern oder Gedichten usw.) in die eigene Muttersprache.

Kindliches Lernen erfolgt immer am besten in konkreten Situationen und bedeutet gleichzeitig eine Einbeziehung der gesamten Persönlichkeit des Kindes.

Der Tagesablauf in der Vorschule ist flexibel und an den Bedürfnissen und Interessen der Kinder orientiert. Die Gestaltung des Alltagslebens besteht sowohl aus gezielten Angeboten, wie auch aus spontanen Situationen, die vom Lehrer aufgenommen und verarbeitet werden.

Aus diesem Grund und ergänzend zu der gegliederten Wochen- und Rahmenplanung (Themenkreis oder Projekt) tritt eine offene Planung, die sich an den Bedürfnissen der Kinder orientiert. Hierzu gehören auch Lernangebote, die sich aus authentischen Situationen des Alltags ergeben und gemeinsam weiterentwickelt werden. Eine intensive Beobachtung des Alltagslebens in der Kindergruppe und großes Fachwissen ist allerdings die Voraussetzung, um situationsorientiert arbeiten zu können. Solche Aktivitäten werden flexibel und je nach Interesse mit unterschiedlichen sich bildenden Kleingruppen und zu verschiedenen Zeitpunkten ausgeübt.

Altersgemischte Gruppen in den Vorschulklassen können die Möglichkeiten zu sozialen und sprachlichen Erfahrungen wesentlich erweitern und bereichern.

Die Didaktik der Sprache in Bezug auf die Lehrperson

Die Materialauslage wird, je nach dem Leitthema der Woche (Projekt), immer wieder gezielt verändert und umgestaltet (Kostüme und Masken zum Fasching oder Bauernhof und Tiere/Audio-Videokassette oder CD-Rom passend zum Thema).

Eine flexible Raumgestaltung und eine wechselnde Gestaltung verschiedener Innenbereiche (Einrichtung eines „Krankenzimmers" z. B. mit Playmobil oder eines Zoos mit Plüschtieren) und der Außenflächen (Anlegen eines kleinen Blumen- oder Kräutergartens, eines Verkehrsgartens) kann zahlreiche Impulse vermitteln und die Chancen der Kinder zum Sammeln von Erfahrungen erhöhen.

Lehrer sind sowohl Lehrende wie auch Lernende, Partner von Kindern und Eltern, die dazu beitragen, Erfahrungsmöglichkeiten zu schaffen und zu erschließen.

Die Lehrer sind gefordert, im Hinblick auf eine optimale Sprachförderung aller Kinder alle Situationen des Alltags aufzugreifen und ausbauen.

Die kindlichen Erfahrungen werden in der Regel in den konkreten Situationen des Alltags gewonnen, nicht in vom Leben isolierten Übungen. Lernen geschieht, insbesondere im Kindesalter, auf der Basis von Erfahrungen: Die Vorschule ist als ein wichtiger, pädagogisch gestalteter „Erfahrungsraum" zu verstehen.

Das Ziel besteht darin, dass Kinder im Rahmen der Situationen des Alltags zunehmend selbstständiger und handlungsfähiger werden. Kinder machen ihre Erfahrungen mit sich selbst, mit andern Kindern und Erwachsenen in der schulischen, der natürlichen sowie der kulturellen Umwelt. Kinder benötigen vielfältige Impulse und Gelegenheiten, um die verschiedenartigsten Materialien, in vielen unterschiedlichen Situationen und zusammen mit Gleichaltrigen zu manipulieren, zu begreifen und verstehen zu lernen.

Die Themen (Themenkreise oder Projekte) liegen im Interessenbereich der Kinder. Sie sind in spontane und gelenkte Aktivitätsangebote unterteilt. Die Abwechslung der Sozialformen (ganze Kindergruppe, kleine heterogene oder homogene Gruppen, Einzelarbeit) ist wichtig.

Das Sprachverständnis, der Wortschatz, die Satzstruktur, die Artikulation usw. werden in altersangepassten, gelenkten Sprachaktivitäten sowie in konkreten Situationen des Alltags und im Spiel aufgebaut wie z. B. Gesprächskreise, Diskussionen, Geschichten, Erzählungen, Rollenspiele, Imitationsspiele.

Spielen und Lernen sind keine getrennten Bereiche, sondern für Kinder immer wechselseitig miteinander verschränkt. In diesem Sinne sind Freispiel und Angebote gleichrangige Möglichkeiten des Erfahrens, des Lernens.

Das Spiel ist eine der Hauptaktivitäten des Kindes. Über das Spiel entwickelt das Kind seine Fähigkeiten in den Bereichen der Psychomotorik, der Kognition, der Affektivität, der Kreativität, der Sozialisation, und findet sich in seiner Umwelt besser zurecht. Eine wichtige Rolle kommt dem Spiel im Hinblick auf die Sprachentwicklung zu.

Die Didaktik der Sprache in Bezug auf die Kinder

Das morgendliche Freispiel (eine Stunde) wird als Privileg im Vorschulalltag betrachtet:

Die Kinder suchen sich das von ihnen bevorzugte didaktische Spielmaterial aus. Sie wählen ihre Spielkollegen und bestimmen den Ort, an welchen sie sich begeben möchten (Puppenecke, Ecke mit Konstruktionsspielen, Kleiderkiste, Ecke für Rollenspiele, Computerecke, Leseecke usw.). Das freie Rollenspiel fördert die Sprachentwicklung in hohem Maße.

Im freien Rollenspiel lernt das Kind soziale Regeln respektieren, sich anpassen und vielleicht sogar eine Niederlage zu akzeptieren. Es erfährt ebenfalls, dass es sich anhand von Argumenten durchsetzen kann und gegebenenfalls eine Leaderrolle übernehmen darf.

Kinder brauchen Bewegung: Der Bewegungsdrang ist von seinem Spielbedürfnis kaum zu trennen. In das schulische Umfeld mit eingebunden gehören Erfahrungen und Entwicklungsanreize, wie ein Sandkastenspiel im Schulhof, ein Besuch beim Bäcker, bei der Feuerwehr oder Spaziergänge und Erfahrungsspiele in der Natur.

Wir dürfen nicht vergessen, dass Lernanstrengungen bei jüngeren Kindern hauptsächlich durch Spaß und Spannung bestimmt werden, weniger durch Leistungsmotivation: Um das Interesse des Kindes zu wecken, müssen wir es begeistern lernen!

Sprachkompetenzen sind heute von den visuellen Medien nicht mehr zu trennen, da diese einen Grossteil unseres sozialen Umfeldes beherrschen. Bilder in Büchern, Fernsehen, Filmen, Videos, und auf Computerschirmen führen zur Schriftkultur hin.

Schriftlicher und mündlicher Sprachgebrauch beeinflussen und verändern sich gegenseitig. Kinder wachsen in den schriftlichen Bereich unserer Kultur hinein und werden zunehmend fähig, autonom damit umzugehen. Gesten, Mimik, Spiel führen über Bilder und Geschichten in den schriftsprachlichen Bereich.

Kritzelbücher, Notizbücher, Bilderbücher und Zeichnen eröffnen den Kindern den Zugang zum Symbolcharakter der Schriftsprache. Beispielsweise kommt den spezifischen Aktivitäten um die Eigennamen der Kinder herum eine überragende Rolle zu.

Dem Erzählen – „Storying" – kommt eine Zwischenstellung zwischen mündlichem und schriftlichem Sprachgebrauch zu. (J. Bruner spricht in diesem Zusammenhang vom Alter, in dem die Kinder beginnen, sich eine Reihe mehrerer symbolischer Medien zu erobern.) In diesem Sinne kommt der Lehrer nicht umhin, die Erzählfähigkeit der Kinder zu nutzen und zu fördern. Der Umgang mit Kinderbüchern wird somit zum notwendigen Bestandteil einer Klasseneinrichtung: Klassenbibliotheken bieten den Kleinen ein vielfältiges Angebot an aktuellen Kinderbüchern. Moderne Medien und ihre Hilfsmittel (Audio-Videoaufnahmen, CD-Roms, digitale Kamera ...) erweitern die Möglichkeiten des Erzählens und des aktiven Umganges mit den Erzählungen (Wiederholung, Bearbeitung, Rollenspiel ...).

Geschichten werden meistens von einem Erwachsenen einer Kindergruppe erzählt (mit oder ohne Buch). Eine zweite Möglichkeit besteht darin, den Inhalt der Geschichte, unter Anleitung der Lehrperson und anhand der Illustrationen, gemeinsam mit der Kindergruppe zu „entschlüsseln" oder zu dechiffrieren (vorzugsweise gemischte Gruppen, bezüglich des Alters, der Nationalität, des Sprachniveaus). Eine bekannte Geschichte kann auch von einem oder mehreren

Kindern, anhand eines Kinderbuchs, an Kollegen weitererzählt werden. Das gemeinsame Interesse motiviert die Kinder zum Sprechen und darüber hinaus zum Erlernen der luxemburgischen Sprache.

Wenn erst eine Erzählkultur in der Klasse entstanden ist, erfinden und erzählen die Kinder ihrerseits neue Geschichten. Werden sie nun vom Lehrer ernst genommen, eventuell durch Aufnehmen dieser Erzählungen auf Kassettentonband, so fühlen sich die Kinder bestärkt und sind motiviert. Eine Erweiterung dieses Konzepts besteht darin, klasseneigene Kinderbücher anzufertigen: Die erfundenen Kindergeschichten werden vom Lehrer transkribiert, in Szenen unterteilt, von den Kindern illustriert und als neues, eigenes Kinderbuch zusammengeheftet.

Gerne werden solche Bücher bei Elternbesuchen oder beim Eintritt von Neuankömmlingen aus der Klassenbibliothek gezeigt.

Selbst erfundene Geschichten können auch als Ausgangspunkt oder als Basis für Rollenspiele gelten. Wir berufen uns hier auf ein pädagogisches Konzept der amerikanischen Autorin Vivian Gussin Paley, Kindergärtnerin und Universitätsprofessorin, die eine Reihe Bücher zu diesem Thema geschrieben hat (u. a.: Paley, V. G., 1994, *Wally's Stories/Conversations in the Kindergarten,* Harvard University Press; siehe auch Gregory, E., 1996, *Making Sense of a New World,* Paul Chapman Publishing – page 114 "Handing Down the Magic in a Story").

Interkulturelle Aktivitäten

Sie gehören in die Themenkreise (Projekte) eingebunden. Interkulturelle Projekte können z. B. beinhalten: die Vorstellung der verschiedenen Herkunftsländer der Kinder, die ländereigenen Geschichten, Feste, Traditionen, Lieder, Tänze, Kochspezialitäten usw. Wird ein Hauptakzent auf die Gemeinsamkeiten der Kinder untereinander gelegt, so fühlt sich das ausländische Kind in den Früherziehungsgruppen und in den Vorschulklassen akzeptiert. Gute Kontakte zu den Eltern unterstützen diese Bestrebungen. Die Aufwertung der Herkunftskultur übt, neben der sprachlichen und der sozialen Integration, einen positiven Effekt auf die Persönlichkeitsentwicklung aller Kinder aus.

Evaluierung

Wie kann man in der Früherziehung und in der Vorschule evaluieren?
Evaluierung geschieht durch regelmäßige Beobachtung des Kindes (Notizen, Audio- Videoaufnahmen) in verschiedenen Situationen und durch Dokumentieren der kindlichen Produktionen.

Evaluierung geschieht am wirksamsten im Team. Der Rahmenplan für die Früherziehung unterstreicht die Wichtigkeit der Zusammenarbeit zwischen dem Lehrer und dem Erzieher (equipe pédagogique et éducative). In regelmäßigen Zusammenkünften sollen die pädagogischen Vorgehensweisen ständig überdacht und an die Bedürfnisse und Anforderungen der Kindergruppe angepasst werden.

Eine gute Zusammenarbeit mit den Eltern oder den Erziehungsberechtigten wirkt in manchen Fällen ergänzend und klärend, vor allem im Hinblick auf eine Gesamtoptik der kindlichen Persönlichkeit. Im Falle von Problemen können die lokalen Kommissionen CMPP (Commission médicopsycho-pédagogique régionale) beansprucht werden.

Eine Arbeitsgruppe erstellt im Augenblick eine „Kompetenzenliste", die Kriterien festlegt in den Bereichen: Sprache – Sozialisation – Motorik – mathematisch/logisches Denken – biologische Umfeld – Kreativität – die fünf Sinne. Nach einer anfänglichen Erprobung in einzelnen Klassen, wird die Kompetenzenliste in allen Vorschulen des Landes angewandt.

Anhand dieser Liste, kann der Lehrer sich ein Profil von jedem Schüler bilden. Sie dient ihm gleichzeitig als Hilfestellung bei der Beschreibung der individuellen Progression in der Entwicklung (d. h. der Lernfortschritte) des Schülers (von Nutzen bei Elterngesprächen, Beratungen mit anderen Fachkräften, Experten …). Es sollte jedoch zu keiner negativen Bewertung des Kindes kommen. Der ermittelte „Ist-Zustand" seiner Kinder ermöglicht nun dem Lehrer, den Unterricht gezielt an die Bedürfnisse in der Klasse anzupassen und auszurichten.

Eine genaue Beschreibung der kindlichen Fähigkeiten und Fertigkeiten erscheint uns von größter Wichtigkeit, hauptsächlich beim Übergang des Kindes von der Vorschule in die Grundschule.

Die Grundlage jeder gelingenden Sozialisation und Schulausbildung besteht im Aufbau einer kontinuierlichen und tragfähigen Beziehung zu den Eltern oder anderen engen Bezugspersonen. Der Elternarbeit kommt in beiden Rahmenplänen ein bedeutender Stellenwert zu.

Eine Zusammenarbeit zwischen Vorschullehrern und Eltern ist daher in unseren Augen unumgänglich. In regelmäßig stattfindenden (individuellen und/oder gemeinsamen) Elternversammlungen sollen die Eltern bzw. die Erziehungsberechtigten über die Lernfortschritte ihrer Kinder informiert und von Anfang an in den schulischen Prozess mit einbezogen werden. Beide « Parteien » verfolgen ja ein gemeinsames Ziel und zwar die optimale Förderung des Kindes.

Zusammenarbeit mit Eltern

Eltern oder Erziehungsberechtigte sind willkommen bei der Beteiligung an Ausflügen, der Organisation von Festen, der Ausstellungen von Kinderproduktionen, der Gestaltung eines Spielplatzes, der Planung und Herstellung einer Schulzeitung (oder ev. eines Videofilms) ...

In manchen Orten erhalten interessierte Eltern die Gelegenheit, sich geeignete Sachbücher in der Schulbibliothek auszuleihen. Inspektoren und Lehrer organisieren öfters in Zusammenarbeit mit anderen Gremien (z. B. Elternvereinigungen) Konferenzen zu pädagogischen und psychologischen Themen, die sich vor allem an die Eltern richten.

Erwachsene, die Unterstützung in ihrem erzieherischen Handeln benötigen, können Hilfestellung bei zuständigen lokalen Instanzen wie dem Schulpsychologen, Logopäden, Orthophonisten oder anderen Spezialisten finden im Rahmen der „CMPP régionale".

In Anlehnung an Wissenschaftler, die davon ausgehen, dass Kinder eine Fremdsprache besser erlernen, wenn sie ihre Muttersprache gut beherrschen, versuchen wir ein Projekt zu realisieren, das die Miteinbeziehung einer Zusatzperson in den Unterricht vorsieht, welche die Muttersprache der Kinder spricht. Der „Native Speaker" könnte stundenweise in den normalen Vorschulunterricht mit eingebunden werden (Zielgruppen: Kinder aus größeren Migrantengruppen).

Die erweiterten Kompetenzen in der jeweiligen Muttersprache könnten den Erwerb der luxemburgischen Sprache sicherlich unterstützen.

Praxisbeispiele

20 „gute Praxisbeispiele" sind in einem strukturierten Kompendium zusammengefasst. Sie stellen eine Art Austauschforum unter den Vorschullehrern dar und richten sich vor allem an junge Lehrer und Studenten. Sie sollen Ideen und Impulse vermitteln und die Lehrer gleichzeitig anregen, Beispiele aus ihrer Praxis aufzuschreiben und an Kollegen weiterzuleiten. Die Präsentation einer solchen „Sprachaktivität" wird auf einem jeweils beidseitig bedruckten Din A 4 Arbeitsblatt beschrieben. Es handelt sich hierbei um eine exemplarische Aktivität, die nach sprachlichen Objektiven ausgerichtet ist und die sich problemlos in jeden Themenkreis oder in den Projektunterricht integrieren lässt.

Diese „guten Praxisbeispiele" wurden von einer Arbeitsgruppe (Fachleute aus der Praxis) in eine einheitliche Form gebracht mit dem Ziel, eine Sprachaktivität zu präsentieren, die auf den ersten Blick gut leserlich ist und die sich im Schulalltag bewährt hat.

Die Arbeitsgruppe hat sich an das Konzept von J.-F. Simonpoli, einem französischen Sprachendidaktiker, angelehnt, der in seinem Buch (*Ateliers de langage pour l'école maternelle* – Hachette Edition) mit Nachdruck betont, dass das Erlernen der Sprache nicht dem Zufall überlassen werden kann. Er verweist auf die vielen Facetten der Sprache und beschreibt das Kind als ein Wesen, welches die Sprache mit all seinen Sinnen aufnimmt und verarbeitet. Weiter unterstreicht er in seinem Buch, dass jede kindliche Aktivität immer eng mit der Sprache in Verbindung steht.

Die Strukturierung der Arbeitsblätter erfolgte nach den Sprachzielen und Richtlinien dieses Buches.

Wertvolle Praxisbeispiele – Exemples de bonne pratique in Bezug auf die Sprachförderung

1: Die sprachlichen Ziele
- Sprechen, um das Wort in einer Gruppe zu ergreifen
- Sprechen, um seine Präsenz zu markieren
- Sprechen, um zu beschreiben, um zu erzählen

2: Der Typ der Aktivität
- z. B.: Gespräch anhand eines Fotoalbums

3: Die Kinderzahl
- 5 Kinder zwischen 3 und 5 Jahren

4: Das benötigte Material

Das eigene Fotoalbum

Kinderbücher zum Thema

5: Die Dauer der Aktivität
- 10 Minuten

6: Die Organisation des Raumes
- Stuhlkreis

7: Die Beschreibung der Aktivität
- Die Kinder stellen ihre Familienmitglieder anhand des Fotoalbums vor.

8: Die geplanten Aktionen und Instruktionen (Strategien) der Lehrerin zum Angebot
- Vor der Aktivität: eine Geschichte erzählen.
- Während der Aktivität: regt die Kinder zum Sprechen an, wiederholt ihre Sätze, stellt gezielte Fragen und übersetzt.
- Nach der Aktivität: die Fotoalben allein, in kleinen Gruppen anschauen und kommentieren.

9: Die Strategien zur Motivation der Kinder
- Über die eigene Familie sprechen.
- Die Kinder dürfen in ihrer Muttersprache reden

10: Die Häufigkeit der Aktivität (Hinweise auf rituelles Lernen)
- Diese Art von Aktivität eignet sich für jede Einführung von neuem Bildmaterial

11: Die Lernaspekte und Aktionen der Kinder in den Bereichen der Phonologie, des Wortschatzes, des Satzbaues
- Kognitiver Aspekt; Kinder beschreiben, erklären, stellen Fragen (ev. Hypothesen) + Konzentration und Beobachtung
- Psychomotorischer Aspekt: Kinder lernen eine gute Position einnehmen (Körperhaltung);
  Kinder lernen Seiten umblättern (Feinmotorik)
- Sozio-affektiver Aspekt: Kinder lernen zuhören, achten das fremde Album; suchen und bekommen Anerkennung
  (Benehmen, Zusammengehörigkeitsgefühl, Selbstwertgefühl).

12: Die Varianten zu der beschriebenen Aktivität
- z. B.: in der Vergangenheit sprechen (anhand von Ferienfotos)

13: Die Evaluierung des kindlichen Sprachenerwerbs (Verantwortung des Lehrers)
- Anschließende Kinderzeichnungen, unter welche der Lehrer die Anmerkungen der Kinder transkribiert.
- Diese Technik ermöglicht dem Lehrer, den Wortschatz und den Satzbau eines Kindes festzuhalten.

14: Die Beteiligung der Familie am Sprachenerwerb der Kinder
(Miteinbeziehung der Erfahrungen des Familienhauses)
- Die Alben können, nach Absprache mit den Eltern, an andere Kinder ausgeliehen, mit nach Hause genommen und in der Muttersprache der Kinder zu Hause kommentiert werden.

Die Reihenfolge der Arbeitsblätter in dieser Mappe ist nach der Aufteilung der sprachlichen Ziele im oben erwähnten Buch von Simonpoli ausgerichtet. Sie stellt keine Progression im Aufbau des kindlichen Spracherwerbs dar. Die Lehrperson sollte die Aktivitäten frei nach den Bedürfnissen ihrer Kinder auswählen und nach den Besonderheiten des schulischen Umfeldes ausrichten.

Diese „guten Praxisbeispiele" sollen Impulse vermitteln und Anregungen geben, sie sind aber weder als Rezeptbuch, noch als Programm gedacht. Sie können, durch die Möglichkeit des Austauschs unter den Kollegen, eine Bereicherung für den Vorschullehrer und seine Klasse darstellen.

Das Computerprogramm TEO

Das Computerprogramm TEO wurde vor einigen Jahren in Luxemburg (Centre de Recherche Publique Henri Tudor) zum Aufbau und zur Entwicklung der Sprachkompetenzen in Vor- und Grundschulen ausgearbeitet.

Durch diesen handlungsbezogenen Sprachgebrauch und die damit verbundene Freude und Motivation an der neuen Sprache sollen die Kinder ihre Sprachkompetenzen erwerben, aufbauen und festigen.

Da die Möglichkeit der schriftlichen Fixierung von Kinderideen oder Informationen in der Vorschule nur bedingt zur Verfügung steht, bietet TEO die Möglichkeit, dies auf mündlichem Wege zu tun.

TEO erlaubt, die gesprochene Sprache zu vergegenständlichen. Die Produkte im Bereich der gesprochenen Sprache werden aufgegliedert und in einer weiteren Etappe immer weiter bearbeitet und verfeinert. So können jeweils kleine Einheiten oder Sätze einer Geschichte mit einer Ikone versehen, eventuell nachher überarbeitet oder ausgetauscht werden. Zu jedem Zeitpunkt kann über das bis dahin bestehende Produkt gesprochen werden, es kann verändert ohne zerstört zu werden. Der Vergleich mit der Textverarbeitung im Bereich der Schriftsprache drängt sich auf. Gesprochene Sprache wird so vergegenständlicht. Sprache wird zum Gegenstand der Diskussion (Metakommunikation).

Die Arbeit mit TEO ermöglicht jedem Kind gemäß seinem Entwicklungsstand tätig zu werden und ein eigenes Produkt zu erstellen. TEO stellt insofern eine „offene" Aktivität dar, als am Anfang der Arbeit kein Soll-Endprodukt feststeht, wie es etwa bei Arbeitsblättern und vielen Bastelarbeiten der Fall ist. TEO lässt das Produkt „offen". Manche Kinder schmücken „ihre" Arbeiten mit sehr vielen Details aus oder vertonen sie sogar mit Instrumenten, andere beschränken sich auf einige wenige, für sie wichtige Bruchstücke von Sätzen, die sie in einer späteren Phase vielleicht ergänzen wollen.

Das Konzept der «zone of proximal development» (Wygotsky) kommt hier bestens zum Tragen, besonders wenn fremdsprachige Kinder gemeinsam mit luxemburgischen Kindern interagieren wie beispielsweise Noé und Lars, die versuchen, Ricardo beizubringen, dass der Lehrer nicht «Fumeeschter» sondern «Schoulmeeschter» heißt. In solchen Fällen kann man von authentischer, metasprachlicher Kommunikation reden.

Auch wenn anfangs fremdsprachige Kinder in einer solchen Gruppe manchmal weniger sagen, so verfolgen sie doch sehr genau, was dort passiert und gesprochen wird. Oft bieten sich auch spontan zweisprachige, ältere Kinder als Dolmetscher an.

Arbeiten luxemburgisch sprechende Kinder unter sich, so kommen solche metasprachlichen Aussagen weniger zustande, vielmehr wird über den Inhalt der Geschichte, sowie über die Rollenverteilungen beim Aufnehmen diskutiert. In Auseinandersetzungen (Streitgesprächen) kommt es allerdings zu wahrhaften Dialogen, in denen die Kinder abwechselnd das Wort ergreifen und auf das vorher Gesagte reagieren.

TEO erlaubt eine derart große Vielfalt an sprachlichen Tätigkeiten, dass es mir sinnvoll erscheint, an dieser Stelle den Versuch einer Kategorisierung von wertvollen Einsatzmöglichkeiten in einer Vorschulklasse aufzuzeichnen:

Freie Arbeiten, die von einem Kind allein oder von einer Gruppe von Kindern, spontan, vorwiegend während des Freispieles entstehen. Die Produkte dieser Arbeiten sind oft mehr oder weniger ausgeschmückte Geschichten, manchmal aber auch Experimente, die hauptsächlich in der Aufnahme oder der Wiedergabe von Geräuschen (z. B. dem Klang von Instrumenten, laute, leise Stimmen usw.) bestehen.

Bei diesen freien Arbeiten wird von den Kindern Autonomie und Eigenverantwortung verlangt.

- In Bezug auf die Wahl der Partner: Die Kindergruppen bilden und finden sich durch das gemeinsame Interesse an einer bestimmten Aufgabe oder, weil sie zusammen beschlossen haben, «etwas mit TEO zu machen».

- In Bezug auf den Inhalt des Gesagten: Die Themen der Geschichten stehen offen, bei jeder einzelnen Aufnahme können die Kinder entscheiden, ob sie ihr „Gesprochenes" löschen oder aufbewahren wollen.

Bei genauen Beobachtungen kann man feststellen, dass die Kinder sich der unterschiedlichen Fähigkeiten ihrer Kollegen genau bewusst sind und auch versuchen, diese gezielt zu nutzen und einzusetzen:

Ein Leiter bestimmt, welches Kind als nächstes eine Aufnahme machen darf. Bei dieser Organisationsform kommt es sehr oft zu helfenden und erklärenden Gesten gegenüber weniger geübten Kindern, welche auf diese Weise konsequent in das Geschehen integriert werden.

Bestimmte Rollen werden von den Kindern im Vorfeld festgelegt: Tania bedient das Mikrofon, Laure spricht in das Mikrofon. Vor der eigentlichen Aufnahme wird dann über deren Inhalt gesprochen.

Ein bestimmtes Kind beteiligt sich wenig an einer Gruppe, verfolgt aber aufmerksam, was gemacht wird. Im Verlauf des Schuljahres übernimmt dann dieses Kind eine leitende Rolle in einer anderen Gruppe.

Diese Konstellationen bewirken, dass ein Vielfaches mehr an authentischer Kommunikation vor dem Computer stattfindet, als nachher das Produkt vermuten lässt.

Sachbezogene und somit sinnvolle Diskussionen können sich über mehrere Minuten hinweg ziehen, ohne dass es zu einer Aufnahme kommt. So lernen Kinder viel mehr, als später bei der Wiedergabe festgestellt werden kann.

Initiierte Aktivitäten, im Anschluss an die Behandlung eines Themas im Unterricht beispielsweise im Rahmen eines Puppentheaterstücks, eines Videofilms, eines Kinderbuchs, eines Kinderateliers (Recycling von Papier). TEO bietet in diesem Zusammenhang die Möglichkeit, anhand von Aktivitäten wie etwa dem Modellieren, dem Zeichnen, Collagen oder Pantomime, neben den Kenntnissen über einen bestimmten Gegenstand, auch die Sprache an sich zu vertiefen oder zu dokumentieren. Diese TEO-Dokumente erlauben den Kindern, sich noch nach Wochen wieder mit einem bestimmten Theaterstück zu beschäftigen, das sie selbst « aufgenommen » haben oder auch z. B. sich das Rezept zum Papierrecycling wieder abzurufen. So können Ideen und Informationen gesammelt, wieder abgerufen oder gegebenenfalls ergänzt werden.

Im Rahmen von Langzeitprojekten können interessante Möglichkeiten entstehen: Etappen und Veränderungen können über einen längeren Zeitraum hinweg dokumentiert werden, wie etwa der Wechsel der Jahreszeiten oder das Wachstum einer Pflanze ... So erlaubt es TEO beispielsweise auch im Rahmen eines Austauschs mit einer anderen Vorschulklasse, die Fragen/Antworten der Kinder zu sammeln und zu verschicken.

Sowohl die neuen Medien als auch ihre Inhalte gehören zum Erfahrungsfeld des modernen Menschen und insbesondere der Kinder. Es gilt, meiner Ansicht nach, diese Erfahrungen ernst zu nehmen und sie als Ausgangspunkt für (Sprach-)Lernprozesse zu nutzen. Der Computer wird hier fächerübergreifend als komplementäres Arbeitsinstrument eingesetzt. In diesem Sinn kann der Computer durch seine Möglichkeiten der Differenzierung und Dynamisierung der Lernprozesse, der Selbstbestimmung, des Lernens mit Hilfe anderer, der Prozessorientierung, positiv vom Lehrer eingesetzt werden und sich gut in unsere traditionellen schulischen Bewertungs- und Normierungsschemen einpassen.

TEO bietet ein zusätzliches, leistungsfähiges Medium, welches den Kindern erlaubt, Geschichten zu schaffen. Fast alle frei gewählten Aktivitäten der Kinder im Schulalltag haben „Story"-Charakter. Sei es das freie Spiel eines Räuberszenarios, das Malen einer Schatzinsel, das Modellieren eines Dinosaurierparks, es handelt sich immer um die Darstellung von Geschichten.

Oft scheinen die Szenarien der kindlichen Phantasie entsprungen. Manchmal bemerken wir konkrete Verbindungen mit bestimmten Erlebnissen: wie z. B. die Geschichten eines Kindes, welches regelmäßig Bootsfahrten mit den Eltern unternimmt und dies dann auch auf verschiedene Art und Weise mitteilt. Solche oder ähnliche Geschichten, welche für das einzelne Kind oder für eine kleine Gruppe von Kindern wichtige Erlebnisse aufgreifen, wie etwa die Geburt eines Geschwisters, die Ferienreise nach Portugal zu den Großeltern, entstehen immer wieder.

Sehr oft erkennen wir auch immer wiederkehrende Figuren aus Märchen oder großen Kino-, Video- und TV-Filmen. Die Inhalte dieser Geschichten sind wesentlich durch diese Medien sowie dazugehörende Hörspielkassetten und Kinder/Malbücher beeinflusst. Megageschichten à la «Lion King» oder «Pocahontas», welche den Kindern für eine bestimmte Zeit über alle Medienkanäle angeboten werden, tauchen sowohl im freien Spiel wie auch in den Kinderzeichnungen und -geschichten auf. Begünstigt wird dieses Phänomen dadurch, dass alle Beteiligten die jeweiligen Geschichten bestens kennen und somit ein weitgehender Konsens über die Rollen der Hauptakteure besteht. Die Identifikation mit den Helden der Geschichten führt oft dazu, dass die Kinder ihre Rollen oft in deutscher Sprache spielen, weil sie die deutsche Video- oder Hörspielkassette besitzen.

Sehr gerne übernehmen die Kinder die aus verschiedenen Kinder- und Märchenbüchern bekannte, repetitive Form der Geschichten (z. B. *Die kleine Raupe Nimmersatt* – Eric Carle, *Hans im Glück* – G. Grimm, *Willst du mein Freund sein?* – Eric Carle).

Anhand des Medium TEO gibt der Lehrer Impulse. Die Kinder sollen sich kreativ an den Dialogen beteiligen, d. h. sich in den sprachlichen Interaktionen gegenseitig anregen und aufbauen. Im Verlauf eines Schuljahres kann sich die Qualität der Sprache in dem Maße entwickeln, dass einzelne Kinder durchaus in der Lage sind, z. B. die Dialoge zu den Rollenspielen selbst zu erfinden. Durch die regelmäßige Anwendung von Kinderliteratur werden die Kinder angeregt, eigene Geschichten zu erzählen. Diese werden mittels TEO festgehalten.

Alle Kinder in der Klasse haben, zu verschiedenen Zeitpunkten und bei Bedarf, Zugang zu den aufgenommenen Dialogen. Die Kinder können diese abrufen, anhören und die Gespräche/Geschichten der Kollegen gegebenenfalls, und nach Absprache mit diesen, durch eigene Ideen ergänzen und verändern.

- TEO liefert den Kindern ein Hilfsmittel, um sich selbst attraktive Aufgaben zu stellen
- und im mündlichen Bereich kooperativ tätig zu sein.
- TEO kann beansprucht werden, ganz gleich in welcher Sprache die Kinder reden.
- TEO stellt ein attraktives, nahezu unerschöpfliches Angebot dar, das je nach Bedarf von jedem Schüler gemäß seinen Fähigkeiten genutzt werden kann.

Sprachmappe: Die vier Jahreszeiten

Das Material besteht aus vier großen, mit Plastikfolie überzogenen Kartontafeln und je 17 dazu passenden Bildkärtchen. Die vier Jahreszeiten liefern den Kontext zu dem Ablauf der Sprachsequenzen.

Die Bildkärtchen stellen unter anderem das für die jeweilige Jahreszeit typische Obst, Gemüse oder die Blumen und Pflanzen dar. Sie zeigen einzelne Mitglieder einer Familie, wie die Mutter, den Vater, ein Mädchen, einen Jungen, eine Großmutter, einen Großvater ...

Daneben befinden sich Kärtchen mit den Abbildungen von Gartengeräten, Wintersportartikel, Tieren usw.

Die Bildkärtchen haben verschiedene Größen und Formen und können anhand des Velcro (Scratch oder „Ritschratsch"), welches sich auf der Rückseite befindet, an die Platten oder Tafeln angeheftet werden. Diese Tafeln lassen sich auf den Tisch legen, um mit einer kleinen Kindergruppe zu arbeiten, sie lassen sich aufstellen oder an die Wand hängen, falls der Lehrer beabsichtigt, mit der ganzen Klasse zu arbeiten. Ein Begleitheft mit pädagogischen Anregungen ist beigefügt.

In die Mappe integriert sind auch schwarz-weiße Arbeitsblätter mit den abgebildeten Landschaften und Bildkärtchen zum Fotokopieren. Sie dienen als Erweiterung der Sprachaktivität und werden im Anschluss daran an jedes Kind ausgeteilt. Sie können angemalt, ausgeschnitten und aufgeklebt werden. Im Rahmen dieser Anschlussaktivität kann das Kind die vorangegangene Sprachsequenz noch einmal vor seinem geistigen Auge vorbeiziehen lassen und diese memorieren. Später ordnet es seine Arbeitsblätter in dem eigenen Ordner, d. h. es bleiben konkrete Spuren von der Sprachaktivität für das Kind zurück.

Während des Sprachspiels soll sich das Kind aktiv beteiligen. Es manipuliert die Bildkärtchen, klebt diese an eine bestimmte Stelle, nimmt sie wieder weg und argumentiert gleichzeitig warum und wieso, macht Vorschläge, erklärt, gibt Anregungen ...

Im Grunde vermittelt dieses Material Stereotypen, aber lernt das Kind die Abweichungen nicht erst, wenn es die Regeln kennt?

Viele Materialien bieten viel mehr, als man auf den ersten Blick vermuten könnte. Sie legen den Rahmen fest für Gesprächsthemen, die sich über das ganze Schuljahr ausweiten. Indem diese Mappe die Kinder ein Jahr lang begleitet, bietet sie mannigfaltige Gelegenheiten um Dialoge unter den Kindern anzuregen und zu fördern. Sie muss nicht jeden Tag benutzt werden, man kann sie ruhig für Wochen vergessen, um sie dann in einer anderen Variante neu zu präsentieren.

Diese Mappe sollte nicht als reines Material zum Sprachenerwerb isoliert benutzt werden, d. h. die Anschlussaktivitäten sind genau so wichtig wie das Material an sich. Es sollte entweder in den Kontext eines Themenkreises eingebettet sein oder zu einem bestimmten Thema den Impuls liefern. Es obliegt somit der Verantwortung der Lehrperson, ihrer Kreativität und ihrem Ideenreichtum, dieses Material wertvoll einzusetzen und zu benutzen.

Wird die „Sproochmapp fir d'Spillschoul" in diesem Sinne benutzt und dabei das Kind in seiner gesamten Persönlichkeit gefördert, so empfindet letzteres Freude und Begeisterung am Erlernen der neuen Sprache und baut in altersangepassten und motivierenden Sprachsequenzen seine Sprachkompetenzen auf.

Die hierzu benutzte interaktive CD-Rom ist die erste, die in luxemburgischer Sprache erstellt wurde. Ihr pädagogisches Ziel ist ausgerichtet auf den Aufbau des luxemburgischen Spracherwerbs für Migrantenkinder und luxemburgische Kinder. Die verschiedenen Spielmöglichkeiten im Rahmen dieser CD-Rom regen nicht nur die intellektuelle Neugierde und die Freude am Erlernen der luxemburgischen Sprache an, sondern sie ermutigen das Kind zum Mitsingen, Nachsagen, Memorieren und zu sprachlichen Interaktionen vor dem Computer. Im Rahmen der verschiedenen Spiel- und Lernsequenzen begleitet das Kind „Nick", den kleinen Bären und seinen magischen Spiegel durch dessen verschiedene Abenteuer.

Die CD-Rom bietet eine reiche Vielfalt an Spielen, Situationen und Erfahrungsmöglichkeiten.

Zu Beginn stellt der kleine Bär „Nick" sich mit einem Lied vor: „Moiën ech sinn den Nick".

In der zweiten Folge darf das Kind sich die Kinderfigur auswählen, die ihm am besten gefällt, ihr passende Kleider anziehen und seinen eigenen Namen eingeben.

In der dritten Folge erklärt eine Stimme in einfachen Wörtern die Handhabung der CD-Rom.

Nun erhält das Kind die Möglichkeit, zwischen drei großen Themenbereichen zu unterscheiden: die Schule, das Zuhause, die Fahrten mit dem Zug (Unterteilung in die Stadt, auf dem Land und zu den Wölfen). Eine weitere Gliederung in bildliche, interaktive Inhaltsverzeichnisse ermöglicht dem Kind, bestimmte Lernsequenzen direkt anzusteuern.

Indem das Kind den Computer vorwiegend nicht allein, sondern in Begleitung des Lehrers oder einiger Klassenkameraden manipuliert, entstehen viele Interaktionen, im Rahmen derer das Kind sich sprachlich betätigen kann. Die Kinder können sich gegenseitig befragen, sie sollen argumentieren, diskutieren, ihre Wünsche in luxemburgischer Sprache ausdrücken; z. B.: „Du musst die Maus nach oben führen; wir müssen hier auf das Fragezeichen klicken um weitere Informationen zu erhalten; klicke fünf Geburtstagskerzen an; nein, dies sind nur vier" usw.

Im Rahmen einer heterogenen Kleingruppe lernen die Kinder sich gegenseitig weiterzuhelfen, Anordnungen zu verstehen und die Regeln der Spiele zu befolgen.

Nachdem ein Spiel richtig durchgeführt wurde, füllt sich der Kleiderschrank, der am Anfang leer stand, mit einem Kleiderstück (für jedes richtige Spiel gewinnt man ein Kleiderstück hinzu). Das Kind kann, wenn es auf den Spiegel klickt, zu jedem Moment den Inhalt des Kleiderschrankes überprüfen und anschließend gleich wieder weiterspielen.

Die Differenzierung innerhalb der einzelnen Spiele geschieht durch das Angebot von drei Schwierigkeitsgraden.

Interessant ist, wenn Lehrer berichten, wie ihre Kinder ganze Satzformulierungen in luxemburgischer Sprache übernehmen, vor allem dann, wenn diese sich reimen: „kee Gegecks zu sechs/séier, hei kommen der véier".

Die Handhabung der CD-Rom ist kindgerecht. Sechs Piktogramme bieten Erklärungen und Hilfestellungen an oder erweitern das Angebot :

- Der Pfeil zeigt dem Kind den Weg, den es einschlagen soll.
- Eine Skala von eins bis drei deutet auf den gewählten Schwierigkeitsgrad hin.
- Der Mund liefert gezielte Anleitungen zu den jeweiligen Angeboten.
- Das Fragezeichen bietet zusätzliche Hilfestellungen.
- Die Tür deutet den Ausgang aus dem jeweiligen Angebot an.
- Der Drucker ermöglicht individuelle Ausdrucke.

Beim Anwählen eines Objektes mit der Maus erfährt das Kind z. B., ob dieses Objekt aktiv ist oder nicht (d. h. eine Information preisgibt oder eine weitere Aktion einleitet). Es merkt, dass es einmal klicken muss, um einen Gegenstand zu nehmen und an eine andere Stelle zu versetzen. Es memoriert die Bedeutung der einzelnen Bilder, lernt die Benutzung der Tastatur, die Bedienung des Druckers usw.

Die spezifischen sprachlichen Computerbegriffe wie „klicken", „die Maus", „der Pfeil", ... gehen automatisch in den kindlichen Sprachgebrauch über.

Es erscheint mir äußerst wichtig zu betonen, dass dieses Material nicht als isoliertes Sprachmaterial zu benützen ist. Es sollte nicht ausschließlich während des Freispiels angeboten werden.

Der Einsatz der CD-Rom sollte gezielt entweder im Rahmen der Themenkreise eingebracht und vom Vorschullehrer gesteuert werden (z. B. durch Integrieren einer Sequenz in einen bestimmten Themenkreis wie Miteinbeziehung des Seelöwenspiels in das Thema Wasser, am Meer) oder durch angepasste Anschlussaktivitäten ausgebaut werden (z. B. durch eine Errichtung eines Mini-Supermarktes in der Klasse, wo Kinder Produkte von zu Hause mitbringen dürfen).

Das Handbuch „Lëtzebuergesch an der Spillschoul" wendet sich an die Lehrer/innen der Frühförderungsgruppen und der Vorschulklassen. Es ist speziell auf die Sprachförderung ausgerichtet und erscheint Im Jahr 2003.

SUSANNE KÜHN

Niederlande: Samenspel – Eltern und Kinder entdecken Welt und Sprache

Zuerst ein kurzer Überblick über das niederländische Bildungssystem, der wichtig ist, um einen Eindruck zu haben von den Unterschieden zu dem uns bekannten deutschen System und um Samenspel zu begreifen.

kinderdagverblijf

Ein *kinderdagverblijf* ist eine Kindertagesstätte für 0- bis 4-jährige Kinder berufstätiger Eltern. Einen Erziehungsurlaub, wie wir ihn in Deutschland kennen, gibt es in den Niederlanden nicht.

Das Hauptziel eines *kinderdagverblijf* ist die Betreuung der Kinder während die Eltern arbeiten. Die Betreuungszeiten sind in den meisten *kinderdagverblijven* flexibler, als wir das in Deutschland kennen. Kinder können die Einrichtung auch nur einen, zwei oder drei Tage pro Woche besuchen. Die Betreuung wird von Eltern, Arbeitgebern der Eltern und dem Staat finanziert.

peuterspeelzaal

Einen *peuterspeelzaal* können Kinder im Alter von zwei bis vier Jahren besuchen, wenn ihre Eltern nicht berufstätig sind. Zwei bis vier Vor- bzw. Nachmittage pro Woche kommen die Kinder zwei bis drei Stunden in Gruppen von 12 bis 16 Kindern zusammen und werden von einer Erzieherin und einer Assistentin betreut und angeleitet. Entwicklungsförderung und Vorbereitung auf die Grundschule sind vorrangige Ziele des *peuterspeelzaal*. Die Eltern bezahlen für diese Betreuung einen geringen Eigenbeitrag.

In *peuterspeelzalen* wird versucht, auch Migrantenkinder, bzw. sozial benachteiligte Kinder besonders zu fördern; hierfür gibt es einige gezielte Förderprogramme.

basisschool

Die meisten Kinder werden in den Niederlanden eingeschult, wenn sie vier Jahre alt geworden sind. Ab fünf besteht die Schulpflicht. Die ersten zwei Jahre der *basisschool* (Grundschule) werden sehr spielerisch gestaltet. Der Unterricht findet von 9 bis 15 Uhr statt. Zur Betreuung der Kinder vor und nach der Schulzeit sowie während der Mittagspause gibt es viele Schulhorte, *buitenschoolse opvang* genannt. Nach dem achten Schuljahr, also wenn die Kinder ca. 12 Jahre alt sind, findet der Übergang in die weiterführenden Schulen statt.

Auch in der *basisschool* gibt es vielfältige Programme und Materialien zur Förderung benachteiligter Kinder.

Die Besonderheiten des niederländischen Bildungssystems sind: die – im Vergleich zu Deutschland – frühe Einschulung und die langen Betreuungs- bzw. Unterrichtszeiten. Es besteht kein Anspruch auf einen Kindergartenplatz, aber alle Kinder können nach dem vierten Geburtstag die *basisschool* besuchen.

Es gibt viele Projekte zur Unterstützung der Bildungsangebote.

Anfänge von Samenspel

Samenspel ist eines dieser Unterstützungs- oder Förderprogramme. Es unterscheidet sich aber von anderen Programmen (wie z. B. Opstapje), da es sich an Mütter und Kinder gemeinsam wendet und Gruppentreffen für Mütter und Kinder gemeinsam organisiert.

Vor 10 bis 15 Jahren wurde in den Niederlanden festgestellt, dass Migrantenkinder beim Einstieg in die *basisschool* wenig Kenntnisse der niederländischen Sprache mitbringen, unerfahren sind mit dem Spielmaterial, das ihnen dort angeboten wird und es auch nicht gewohnt sind, in angeleiteten Gruppen zu sein. Hierfür gibt es viele Gründe, die hauptsächlich im Elternhaus gesucht werden. Einer der Gründe ist, dass auffallend wenig Migrantenkinder einen *peuterspeelzaal* besuchen und ihnen daher die Vorbereitung auf die *basisschool* fehlt. Hier versucht Samenspel seit zehn Jahren anzusetzen.

Ziele von Samenspel

Mütter werden mit ihren Kindern im Alter von zwei bis vier Jahren zu wöchentlichen Treffen eingeladen. Die Ziele von Samenspel sind, die Entwicklung der teilnehmenden Kinder zu fördern, die Eltern in der Erziehung zu unterstützen und die Interaktion zwischen Eltern und ihren Kindern zu fördern.

In dem kurzen Videofilm „Playing together for better chances" wird die Methode von Samenspel beleuchtet. Am Anfang kommt eine Lehrerin von einer *basisschool* zu Wort, diese erzählt über den schlechten Start von Migrantenkindern in der Grundschule.

Danach kommen abwechselnd *Samenspel*-Erzieherinnen und teilnehmende Mütter zu Wort, die ihre Erfahrungen mit *Samenspel* beschreiben.

Die Organisation Samenspel op Maat (Samenspel nach Maß) verschriftlicht und erweitert die Methode von Samenspel, organisiert Weiterbildungen und betreut Erzieherinnen und Koordinatoren bei der Arbeit mit Samenspel.

Vor zwei Jahren hat Samenspel op Maat 10 Qualitätsmerkmale formuliert, die anschließend vorgestellt werden.

1. Eine Zielgruppe, die schwer zu erreichen ist

Ein grundlegender erster Schritt, bevor in einem Stadtteil Samenspelgruppen gegründet werden können, ist die Vorlauf- und Werbephase. In dieser Phase erkunden die Erzieherinnen einer Stadtteilorganisation, die später die Samenspelgruppe leiten werden, die betreffende Wohngegend. Die Zielgruppe in diesem Stadtteil wird festgestellt. Es handelt sich hierbei jeweils um die Gruppe, die im Stadtteil schwer erreicht wird und kaum teilnimmt an vorschulischen Einrichtungen oder Förderprogrammen. Anfangs ging es hauptsächlich um türkische oder marokkanische Familien, inzwischen auch um andere benachteiligte Gruppen. Die Erzieherinnen lernen den Stadtteil und die vorhandenen sozialen Strukturen kennen, knüpfen Kontakte zu den Migrantenorganisationen und anderen 'Schlüsselfiguren', so dass Samenspel eine Einbettung im Stadtteil findet. Diese Kontakte werden auch genutzt, um gezielt für die Samenspelgruppen zu werben. Dies geschieht außerdem durch Hausbesuche, persönliche Gespräche (z. B. auf dem Markt) und durch Informationsveranstaltungen. Wenn mit einer Gruppe von drei bis vier Müttern und ihren Kindern gestartet wird, dann spricht sich das Bestehen dieser Gruppe auch durch Mund-zu-Mund-Propaganda weiter herum. Wenn neun bis zehn Mütter mit ihren Kindern teilnehmen, ist die Gruppe voll. Da vorher schon gute Recherchen stattfanden, kann gezielt geworben und das Programm auf die entsprechende Zielgruppe abgestimmt werden.

2. Eltern und Kinder gemeinsam

Das Besondere von Samenspel ist, dass Eltern und Kinder immer gemeinsam zu den Gruppentreffen kommen. Gemeinsam erleben sie das Angebot an Spielen, Liedern, Kinderbüchern und Aktivitäten. Sie sehen, besprechen, üben und verstehen gemeinsam. Und sie haben auch viel Spaß zusammen. Dies wirkt sich auch nachhaltig auf das Verhalten zu Hause aus.

3. Sprachentwicklung mit Strategie

Die Sprachentwicklung nimmt einen entscheidenden Platz in der Arbeit mit den Müttern und Kindern ein. Die Gruppentreffen finden in der Sprache statt, die die meisten Teilnehmer am besten beherrschen. Das kann bei einer einsprachigen Gruppe die Muttersprache oder die niederländische Sprache sein. Bei gemischten Gruppen ist es oft die niederländische Sprache, aber Lieder, Kreisspiele und Geschichten werden auch in den verschiedenen Muttersprachen angeboten. Den Eltern wird empfohlen, in der Sprache mit ihrem Kind zu sprechen, die sie am besten beherrschen. Oft wird das die Muttersprache sein.

4. Erfahrungslernen (learning by doing)

Eine wichtige Grundlage des Lernens der Mütter und der Kinder ist das Erfahrungslernen. Durch die vielfältigen Angebote lernen Mütter und Kinder durch das gemeinsame Tun. Sie probieren aus, üben, beobachten einander und besprechen ihre Erfahrungen miteinander oder mit den Erzieherinnen. „Learning by doing" ist erwiesenermaßen die effektivste Form des Lernens.

Noch ein letzter Blick auf das Erfahrungslernen: Eltern können während der Gruppentreffen bei ihrem eigenen Kind und bei anderen Kindern wahrnehmen, wie spielerisch Kinder lernen und wie vielfältig Spielsituationen gestaltet werden können. Sie werden neugierig, fragen nach und probieren aus. Der gemeinsame Spaß bei den Gruppentreffen trägt dazu bei, dass diese praktischen und fühlbaren Erfahrungen auch zu Hause umgesetzt werden. Die Kinder lernen dann nicht nur während der Gruppentreffen spielend neue Sachen kennen und werden in ihrer Entwicklung gefördert, sondern auch zu Hause.

5. Empowerment und Empathie

Empowerment und Empathie sind zwei Grundgedanken von Samenspel. Mütter werden als Expertinnen ihres eigenen Kindes gesehen, als Frauen mit Erfahrung in Erziehungsfragen und mit eigenen Kompetenzen. Diese Kompetenzen sollen bei Samenspel ausgebaut werden. Die Mütter bekommen die Gelegenheit, sich neue Formen des Umgangs mit ihren Kindern, neue Spiele und Aktivitäten anzugucken, sie auszuprobieren und mit anderen zu besprechen. Auf diese Art ändert sich ihr Erziehungsverhalten, die neuen Erfahrungen werden in ihr Handlungsrepertoire integriert.

Die Erzieherinnen bringen den Müttern und Kindern viel Empathie entgegen. Sie sind interessiert, offen, neugierig und versuchen ihr Programm auch an den Wünschen und Bedürfnissen der TeilnehmerInnen zu orientieren.

6. Gruppendynamik

Die Gruppendynamik ist hierbei ein hilfreiches Mittel. Mütter und Kinder können von anderen Müttern und Kindern lernen, sich mit ihnen austauschen, sich gegenseitig unterstützen und finden bei Samenspel oft neue Freunde und Freundinnen. Das Sozialsystem der teilnehmenden Familien wird ausgeweitet, und die teilnehmenden Mütter erfahren soziale Unterstützung.

7. Zwei erfahrene, qualifizierte Erzieherinnen

Dies alles ist nur möglich, da die Samenspelgruppen von zwei qualifizierten Erzieherinnen betreut und angeleitet werden. Eine der Erzieherinnen kommt fast immer aus der betreffenden Zielgruppe und spricht die Muttersprache der Teilnehmer. Die andere Erzieherin spricht Niederländisch. Die Zusammenarbeit und die gewählte Sprachstrategie (in einigen Gruppen wird alles in zwei Sprachen erzählt und erklärt) erfordern ein hohes Maß an Professionalität und gute Zusammenarbeit. Außerdem ist die Arbeit mit Müttern und Kindern gemeinsam etwas, das in der Erzieherinnenausbildung nicht gelehrt wird. Daher sind die Schulungen und Weiterbildungen, die Samenspel op Maat anbietet, sehr wichtig für die Erzieherinnen und die Qualität der Arbeit. Aber auch Betreuung der Erzieherinnen am Arbeitsplatz und eine kontinuierliche Begleitung der Arbeit ist unerlässlich.

8. Nachhaltige Beziehung aufbauen

Um innerhalb einer Samenspelgruppe nachhaltige Beziehungen innerhalb der Gruppe und mit den Erzieherinnen aufzubauen, bleiben die Samenspelgruppen minimal ein Jahr zusammen.

9. Raum und Einrichtung sind adäquat

Die Räume und die Materialien, die genutzt werden, müssen anderen Anforderungen entsprechen als die Gruppenräume einer Kindertagesstätte. Oft werden die Räume eines *peuterspeelzaal* mitgenutzt, aber dann werden Stühle für die Mütter bereitgestellt und das Spielmaterial wird anders angeordnet und teilweise beiseite gestellt.

10. Einbettung in Organisation und Stadtteil

Samenspel ist erfolgreich, wenn intensive Kontakte im Stadtteil bestehen, wenn Anregungen und Bedürfnisse von benachteiligten Familien aufgegriffen werden, und wenn auch nach der Zeit bei Samenspel ein Angebot für die Mütter besteht. Nachdem sie bei Samenspel waren, sind Mütter meist sehr interessiert an dem, was ihre Kinder in der *basisschool* lernen und möchten gerne den Bildungsweg ihres Kindes weiter verfolgen und unterstützen. Außerdem wollen sie oft auch ihren eigenen Horizont erweitern und sind sehr interessiert an Sprachkursen. Einige der teilnehmenden Mütter aus den Anfängen von Samenspel haben inzwischen selbst eine Erzieherinnenausbildung absolviert und arbeiten jetzt als Erzieherinnen.

Der Aspekt der Sprachentwicklung bei Samenspel : SamenTaal

Wir (= Samenspel op Maat) haben eine Vertiefung von Samenspel mit dem Schwerpunkt Sprache entwickelt.
Das haben wir *SamenTaal* genannt.
Auch im normalen Ablauf von Samenspel finden Aktivitäten zur Sprachförderung statt. Bei SamenTaal jedoch steht die Sprache im Mittelpunkt. Acht vorgegebene Themen werden jeweils vier Wochen lang in den Samenspelgruppen aus-

geführt. Im Praxisbuch *SamenTaal* finden die Samenspel-Erzieherinnen Hintergrundinformationen zur Sprachentwicklung und zur Zweisprachigkeit und strukturiert ausgearbeitetes Material für die jeweiligen Themen. Bevor Erzieherinnen mit dem Praxisbuch arbeiten, erhalten sie eine viertägige Schulung.

Bei SamenTaal gehen wir davon aus, dass bei kleinen Kindern Sprachentwicklung eng mit dem Erleben und Erkunden ihrer direkten Umwelt zusammenhängt.

Ein praktisches Beispiel:

Gehen Sie vor Ihrem inneren Auge den Weg von Ihrer Wohnungstür zum nächsten Supermarkt. Was sehen Sie unterwegs alles?
Stellen Sie sich jetzt vor, Sie gehen denselben Weg mit einem zweijährigen Kind. Notieren Sie sich ein paar Sachen, über die Sie mit dem Kind unterwegs reden könnten.

Wie lang war Ihre Liste?

Wir sind der Meinung, dass Eltern zum Beispiel unterwegs zum Supermarkt, aber auch beim Abwaschen, beim Kochen, beim Anziehen oder beim Baden unzählige Möglichkeiten haben, ihren Kindern Sprachangebote zu machen. Und gleichzeitig können sie ihre Kinder zu bedeutungsvoller sprachlicher Interaktion auffordern, indem sie ihrem Kind Fragen stellen und mit ihm über alles reden, was ihnen begegnet.

Aber Eltern tun das oft nicht von sich aus. Sie brauchen Beispiele und Vorbilder. Diese können sie bei Samenspel und SamenTaal bekommen.

Eltern leisten die wichtige Vorarbeit zu einer guten Sprachentwicklung in der Muttersprache und auch in der Zweitsprache. Sie machen ihren Kindern deutlich, dass alles einen Namen hat und dass Sprache die Möglichkeit eröffnet, mit anderen Menschen zu kommunizieren. Und sie können dem Kind helfen, Freude an der Sprache zu bekommen.

Ein großes Problem für Migrantenfamilien ist die Frage: Welche Sprache sollen wir mit unserem Kind sprechen?

Unser Ausgangspunkt ist: Eltern sollten mit ihrem Kind die Sprache sprechen, die sie am besten beherrschen und die sie 'im Herzen tragen'. In den meisten Fällen wird das die Muttersprache sein.

Diese Frage besprechen die Erzieherinnen natürlich auch mit den Eltern und geben Ihnen dabei Tipps und Ratschläge. Eltern machen sich Sorgen, dass Kinder die niederländische Sprache nicht gut lernen, wenn sie zu Hause in der Muttersprache mit ihnen reden. Die Erzieherinnen versuchen, zu erklären, warum das nicht stimmt.

Aber viel besser funktioniert es, Eltern erfahren zu lassen, wie spielerisch Kinder Sprache lernen. Und wie leicht es Kindern fällt eine zweite Sprache zu lernen, wenn sie eine gute Basis in einer Sprache, der Muttersprache, aufgebaut haben.

Das ist natürlich in Samenspelgruppen gut möglich, da eine muttersprachliche und eine niederländische Erzieherin zusammenarbeiten.

Ein Praxisbeispiel:
Lied: „Meine Hände sind verschwunden"
In einer Arbeitsgruppe mit deutschen Teilnehmer/innen wird das Lied zuerst auf Deutsch, dann auf Niederländisch gesungen. Erstaunlich ist, dass die niederländischen Worte sofort verstanden werden und beim Mitsingen auch gar nicht schwierig auszusprechen sind. Vielleicht sind sie ja auch bei dem einen oder anderen hängen geblieben. Wäre das Lied öfter wiederholt worden, wie es ja in den Samenspelgruppen getan wird, wäre das sicher der Fall.

SamenRekenen – eine weitere Vertiefung von Samenspel

Es geht darum, mit Eltern und Kindern spielerisch erste Schritte auf dem Gebiet der Mathematik zu gehen. Das hört sich schwer an, aber es geht darum, Unterschiede festzustellen, Formen zu erkennen, zu zählen und zu messen. Bei diesen Vorgängen spielt auch später in der Schule die Sprache eine große Rolle.

Ein Praxisbeispiel:
Kinder sollen sich der Größe nach aufstellen. Durch die Erklärungen:
   Das ist der/die Größte
   Der/die ist kleiner.
   Der/die ist der/die Kleinste
   usw.
So werden die Größenverhältnisse entdeckt und benannt. Eine ganz einfache, praktische Sache. Die Beherrschung dieser abstrakten Begriffe ist erwiesenermaßen sehr wichtig als Voraussetzung für den Mathematikunterricht an der Schule. Bei Migrantenkindern ist dieses mathematische Verständnis oft noch nicht vorhanden, wenn sie in die Schule kommen, und vor allem kennen sie die abstrakten Begriffe nicht, die verwendet werden. Eltern können auch auf diesem Gebiet einen wichtigen Beitrag leisten, indem sie mit ihren Kindern über Formen, Mengen und Zahlen reden. Dazu wollen wir sie bei SamenRekenen anregen.

Weitere Informationen finden Sie auf unserer Website www.samenspelopmaat.nl (z. Zt. nur auf Niederländisch).
Hier die Übersetzung eines Teils der Website:
Samenspel (übersetzt: zusammen spielen oder Zusammenspiel)
– eine niederländische Methode der Mutter-Kind-Gruppen-Arbeit –
Bei Samenspel werden Entwicklungsförderung für junge Kinder und Erziehungsunterstützung für ihre Eltern in einer Methode kombiniert. Samenspel richtet sich an Familien aus benachteiligten Lebensumfeldern. Diese

Familien finden oft nicht den Weg in reguläre vorschulische Einrichtungen. Samenspel will Benachteiligung bekämpfen - oder besser noch - verhindern und Kindern beim Start in der Grundschule bessere Chancen ermöglichen. Um dieses Ziel zu erreichen, ist es unerlässlich, die zentrale Rolle der Eltern in diesem Prozess zu unterstützen.

Ein wichtiger Baustein dieser Methode ist das Stimulieren einer vielfältigen und inhaltsreichen Interaktion zwischen Eltern und Kindern.

In der täglichen Arbeit von Samenspel wird davon ausgegangen, dass Eltern Kompetenzen und Sachkundigkeit besitzen. Viel Wert wird auf Lernen aus eigenen Erfahrungen und auf Erfahrungsaustausch mit anderen gelegt. Auf diese Weise wird das Selbstvertrauen der Eltern gestärkt und ihr Vertrauen in eigene Möglichkeiten geweckt. Dies kann man nur erreichen, indem direkt daran angeknüpft wird, wie Eltern und Kinder die Welt und ihre Umgebung erleben.

Samenspel findet in einer Kindertagesstätte, einem Stadtteilzentrum, einer Grundschule oder in einer anderen öffentlichen Einrichtung statt. Die Aktivitäten von Samenspel orientieren sich am Ablauf in einer Kita oder einer Grundschule.

Die Methodik

Eine Gruppe von zehn Eltern (meistens die Mütter) und ihren Kindern (1 $^1/_2$ bis 4 Jahre) trifft sich ein- oder zweimal pro Woche für jeweils ca. zweieinhalb Stunden.

Um diese Gruppe zusammenzuführen, wurde eine speziell entworfene „Werbungsphase" durchgeführt, die genau auf die Zielgruppe abgestimmt wurde.

Nach dem Start der Gruppentreffen, während die Werbung meistens noch in vollem Gange ist, erwartet die Gruppe ein Programmablauf, der dem von Spielstube oder Kindergarten sehr ähnlich ist. Freies Spielen, Vorlesen, gemeinsames Essen und Trinken wechseln sich ab mit „Stimulierungsaktivitäten" für verschiedene Entwicklungsgebiete.

Im Stuhlkreis oder am Tisch, in der Gruppe oder individuell werden Mütter immer dazu angeregt, sich zusammen mit ihren Kindern zu beschäftigen. Die gemeinsame Beschäftigung und die Erfahrung, zusammen Spaß zu haben und neue Dinge zu entdecken, bietet den Müttern die Gelegenheit, eigene Talente zu entdecken, zu erkennen und zu entwickeln. Bei Samenspel werden Mütter ernst genommen und als Partner einbezogen in die Entwicklung ihres Kindes und in die Erfahrungen anderer Mütter und Kinder.

Zwischendurch ergeben sich viele Möglichkeiten für die Mütter, sich auszutauschen über das, was sie sehen und tun, was sie beschäftigt und worüber sie Fragen haben, was sie motiviert oder auch ängstigt.

Samenspel-Erzieherinnen formulieren für jedes Treffen sowohl für die Kinder als auch für die Mütter deutliche Zielsetzungen. Es gibt auch langfristige Ziele für Mütter und Kinder. Durch einen klaren Ablauf der Treffen, eindeutige Verantwortlichkeiten, wiederkehrende Aktivitäten und erkennbares Vorbildverhalten lassen die Erzieherinnen eine deutliche Struktur entstehen und bieten Anknüpfungspunkte für zu Hause.

Die Erzieherinnen haben eine Vorbildfunktion für die Mütter, aber nicht nur hinsichtlich der Erziehung, sondern auch bei der Orientierung auf dem Gebiet von Bildung und Beruf.

ARMAND ZIMMER

Erst- und Zweitsprachenerwerb in der Ecole Maternelle in Frankreich

Einführung

„Vorschule" ist in Frankreich „Schule". Die **Ecole Maternelle** ruht auf einer festen und langen Tradition und gründet auf dem Ziel und der Bemühung – das Prinzip der Gleichheit („Egalité") – hier Chancengleichheit für alle Kinder in ihrer persönlichen Entwicklung – zu garantieren. Komplementär zur Erziehung in der Familie und in der Grundschule (Ecole Elémentaire) versteht sie sich als ein Ort der Erprobung und des Lernens, der dem Kind ermöglichen soll, „groß zu werden" (Programm für die Ecole Primaire, 1995)

Daraus lassen sich folgende Merkmale ableiten:

Wenn auch nicht obligatorisch wird dieses öffentliche schulische Angebot fast zu 100 Prozent von den Eltern in Anspruch genommen.

Beruhend auf den Erkenntnissen der psychologischen und geistigen Entwicklungsprozesse des Kindes wird eine „kindgerechte" Pädagogik eingeführt: Lernziele und Methoden sind dem Alter des Kindes angemessen und zielen darauf, soziales Lernen zu fördern und Grundkenntnisse und -fähigkeiten für schulisches Lernen zu entwickeln. Die Ecole Maternelle hat einen Anspruch auf Bildung des Kindes, bzw. des Schülers.

Alle Lehrerinnen und Lehrer der Grundschule werden zur Arbeit mit dieser Altersgruppe ausgebildet, in Theorie und Praxis. Das Fortbildungsangebot berücksichtigt in ausreichendem Maße diese Spezifität.

Unter den fünf wichtigen Arbeitsbereichen in der Ecole Maternelle(„le langage au cœur des apprentissages, vivre ensemble, agir et s'exprimer avec son corps, découvrir le monde, la sensibilité, l'imagination, la création") bildet „Sprachbildung" das „Herz des Lernens" („le langage au cœur des apprentissages"; Programm von 2002). Sprache wird also als Mittel zur Sozialisierung und als Sockel für das Erwerben weiterer schulischer und gesellschaftlicher Fähigkeiten gesehen. Im Bereich Sprache (hier als Muttersprache verstanden) wird das Kind über drei Jahre durch ein für den Lehrer verbindliches Programm geführt, das den mündlichen Ausdruck aufbauen (mit Sprache als natürlichem Ausdrucks- und Kommunikationsmittel, aber auch Sprache als Übungsobjekt) und späteres Beherrschen der Schrift anbahnen soll. Das Kind soll dabei allmählich sein Bewusstsein für die Bedeutung von Sprache entwickeln, es soll die Sprache besser beherrschen, mündliche Sprache mit der Schrift konfrontieren, um später lesen und schreiben zu lernen.

„L'Ecole est un lieu déterminant pour l'intégration sociale, culturelle et à terme professionnelle des enfants et des adolescents nouvellement arrivés en France. Leur réussite scolaire liée à la maîtrise de la langue française est un facteur essentiel de cette intégration; en assurer les meilleures conditions est un devoir de la République et de son école" (C. n° 2002–100 du 25-4-2002). Wie werden Kinder, deren Muttersprache nicht Französisch ist, – für die Französisch die Zweitsprache ist – insbesondere Kinder in der 'Ecole Maternelle' – in die Schularbeit integriert?

In einem Zeitalter der Öffnung zur Welt bilden das Lehren und das Lernen von Fremdsprachen eine vorrangige Aufgabe. Bisherige Erfahrungen und wissenschaftliche Erforschungen zeigen: je früher man mit einem angmessenen Sprachenlernen beginnt, desto höher ist der Erfolg bei einer authentischen Sprachkompetenz. Sprachunterricht ist heute im Lernzyklus III (die letzten drei Jahre der Grundschule) in der Generalisierungsphase. Die Education Nationale setzt sich als Ziel, in den kommenden Jahren den Beginn des Sprachenlernens für alle Kinder in die letzte Klasse der Ecole Maternelle (Grande Section) herunterzusetzen. Was wird in diesem Unterricht erzielt? Wie wird gearbeitet? In diese Problematik soll anhand von Erfahrungen aus dem Regionalprojekt „Voie Spécifique Mosellane" zum Erlernen von Deutsch als Regional- bzw. Nachbarsprache eingegangen werden.

1. Die *Ecole Maternelle* in Frankreich

Die Ecole Maternelle : Baustein einer schulischen Kontinuität

Das Schulsystem in Frankreich sieht eine schulische Kontinuität von der Ecole Maternelle bis zum Gymnasium vor.
– Die Einschulung der Kinder kann ab dem 2. Lebensjahr geschehen; die Ecole Maternelle ist nicht obligatorisch, aber dieses kostenfreie öffentliche Angebot wird von über 90% der Eltern wahrgenommen.
– Die Ecole Maternelle ist in drei Stufen (oder Klassen) gegliedert: Petite Section (manchmal auch „Touts Petits"), Moyenne Section, Grande Section.
– Sie ist eine spezifische Schulform, die in der Grundschule den „Cycle des Apprentissages Premiers" bildet.
– Für einen reibungslosen Übergang zur Ecole Elémentaire (Grundschule) soll die Grande Section als letzte Stufe des Lernzyklus I und gleichzeitig erste Stufe des Lernzyklus II dienen.

Als öffentliche schulische Institution ist die Ecole Maternelle mit den dazu gehörigen Merkmalen ausgestattet.
– Die Aufgabe der Ecole Maternelle besteht darin, jedem Kind dabei zu helfen, groß zu werden, zur Autonomie zu gelangen und die Einstellungen und Fertig-

keiten zu erwerben, die ermöglichen, die Grundkenntnisse aufzubauen (vgl. Ministére de L'Education Normale, 2002).
– Über die von dem Ministère de l'Education Nationale gegebenen Richtlinien werden klar definierte Zielsetzungen und Vorgaben festgelegt. Die Zielsetzungen und Programme sind für alle Schulen und Lehrkräfte verbindlich.

Die organisationelle Struktur
– Eine besondere Architektur (besonders in den neueren Schulen sichtbar) und eine Ausstattung der Räume, die den Kindern angepasst sind, kennzeichnen diese Schulform und schaffen ihre Eigenart.
– Eine räumliche und zeitliche Gestaltung der Arbeit, die sich nach den Bedürfnissen und Möglichkeiten von Kindern in dem Alter richtet, schafft Bedingungen zur kindzentrierten Arbeit.

Ein spezifisches Personal
– In der Ecole Maternelle wie in der Ecole Elémantaire arbeiten Grundschullehrerinnen und -lehrer, Beamte des nationalen Bildungssystems. Die Ausbildung ist für alle Grundschullehrer die gleiche; jeder Lehrer wird also auch speziell für die Arbeit in der Ecole maternelle ausgebildet.

Die Ausbildung der „Professeurs des Ecoles" umfasst Baccalauréat (Abitur) + 10 Semester (oder anders : Bac + 6 Semester Universitätsstudium + 4 Semester Ausbildung an einem Institut Universitaire de Formation des Maîtres, einem Lehrerseminar an der Universität). Lehrerfortbildung bezogen auf die Ecole Maternelle wird regelmäßig in Rahmen des Lehrerfortbildungsprogramms angeboten. Verschiedene Gremien mit Aufgaben im Bereich Innovation und Forschung begleiten diese Schulform.

– In der Klasse arbeitet dann auch noch mit dem Lehrer eine ausgebildete Kinderpflegerin, die von der Gemeinde bezahlt wird.

Die Ecole Maternelle und ihr Bildungsanspruch
Aus einem von dem Ministère de l'Education Nationale herausgegebenen Heft „Qu'apprend-on à l'école maternelle?" (Was lernt man in der Vorschule?) (vgl. Ministère de l'Education Nationale, 2002) zur Information der Eltern und der Lehrer kann man kurz folgende Zitate entnehmen:

– *Die Ecole Maternelle ermöglicht jedem Kind, einerseits seine Persönlichkeit zu gestalten und seine Autonomie zu erlangen in einer Gemeinschaft, die nicht mehr seine Familie ist, andererseits hilft sie ihm, groß zu werden und bietet ihm die Möglichkeit, die notwendigen Basiskompetenzen zu erwerben, um die Grundfertigkeiten („Kulturtechniken") aufzubauen.*
– *Zu Beginn dieses XXI. Jahrhunderts soll die Ecole Maternelle dem großen Vorsatz der republikanischen Schule treu bleiben: allen Kindern gleiche Chancen und eine gelungene Integration in die französische Gesellschaft bieten.*

Hier sind die Grundziele der Ecole Maternelle festgelegt :
- soziales Lernen und Bildung der Persönlichkeit;
- Chancengleichheit herstellen und sichern, indem man die Fähigkeiten aller Kinder fördert und gleichzeitig das persönliche Vermögen eines jeden Kindes berücksichtigt sowie späteres schulisches Lernen anbahnt und erleichtert.

Ferner heißt es :
„Sehr früh soll die Schule die Vielfalt der Fähigkeiten eines jeden Kindes berücksichtigen und entwickeln, die es ihm ermöglichen, die gemeinsamen, durch die Programme festgesetzten Ziele zu erreichen. Nebst Überlegung und intellektueller Reflexion, deren Wichtigkeit nicht gemindert werden sollten, müssen Beobachtungssinn, Lust zum Experimentieren, Sensibilität und Kreativität entwickelt werden. Musische Erziehung, Sport, wissenschaftliche und technische Erziehung bilden deswegen unersetzliche Aspekte der schulischen Bildung.

Auch sollte man betonen, dass das Kind bei diesem Lernprozess aktiv sein soll: „Indem das Kind handelt und experimentiert, beobachtet es, beschreibt es und versucht es, mit eigenen Worten zu erklären, zeichnet es. Kurz, mit Hilfe des Lehrers baut es seine ersten Kenntnisse auf."

Dabei ist der Lehrer nicht einfach der Beobachter der Entwicklung des Kindes; er „identifiziert genau die Bedürfnisse eines jeden Kindes, er schafft die Bedingungen von unvorgesehenen Entdeckungen, er lässt spontanes Experimentieren entstehen".

Die Arbeitsfelder der Ecole Maternelle:
- Sprache als Kern des Lernens – Erster Kontakt mit einer Fremdsprache bzw. Regionalsprache (in der Grande Section);
- Zusammen leben;
- Mit dem Körper handeln, sich mit ihm ausdrücken;
- Die Welt entdecken;
- Sensibilität, Phantasie, Kreativität.

2. „Le langage au cœur des apprentissages", oder „in der (Mutter)-Sprache groß werden"

Die Ecole Maternelle führt das Kind von dem Punkt, wo es anfängt zu sprechen (beschränkter Wortschatz und Bescheidenheit der Auswahl von Sprachstrukturen), bis zu einem Punkt, wo es die Sprache dermaßen beherrscht, dass es bereits Lesen und Schreiben lernen kann (es bildet komplexe Formulierungen, kann sie zusammenfügen, um zu erzählen, kann beschreiben, erklären). Zusätzlich zur raschen psychologischen Entwicklung, die diese frühen Jahre charakterisiert, besteht die Aufgabe des Lehrers darin, jederzeit „Sprache" und „sprachliche Bildung" im Auge zu behalten.

2.1 Fertigkeiten, die in der Ecole Maternelle im mündlichen Bereich erworben werden sollen

Compétences de communication : Jedes Kind soll an der (verbalen) Kommunikation in der Klasse teilhaben.

Kommunikation, die in der Familie leicht geworden war, wird in der Schule auf einmal wieder schwieriger.

Die erste Aufgabe der Schule besteht darin, die Kommunikation zwischen Lehrer und Kind sowie zwischen Kindern herzustellen und zu sichern. Es geht hier um verbale und nonverbale Kommunikation.

Der Lehrer soll dafür,
– eine strenge Organisation von Zeit und Raum schaffen und einhalten,
– jede Aktivität materiell organisieren,
– jederzeit aufmerksam sein für das, was in der Klasse geschieht,
– bemüht sein, das Alltägliche sprachlich zu verarbeiten in kontextgebundener Form.

Compétences concernant le langage d'accompagnement: handlungsbezogene, situationsgebundene Sprache einüben

Für zwei- bis dreijährige Kinder geht es vorwiegend darum, zu verstehen und verstanden zu werden.

– Es müssen so viel (authentische) Sprechsituationen wie möglich angeboten werden. Raumorganisation und Aktivitätsgestaltung sorgen dafür, dass das Kind regelmäßig und oft im Laufe des Tages „angesprochen" wird, von dem Lehrer, von den anderen Erwachsenen, von älteren Kindern (heterogene Gruppen oder „*décloisonnement*"/Arbeit in altersgemischten Gruppen).
– Sprachaktivitäten werden mit Handlung und Austausch über das Handeln verknüpft. Sprache soll über die Situation und die Handlung hinaus Bedeutung für das Kind gewinnen; das Kind selbst ist dabei Handelnder. Erwachsene sollen ständig die erlebte Situation verbalisieren, Kommunikation mit dem Kind „provozieren", auf das, was das Kind ausdrücken möchte, eingehen, Formulierungen/Varianten anbieten, wiederholen lassen. Die Reflexion des Verstandenen erfolgt gleichermaßen.

Compétences concernant le langage d'évocation: Sprache benutzen, um vergangene, künftige, imaginäre Ereignisse zu formulieren.

Gleich fängt das Kind an, Situationen erwähnen zu wollen, die es nicht bereits erlebt. Dazu braucht es einen präziseren und umfangreicheren Wortschatz, neue Satzstrukturen, von ihm unbekannte Redewendungen, auch wird eine größere Fähigkeit, Aussagen zu strukturieren, erwartet. Es ist eine neue, komplexere Sprache.

Hier wird die Rolle des Erwachsenen wichtiger, da Handlung nicht mehr unbedingt das tragende Element des Ausdrucks ist. „Reformulieren", um verstanden zu werden, Sprechmittel anbieten, die fehlen, adäquate Sprechmittel anbieten, verbessern, gehören zu den Hilfen, die der Erwachsene bieten kann.

Dieser Bereich umfasst dann folgende Aspekte:

- Geschehene Ereignisse in der Klasse besprechen. Dabei werden die Komplexität der Ereignisse, die Zeitabstände variiert, die Verbalisierung individuell oder kollektiv gestaltet. Hier besteht natürlich eine interessante Austauschmöglichkeit mit der Familie (*„Livre de vie"*/„Lebensbuch").
- Sich in der Zeit zurechtfinden. Über Anreicherung des Wortschatze*s (maintenant, aujourd'hui, cette semaine, tout à l'heure, la semaine prochaine ...)* oder Aneignung der Zeitformen *(présent, imparfait, passé simple, passé composé, futur)* lernt das Kind Gegenwart, Vergangenheit, Zukunft charakterisieren. Diese Formen gehören wohl noch zu denjenigen, die das Kind spontan im Umgang mit Erwachsenen erwirbt, wenn die Bedingungen dazu gegeben sind.
- Bei Formen, wo die Sprache dazu dient, sich etwas vorzustellen, bedarf es dann öfters einer systematischeren Gestaltung von Lernphasen durch den Lehrer: Hier lehnt man sich an der Kalenderzeit, ob die jetzt genau ist (*le 1er janvier 2000*) oder ungenau *(autrefois)* oder noch imaginär *(il était une fois)*.

Es entstehen Schwierigkeiten anderer Art, wenn es darum geht, Ereignisse im Verhältnis zu anderen auf der Zeitleiste zu situieren (Wörter: *avant, le jour suivant*) oder Zeitformen (*jouait, avait joué* oder „einmalig" und „mehrmalig"

- Über Erzählungen, Geschichten wird ein anderer Bereich angesprochen. Hier steigt man tiefer in das Vorstellungsvermögen von Sprache ein. Abzählreime, Lieder, Gedichte, Fingerspiele sind hier auch interessante Aktivitäten.

Programmpunkte aus anderen Lernbereichen tragen ergänzend dazu bei. Hier z. B. aus den „*Compétences dans le domaine de la structuration du temps*" (vgl. Ministère de l'Education Nationale, 2002).

2.2 Fertigkeiten, die in der Ecole Maternelle im schriftlichen Bereich erworben werden sollten: sich mit der Schriftsprache vertraut machen; mit der Schriftkultur in Kontakt kommen

Kinder sind in ihrer täglichen Umgebung unvermeidlich in Kontakt mit der schriftlichen Form der Sprache: sie beobachten, wollen verstehen, wie das funktioniert, vielleicht schon Beziehungen schaffen zwischen mündlicher und schriftlicher Sprache.

Die Ecole Maternelle, besonders im Übergangsjahr, soll ihnen helfen, sich mit dieser schriftlichen Form der Sprache und einigen alphabetischen Regeln dieser Sprache vertraut zu machen.

Hier soll das Fundament zu den sogenannten „*Apprentissages Fondamentaux*" gelegt werden.

Fonctions de l'écrit: die sozialen Funktionen der schriftlichen Sprache entdecken

Der Lehrer versucht dabei, darauf zu sensibilisieren, wozu er die Schritft gebraucht oder verwendet, er liest vor, schreibt, was die Schüler diktieren, zeigt die Bücherecke. Schüler entwickeln dabei Fertigkeiten wie sortieren, ordnen, vergleichen, unterscheiden, beschreiben, mündlich formulieren.

Familiarisation avec la langue de l'écrit et la littérature: sich mit Schriftsprache vertraut machen

Dabei soll das Kind allmählich darauf vorbereitet werden, hinter der schriftlichen Form der Sprache eine Sprache zu erkennen, die es mündlich schon gut beherrscht. Bei dem „*dem Lehrer diktieren*" erkennt das Kind allmählich, dass der Lehrer die Sprache schriftlich „behandelt", es lernt „langsam" zu sprechen, anders zu formulieren; es soll erkennen, dass das, was es gesagt hat, schriftlich fixiert worden ist. Bücher in der Klasse, Lesen, Vorlesen, Reformulieren spielen hier eine wesentliche Rolle.

Hier ein kurzer Einblick in die Ziele für die letzte Stufe der Ecole Maternelle.

Bei dem Kind soll auch eine „literarische" Kultur entwickelt werden, über klassische Werke der Kinderliteratur und Märchen, aber auch über Figuren aus der Erlebniswelt der Kinder.

Découverte des réalités sonores du langage: phonologische und rhythmische Aspekte der Sprache entdecken

Phonologische Bestandteile der Sprache sind für das Kind (dem Lerner allgemein) nicht direkt erkennbar. Das macht das Lesenlernen so schwierig. Bei den Aussagen, die das Kind vernimmt, will es vor allem verstehen und nicht die phonologischen Bestandteile unterscheiden und erkennen.

Bei dieser Arbeit soll es eingeführt werden, in eine andere Weise Sprache zu hören. Unterstützend dabei sind Gedichte, Abzählreime, Lieder, Zungenbrecher; die Gelegenheit geben, die Aufmerksamkeit des Kindes auf phonologische Eigenschaften der Sprache zu lenken.

Activités graphiques et écriture: graphische Aktivitäten und schreiben

Kinder entdecken früh die Ausdrucks- und Kommunikationskraft von Bewegung (am eigenen Körper), aber auch von niedergeschriebenen Zeichen. Allmählich sollen sie diese letzte Dimension vertiefen, über zeichnen, malen, über graphische Aktivitäten, dann über schreiben.

– Über das Zeichnen gestaltet das Kind Linien und Formen, um „eigene" Vorstellungen zu schaffen oder Gefühle auszudrücken.

- Mit dem Graphismus entdeckt es die Techniken, die zum Ausdruck führen und macht sich damit vertraut (Handführung ...). Die Verbalisierung über das Tun dient jederzeit dazu, Bewusstheit zu erwecken.
- Das Schreiben verbindet schon ganz früh die Kombinierung von graphischer Repräsentation (Zeichen) und Sprache.

Dies sind für den Lehrer drei Arbeitsrichtungen, die streng und bewusst eingehalten werden sollen: hier wird ein Entwicklungsprozess angebahnt, der mit der Ecole Maternelle noch lange nicht zu Ende ist.

Bei Schreibaktivitäten soll das Kind auch die Merkmale eines Buchstabens analysieren und beschreiben können, den Unterschied erfassen zwischen seinem Namen und der geschriebenen Form dieses Namens, den Unterschied erfassen zwischen dem Objekt und seiner Darstellung über eine Zeichnung.

Die Rolle des Lehrers besteht hier darin, das Kind bei seinen ersten Erfahrungen zu begleiten.

Découvrir le principe alphabétique: das alphabetische System entdecken.

Auch wenn das Lesenlernen nicht in der Ecole Maternelle stattfindet, ist es wichtig, in der letzten Stufe das Schriftsystem zu entdecken.

Entdecken sollen die Kinder dabei:
- dass das geschriebene Wort im Verhältnis zum mündlichen Wort steht (und nicht zu seiner Bedeutung),
- dass schriftliche Sprache eine Anreihung von getrennten Wörtern ist, mündliche Sprache sich in einem anderen Rhythmus entwickelt,
- phonologische und graphische Einheiten in Verbindung zu setzen.

3. Aufnahme von Kindern, deren Muttersprache nicht Französisch ist

Vorwiegend wird hier die Dimension der Sprachförderung berücksichtigt – Französisch als Grundkompetenz zur Integration in das soziale und schulische Leben, aber auch als Grundkompetenz zum „Lernen" allgemein.

Diese Bezeichnung bezieht sich im Hinblick auf Sprachförderung auf eine ganze Menge von möglichen unterschiedlichen Situationen:
- Kinder, die nur in der Schule in Kontakt mit Französisch kommen,
- Kinder, die Französisch nur mit anderen Kindern sprechen,
- Kinder, die schon Französisch mehr oder weniger als Zweitsprache sprechen,
- Kinder, die eine „mediale" Sprache sprechen, eine Mischung von Mutter- und Zweitsprache usw.

In der Grenzregion (Grenzdépartement Moselle), aus der ich komme, kann man deutsche Kinder vorfinden, die die französische Schule besuchen und deren Eltern in Lothringen oder weiterhin in Deutschland wohnen.

In der Ecole Maternelle

Sprache in einem plurilingualen Kontext zu erfahren ist eher ein Vorteil, jedoch
– ist es hilfreich, wenn die Gesprächspartner von dem Kind klar als Träger der einen Sprache identifiziert werden können,
– sollten die Sprachen mit gleichwertigen Kommunikationswerten bestattet sein,
– sollte die Funktion der Muttersprache im außerschulischen Bereich positiv eingeschätzt werden.

Die Schule, der Schulhof sowie das außerschulische Umfeld bieten ein besonders günstiges Terrain für ein „natürliches" Lernen durch „Immersion" von Französisch als Zweitsprache.

Kinder weisen große Offenheit und Empfangsbereitschaft für Neues auf. Kleine Kinder besitzen ein hohes Vermögen, Sprache über einfache Exposition, „natürliches" Lernen zu erwerben, soweit diese Sprache als sinnvolles Kommunikationsmedium erscheint.

Die Ecole Maternelle sieht keine besonderen Maßnahmen für die Aufnahme dieser Kinder vor. Sie werden in die Klassenstufe, die ihrem Alter entspricht, eingestuft und nehmen an den Regelaktivitäten teil.

„Französisch Verstehen und Sprechen" entwickelt sich allmählich mit der Zeit in enger Verbindung mit „Handeln in der Klasse" und Einbetten der Sprache in Alltagssituationen. Die Lehrkraft schenkt diesen Kindern besondere Aufmerksamkeit beim Sprachaufbau, ohne jedoch einen abgesonderten Lehrplan einzubauen. Die Anwendung der Muttersprache durch das Kind wird positiv aufgenommen, das Kind wird auf Korrespondenzen sensibilisiert, die Anwesenheit des Kindes in der Klasse wird genutzt, um kulturelles und interkulturelles Lernen anzubahnen.

In der Ecole Elémentaire

Die vorigen Betrachtungen für die Ecole Maternelle könnten wieder aufgenommen werden – insbesondere für die niedrigsten Stufen der Grundschule.

Jedoch sollen dem Schüler so schnell wie möglich die sprachlichen Grundkompetenzen für das Lernen in allen Fächern gegeben werden. Grundbedürfnis ist die Beherrschung von Sprache im Mündlichen und Schriftlichen.

In der Ecole Elémentaire werden besondere Maßnahmen (besondere Strukturen) zu Hilfe gezogen, um Chancengleichheit zu gewährleisten. Die Einstufung neuangekommener Kinder erfolgt in der Klassenstufe (bzw. dem Lernzyklus), die dem Alter der Kinder entspricht.

„Classes d'initiation" (CLIN) und *„Cours de rattrapage intégrés"* (CRI) sind die beiden Organisationsformen, die für die Ecole Elémentaire vorgesehen sind. Hier wird spezifische Unterstützung zum Erlernen der Zweitsprache Französisch gegeben. In der Regel sind das flexible Arbeitsgruppen, bei denen ein Lehrer die Kinder für eine mehr oder weniger lange Zeitdauer aus der Regelklasse holt, um hauptsächlich Sprachförderung zu machen. Kinder sollen dabei so wenig wie nur nötig aus der Regelklasse genommen werden, und so schnell wie möglich in die Regelstruktur zurückkehren.

4. „(Fremd)sprachenlernen" in der Ecole Maternelle

Dass Kinder schon in der Ecole Maternelle mit einer Fremdsprache in Kontakt kommen wollen, wird in den Richtlinien in Verbindung mit dem Lernbereich *„le langage au cœur des apprentissages"* erwähnt. „Sprache" lernen heißt heute auch immer mehrere Sprachen lernen. Manche Zielsetzungen, die dem Muttersprachenlernen zu Grunde liegen, können dem Erlernen einer „Fremdsprache" zugeschrieben werden. Man könnte sich wohl auch am Rande die Frage stellen, was einem Kind in dem Alter der Ecole Maternelle bei einer anderen Sprache als „fremd" erscheint.

Andere Sprachen lernen – so früh wie möglich

Man kann es leicht beobachten: Kinder können mit großer Leichtigkeit zwei bzw. mehrere Sprachen gleichzeitig lernen, auch mit ähnlicher Kompetenz in jeder Sprache, wenn bestimmte Bedingungen beim Erlernen und Gebrauch dieser Sprachen gegeben werden. Bilinguale Erziehung ist keine Seltenheit, in bestimmten geographischen Räumen oder sozialen Umfeldern ist sie die Regel.

Die Erfolgschancen einer bilingualen Erziehung stehen in unmittelbarem Verhältnis zu der Bemühung, mit diesem Erlernen in der frühesten Kindheit anzusetzen (vgl. Claude Hagège, 1996).

Beim Sprachenlernen in der Schule muss es nicht unbedingt um bilinguale Erziehung gehen. Aber diese Behauptung von Claude Hagège in „L'enfant aux deux langues" trifft wohl auch für ein normales Fremdsprachenlernen zu.

Wissenschaftliche Erforschungen betonen die Vorteile eines solchen Erlernens in früher Kindheit : „... plus l'initiation à une deuxième langue est précoce, plus la maîtrise des mécanismes neuromusculaires est sûre", dies aus neurowissenschaftlicher Sicht (Penfield & Roberts, 1959) *(Je früher man mit dem Erlernen einer Zweitsprache ansetzt, desto sicherer gestaltet sich die Beherrschung der neuronalen Verbindungen).*

Welche Vorteile erhofft man sich bei einem Fremdsprachenlernen im Alter der Ecole Maternelle?

Generell:
- ein müheloses Lernen der Sprache auf natürliche Weise, ein Erfassen der Sprache in enger Verbindung mit Handeln, ein für das Kind sinntragendes Lernen einer Kommunikationssprache als Werkzeug zum Handeln, Sprache als ein wirklichkeitstragendes Medium erleben (Sprachenlernen hat einen kulturellen Hintergrund; Sprachenlernen ist kulturelles Lernen);
- die Entwicklung der Konzentrationsfähigkeit des Kindes, seines Aufmerksamkeitsvermögen,
- das Anbahnen eines kontrastiven Lernens von Muttersprache und anderen Sprachen, über die Konfrontation mit unterschiedlich funktionierenden Sprachcodes,
- das Anbahnen einer Sprachlernkompetenz für das spätere Erlernen anderer Sprachen.

Genauer:
- die Schulung der Hörfertigkeit in einem Alter, in dem das menschliche Hörorgan natürlich für den Empfang neuer Laute offen ist / konsequenterweise die Schulung einer authentischen Aussprache;
- ein natürliches und unbeschwertes Lernen von einfachen kindesgerechten Redemitteln in authentischen Sprechsituationen aus dem Alltag des Kindes (*„Accueil"*, Anweisungen, *Motrizitätsübungen* ...); ein „spontanes" Umgehen mit diesen Redemitteln,
- Lust am Sprachenlernen schaffen über das Spielen mit Vokabeln, Sätzen, Reimen, Liedern; Motivation für Sprachen (Neues) wecken;
- das Blickfeld des Kindes öffnen auf andere Leute, andere Weisen zu formulieren, andere Weisen zu erleben und leben.

Bedingungen des Erfolges
- Die Ecole Maternelle ist durch ihre Arbeitsordnung- und -weise ein ausgesprochen bevorzugter Ort, um dieses unbeschwerte Lernen zu realisieren und ein effizientes Sprachenlernen anzubahnen. Durch die enge Verbindung von Sprache und Handeln kann wie nirgendwo anders (im schulischen Rahmen) Muttersprache und anderer Sprache ein angemessener Status (Sprache als Kommunikationsmedium und Werkzeug zum Erfassen der Welt und nicht nur als Lernobjekt) verliehen werden (worauf sich das Kind auch gern sensibilisieren lässt). In einem Alter, wo so vieles neu ist, hat das Wort „fremd" keine große Bedeutung. Also lieber „andere Sprache" oder „Zweitsprache".
- Sprachenlernen setzt Kontinuität voraus (Kontinuität garantiert Freude am Lernen, Motivation; sie trägt dazu bei, Eltern von der Notwendigkeit dieser Arbeit zu überzeugen);

– Ein solches Sprachenlehren erfordert auch eine echte Sprachkompetenz beim Lehrer (Authentizität der Sprache, Identifizierungsvermögen / „in der Sprache sein").

5. Fremdsprachen lernen in der Ecole Maternelle in Frankreich: der nationale Rahmen

Seit 1989 gibt es in Frankreich Bemühungen, einen Fremdsprachenunterricht flächendeckend in die Grundschule einzuführen.

Zum heutigen Tag erhalten alle Kinder des CM2 (letzte Klasse der Grundschule), alle Kinder des CM1 (4. Klasse der Grundschule) einen Sprachunterricht mit 2 St/Woche (1,5 Std. als Sprachunterricht + 0,5 Std. als integriertes Sprachenlernen). Im jetzigen Schuljahr soll womöglich in der 3. Stufe Sprachunterricht angeboten werden.

Das Ziel besteht darin, dass alle Kinder der letzten Klasse der Ecole Maternelle (Grande Section) ab 2005 einen Fremdsprachenunterricht erhalten mit gesicherter Kontinuität über die ganze Schulzeit.

Die größte Schwierigkeit besteht darin, die notwendige Lehrerkompetenz zu finden bzw. zu schaffen. Dieser Fremdsprachenunterricht wird in der Grundschule überwiegend durch Grundschullehrer erteilt, die „habilitiert" sein müssen (geprüfte sprachliche und pädagogische Kompetenz). Auch Lehrer aus dem Sekundarbereich und außerschulische Kräfte werden eingesetzt.

Zur Zeit bleibt der Fremdsprachenunterricht in der Ecole Maternelle also noch eine Ausnahme und mit spezifischen Schulprojekten verbunden.

Die Programme, die der Herstellung der notwendigen Lehrmaterialien zugrunde liegen, liegen dennoch vor. Es empfiehlt sich, in diese Programme hineinzuschauen, die eigentlich für das Lernzyklus II erarbeitet wurden. Die großen Ziele lassen sich folgenderweise artikulieren:

Education de l'oreille aux réalité phonologiques et accentuelles: Hör- und Ausspracheschulung

Das Kind wird befähigt, die spezifischen Klänge der anderen Sprache zu hören, zu erkennen, zu unterscheiden, zu wiederholen, unbekannte Rhythmen, Phoneme, Intonationen zu erkennen und wiederzugeben (ich/isch ; lange/kurze Laute ...).

Dazu sollen folgende Aktivitäten führen:
– das Lernen von „Texten", Liedern, Abzählreimen,
– das Nachahmen von unterschiedlichen Rhythmen, indem man Sätze, Sprüche, Zungenbrecher, Reime (mit Begleitung eines Schlaginstrumentes) hört oder wiederholt;

– das Erkennen von Satzmelodien (Aussage, Frage, Ausruf ...),
– Spiele mit den Klängen der Sprache.

Développement des compétences orales: Entwicklung des Hörverstehens

Dazu dienen:

– Erzählungen, die auf Kassetten aufgenommen worden sind oder vorgelesen werden: das Verständnis wird durch wiederholte Strukturen, Bilder oder Gestik erleichtert.
– Das Wiedererkennen in einer Erzählung von Namen, Wörtern oder Strukturen, die schon bekannt sind.
– Das Suchen nach der Bedeutung eines Wortes anhand von in dem Text enthaltenen Indizien.

Acquisition d'énoncés utiles à l'expression en classe: Erlernen von Redemitteln, die sich für den Alltag der Klasse eignen

Alltag in der Klasse, Aktivitäten in der Klasse, Feste sind Gelegenheiten, Redemittel zu den wichtigen Sprechakten zu lernen. So wird das Kind befähigt:

– über sich selbst Auskunft zu geben: Name, Alter angeben; sagen, was es empfindet: Freude, Hunger, Durst, Müdigkeit, Schmerz ...
– über seine Umwelt zu sprechen: eine Person, ein Ding bezeichnen, beschreiben, von dem Wetter sprechen ...
– zu grüßen, sich zu verabschieden, sich zu bedanken, sich zu entschuldigen, zum Geburtstag zu gratulieren ...
– sich am Leben der Klasse zu beteiligen: sagen, dass man weiß oder nicht weiß, dass man nicht verstanden hat; zum Wiederholen auffordern, bejahen, verneinen ...

Ergänzt wird dies durch das Lernen von kurzen Texten oder Textteilen, von Abzählreimen, die Anwendung der Sprache bei den Ritualen in der Klasse (wer fehlt, welcher Tag ist heute, wie ist das Wetter), durch Inszenierung in Rollenspielen. Diese Aktivitäten werden spielerisch gestaltet und sollen spontane Sprechgelegenheiten hervorrufen.

Initiation aux réalités et à la culture du pays où la langue est en usage: kulturelles Lernen

Maßgebend ist dabei das Lebensumfeld gleichaltriger Kinder im Land, in dem die Sprache gesprochen wird. Die Kinder werden mit Lebensgewohnheiten gleichaltriger Kinder vertraut gemacht: essen, wohnen, feiern, in die Schule gehen. Bücher, audio-visuelle Medien, aber auch Austausche und Briefwechsel geben authentische Materialien dazu und können Gelegenheit geben, erlernte Sprache handlungsbezogen einzuüben.

4. Ein Regionalprogramm (für das Grenzdépartement Moselle): la Voie Spécifique Mosellane oder Deutsch als Regionalsprache.

- Die nördliche Hälfte des Département Moselle ist ein Gebiet, in dem traditionell eine deutsche Mundart (Mosel- und Rheinfränkisch) gesprochen wird.
- Die Definition „*langues des pays mosellans dont la langue de référence est l'allemand*" in einem Rundschreiben von 1991 ermöglichte es, über die Verfügungen zu den „*Langues et Cultures Régionales*" ein spezifisches Programm zum Erlernen der deutschen Sprache als Regionalsprache einzuführen. (Im Elsass werden auch fränkische und allemmanische Mundarten gesprochen (Elsässisch) und ein Regionalprogramm zum Erlernen von Deutsch als Regionalsprache durchgeführt).

Grundschulen in diesem Gebiet (nördliche Hälfte des Département) wie auch Schulen im Sekundarbereich können seit 1990 auf der Basis der Freiwilligkeit einen Deutschunterricht in diesem spezifischen Rahmen einführen. Grundbedingungen sind:

– Beschluss der Schulkonferenz.
– Sicherung der Kontinuität über alle Stufen der Grundschule und gesicherte Weiterführung in der Sekundarstufe,
– Sicherung des Programms durch Stabilität und Kompetenz der Lehrkräfte.

Lehrerausbildung und Lehrerfortbildung berücksichtigen diese Spezifität; zu diesem Unterricht wurden Lehrmaterialien entwickelt. In den „*Ecoles biculturelles*" werden deutsche Lehrkräfte eingesetzt.

Der organisatorische Rahmen sieht wie folgt aus

Klassenstufe	Leistungsstufe VSM1 („Normal") Std./Woche	Leistungsstufe „Ecole biculturelle" Std./Woche
GS (grande section)	3	3 + 6 *
CP	3	3 + 2 *
CE1	3	3 + 3 *
CE2	3	4 + 4 *
CM1	3	4 + 4 *
CM1	3	4 + 4 *

GS: „*activités en allemand et utilisation de l'allemand comme langue de communication*"; andere Stufen: Unterricht in deutscher Sprache (Kunst, Musik, Mathematik)

Didaktisch-methodische Betrachtungen:

- Inhalte richten sich nach den allgemeinen Zielsetzungen für einen Fremdsprachenunterricht, jedoch mit dem Motto: mehr und besser. Spielerisch wird zuerst im mündlichen Bereich, dann sobald wie möglich im schriftlichen Bereich eine Kommunikationssprache im Bezug zu Sprechsituationen eingeführt. Wenn der Lernzyklus II einen natürlichen Einstieg in die Sprache bevorzugt und noch ausschließlich im mündlichen Bereich bleibt, so wird dann im Lernzyklus III der Spracherwerb etwas systematisiert. Hör- und Sprechkompetenzen im Dialekt, wo sie vorhanden sind, werden als Einstieg in die Hochsprache benutzt.
- Sprache soll nicht nur Lernobjekt sein, sondern auch als Werkzeug zum Erfassen der Wirklichkeit dienen. Bestimmte Lernziele in anderen Fächern wie Musik, Kunst, Sport, „Découverte du monde", Mathematik usw. sollen dazu führen, dass Sprache zum Mittel zum Lernen erlebt wird; dadurch soll dann auch die Sprache zu einem anderen Status gelangen.
- Kulturelles und interkulturelles Lernen ist ein wesentlicher Bestandteil dieser Spracharbeit: Vorteile der Grenznähe über intensive Korrespondenz mit einer Partnerklasse und Schülerbegegnungen werden hier zu Nutze gezogen.

Literatur

Amigues, René; Zerbatou-Poudou, Thérèse: Comment l'enfant devient élève: les apprentissages à l'école maternelle. Collection Pédagogie-Retz. WWW.editions-retz.com.

CEFISEM de Nancy-Metz: Accompagner un élève non francophone – Outils à l'usage de l'enseignant (Auteurs: P. Dugand, D. Giuliani), Metz 2002.

Education Nationale (Ministère de..): Organisation de la scolarité des élèves nouvellement arrivés en France sans maîtrise suffisante de la langue ou des apprentissages. Circulaire n°2002 du 25-4-2002.

Education Nationale (Ministère de..): Horaires et Programmes de l'école primaire. B.O. Hors Série n° 1 du 14 février 2002.

Education Nationale (Ministère de..): Rectorat de l'Académie de Nancy-Metz. Circulaire Langue et Culture Régionales : „La Voie Spécifique Mosellane". Nancy, 10-09-1990 et Compléments à la Circulaire du 10-09-1990. Nancy, 26-10-1994.-

Hagège, Claude: L'enfant aux deux langues. Ed. Odile Jacob. 1996.

Inspection Académique de la Moselle: L'enseignement de l'allemand en Moselle : la Voie Spécifique Mosellane. Metz, 1996.

Inspection Académique de la Moselle: Centre Transfrontalier de Formation et de Documentation pour l'Apprentissage de la Langue du Voisin: L'enseignement de l'allemand au cycle 1 – Propositions d'activités. Saint-Avold, 1999

Ministère de l'Education Nationale: Qu'apprend-on à l'école maternelle ? Les nouveaux programmes. 2002

Penfield, W. & Roberts L.: Speech and Brain Mechanisms, Princeton University Press, 1959

ARMELLE BEAUNÉ

Eine Zweitsprache im Kindergarten lernen

1. Die Kindertagesstätte

Die Einrichtung besteht aus zwei Krippengruppen (Kinder von 6 Monaten bis 2½ Jahre), fünf Kindergartengruppen (Kinder von 2½ bis 6 Jahre) und drei Hortgruppen (1. bis 4. Klasse).

Die Krippe und der Hort sind einsprachig, aber die Hortkinder haben die Möglichkeit, an einen Sprachkurs einmal pro Woche teilzunehmen und sie haben täglich mit den Muttersprachlern Kontakt.

Die Kindergartengruppen teilen sich in zwei Englisch- und drei Französischgruppen. In jeder Gruppe sind 20 Kinder und zwei Erzieher (zwei Muttersprachler), die nach dem Prinzip eine Sprache – ein Erzieher arbeiten. Es sind altersgemischte Gruppen. Die Erzieher arbeiten 30 Stunden in der Woche (mit einer Ausnahme mit 40 Stunden Arbeitszeit). Für die Eltern entstehen keine zusätzlichen Kosten, da das Sprachangebot in den Betreuungskosten beinhaltet ist.

Die erste Französischgruppe wurde im September 1995 eröffnet und jedes Jahr folgte eine neue Gruppe.

2. Der Tagesablauf

Der Tagesablauf ähnelt dem in vielen anderen Kindergärten, vor allem in den neuen Bundesländern.

Der Kindergarten ist ab 6.00 Uhr geöffnet, um 7.30 Uhr werden die Kinder in zwei Gruppen geteilt (je nach gelernter Sprache) und machen eine halbe Stunde Frühsport in der jeweiligen Sprache des Erziehers.

Um 8.00 Uhr gibt es Frühstück und die Erzieher benutzen ihre Sprache und erwarten, dass die Kinder in der Zielsprache fragen und antworten (z. B. wenn sie ein Messer holen möchten oder die Butter oder den Honig benötigen). Die Kinder lernen in diesem Fall die Sprache je nach Situation.

Von 9.00 bis 10.00 Uhr bieten wir den Kindern eine Aktivität an. Die Gruppe wird unterteilt, damit die Kinder besser mitarbeiten können, da die Aufnahmefähigkeit in der kleinen Gruppe besser ist. So nehmen 10 Kinder maximal an einer Aktivität teil. Dies ist optimal für die Vermittlung einer Fremdsprache. An einem Tag wird eine Gruppe Französisch lernen und am nächsten Tag wird gewechselt, so dass diese Kinder dann Deutsch haben werden.

Danach gehen die Kinder nach draußen spielen. Die Kinder leben den ganzen Tag mit der Fremdsprache.

3. Die Methode

Situationsbezogene Sprachvermittlung

Den ganzen Tag hören die Kinder die Fremdsprache und verwenden sie je nach Situation, um sich zu verständigen. Da der Tagesablauf jeden Tag der gleiche ist, wissen die Kinder genau, worum es geht. Sie kennen diesen Ablauf in der deutschen Sprache und werden im Prinzip diesen in die Fremdsprache übertragen. Das gilt z. B. für die Mahlzeiten, wo die Kinder nach etwas fragen müssen, wenn sie es bekommen möchten. Anfangs wird der Erzieher behilflich sein und den Kindern vorsagen, was er von ihnen hören möchte. Nach eine Weile aber wird das Kind in der Lage sein, von allein eine Frage, Aufforderung oder eine Antwort in der Fremdsprache auszudrücken (z. B. „je voudrais du lait s'il te plaît" oder "donne moi du thé s'il te plaît", "je peux aller faire pipi?")

Eine andere situationsbedingte Sprachvermittlung ist der Moment, in dem die Kinder sich an- und ausziehen. Da werden sie aufgefordert zu fragen, damit man ihre Schnürsenkel bindet oder die Jacke zumacht usw.

Wenn die Kinder Verständnisprobleme haben, wird der Erzieher durch Mimik und Gestik oder anhand von Bildern die Situation zu erklären versuchen. Der Erzieher macht meistens vor, was die Kinder eigentlich tun sollen. Eine andere Lösung wäre, die Hilfe der Großen anzufordern, die den Tagesablauf sehr gut kennen und dolmetschen könnten. Dies ist nur im Fall der altersgemischten Gruppen möglich. Oft sind die Kinder stolz, wenn sie ihre Kenntnisse vorführen können.

Spezifische Aktivitäten

<u>Der Sport</u>: Einmal in der Woche wird Sport getrieben. Wöchentlich wechselnd werden die Kinder Sport in deutscher und in französischer Sprache treiben. Spiele oder Kreisspiele werden immer zum Schluss angeboten, damit die Kinder ihre Kenntnisse in der Fremdsprache äußern können, z. B. bei „1, 2, 3, soleil": ein Kind steht an einer Wand, klopft daran und sagt: 1,2,3, soleil. In der Zwischenzeit müssen die Kinder laufen oder hüpfen, je nachdem, was das Kind verlangt hat, aber sie dürfen sich nicht mehr bewegen, wenn sich das Kind umdreht. Das erste Kind, das die Wand erreicht, hat gewonnen. Da wird das Kind kleine Aufforderungen in der Fremdsprache sagen.

Oder „Promenons-nous dans les bois": Ein Kind ist der Wolf und während die anderen Kinder im Kreis tanzen und singen, zieht er sich an. Die Kinder fragen ihn, ob er da ist und was er macht. Er antwortet, dass er sich anzieht. Was er anziehen möchte, wird gezeigt. So entsteht ein kleiner Dialog zwischen dem Wolf und den Kindern. Nach drei oder vier Fragen wird der Wolf herauskommen und sagen, dass er kommt, um die Kinder aufzuessen. Das gefangene Kind übernimmt die Rolle des Wolfes.

Projektarbeit: An den anderen Tagen haben die Kinder abwechselnd einmal deutsche, einmal französische Projektarbeit. Wie in anderen Kindergärten, arbeiten wir nach Projekten, die in vier bis sechs Wochen bearbeitet werden.

Die Aktivität für Französisch wird ungefähr so gestaltet:

Ich nehme meine Handpuppe (Coco, mein Papagei), um mit den Kindern zu arbeiten. Diese Handpuppe ermöglicht, vor allem bei den kleinen Kindern, eine bessere Annäherung und die Angst vor dem Unbekannten zu nehmen. Sie zieht die Kinder magisch an, obwohl sie nur Französisch spricht. Sie fragt jeden Morgen, wie die Kinder heißen und ob es ihnen gut geht und erwartet von den Kindern eine Antwort in französischer Sprache. Sie wird den Kindern auch kleine Aufgaben geben, wie z. B. eine Karte mit einer Abbildung oder einen Gegenstand zu holen. Sie wird das Kind nach seinem Namen auf Französisch fragen. Nach einiger Zeit werden die Großen meine Rolle übernehmen und den Kleinen einige Aufgaben auf Französisch geben. Die Kleinen, die es wünschen, können selbstverständlich auch die Rolle übernehmen. Oft möchten die Kleinen das auch, da sie nicht den Eindruck haben, zu sprechen: die Puppe spricht, nicht sie. So bauen sie ihre Hemmungen ab.

Mit dieser Handpuppe habe ich nur gute Erfahrungen gehabt. Die Kleinen trauen sich zu sprechen und es kommt schon vor, dass die Kinder außerhalb der Aktivität die Handpuppe nehmen, um zu spielen und sie Französisch reden lassen, auch wenn es nur sehr kurze Dialoge sind.

Die Liste: Ich habe eine Liste mit den Zeichen der Kinder und den Wochentagen angefertigt. Jeden Tag kommt ein Kind an die Tafel (wie der Lehrer) und fragt die anderen, wer anwesend ist . Es fragt erst nach dem Zeichen (was ist das?) und dann nach der Person (wer ist das?) und ob die Person da ist. So lernen die Kinder einfache Fragen zu stellen und diese zu beantworten. Diese werden ihnen helfen, sich im normalen Tagesablauf auszudrücken.

Aktivitäten: Die Aktivität selbst kann ein Spiel sein, z. B. Memory. Da müssen die Kinder die Begriffe in Französisch sagen. Oder eine Geschichte anhören und Fragen beantworten oder eine Bastel- oder Malarbeit anfertigen. Es können auch kleine Theaterstücke eingeübt werden. Zuerst wird der Wortschatz geübt und später werden den Kindern Spiele angeboten, damit sie kleine Sätze bauen können. Das Niveau wird sich erhöhen mit dem Niveau der Kinder (erst Substantive, dann Verben und Adjektive).

Lieder: Zum Schluss werden Lieder über das in dem Moment behandelte Thema gesungen.

4. Beobachtungen zur Spracharbeit

Das Verstehen kommt ziemlich schnell. Die Kinder werden nach dem ersten Überraschungseffekt sehr schnell begreifen, um was es geht. Durch Mimik und Gestik oder mit Hilfe der Größeren kann sehr viel erreicht werden. Außerdem wird der Tagesablauf den Kindern eine große Hilfe sein, um die Fremdsprache zu verstehen.

Das Sprechen bereitet mehr Schwierigkeiten, da das Umfeld deutschsprachig ist. Sobald die Kinder einen bestimmten Wortschatz aufweisen, kann man mit kleinen Sätzen anfangen. Dies unterstützt der Erzieher durch die Vermittlung von Verben, Adjektiven, Adverbien. Oft sind die Kinder sprachfaul und antworten nur mit einem Wort. Man muss sie dazu motivieren, mit einem ganzen vollständigen Satz zu antworten. Einfache Fragen können sie dank der Liste stellen, so dass sie den Erzieher fragen können (qu'est-ce que c'est en français?) Für solche Fragen brauchen sie nicht viel nachzudenken, da sie diese jeden Tag üben.

Eine Hilfe sind Fingerspiele: M. Pouce gibt den Kindern z. B. die Möglichkeit, einen kleinen Dialog zu sprechen (Wer ist da? Das bin ich. Chut, ich schlafe; ich komme.). Wenn dieser Dialog in einem kleinen Theaterstück auftaucht, werden die Kinder die einzelnen Satzsequenzen öfter gebrauchen.

Ratespiele oder Bilder beschreiben: Diese zwei Arbeitsweisen können die Kinder dazu bringen, kleine Sätze zu bilden und vor allem Fragen zu stellen oder zu beantworten. Über die einfachen Fragen (Was ist das? Wer ist das? Was macht er?) wird die Beschreibung präziser.

Geschichten erzählen: Anfangs stellt man den Kindern Fragen, auf die sie mit einem Wort oder mit einem Satz antworten müssen. Man kann sie auch eine wichtige Szene aus der Geschichte malen lassen. Mit Hilfe dieser Zeichnung sind die Kinder im Stande, die Geschichte nachzuerzählen.

Aus den verschiedenen Formen der Aktivitäten sind die Kinder fähig, ein Wort oder einen Satz zu übernehmen und im richtigen Augenblick anzuwenden.

Aber auch aus bestimmten Situationen können die Kinder etwas Ungelerntes behalten, wie z. B. Vanessa, die, als sie mir etwas gab, sagte: voilà. Sie hat sich gemerkt, dass ich es sage, wenn ich jemandem etwas gebe. Oder einige haben mitbekommen, dass die Franzosen die Verneinung nur zur Hälfte aussprechen, so dass eines Tages ein Kind zu mir sagte : „je sais pas anstatt je, ne sais pas", wie man es in der Schule lernt. Es zeigt, dass der Erzieher aufpassen muss und jederzeit damit rechnen kann, ein Wort oder einen Satz seines eigenen Sprachverhaltens in einer Situation zu hören.

Die Arbeit ist einfacher mit den Kindern, die den ganzen Tag im Kindergarten sind. Man merkt, welches Kind früh da ist oder nicht. Ein deutlicher Unterschied ist auch bemerkbar zwischen den Kindern, die jeden Tag kommen und denjenigen, die nur unregelmäßig kommen. Kinder mit regelmäßigem Kindergartenbesuch lernen mehr als die anderen. Sie haben einen größeren Wortschatz.

Die Kinder sind fähig, das in der Fremdsprache Gelernte in ihrer eigenen Muttersprache auszudrücken. Ein Beispiel – Viktoria: Wenn die Kinder fragen, ob wir nach draußen gehen, weil das Wetter wunderschön ist, mag ich sie gern ärgern und behaupte, dass wir nicht rausgehen können, da es regnet oder schneit. Das macht Viktoria genauso mit ihrer Mutter, wenn diese fragt, ob sie rausgehen wollen.

Die Motivation ist für die Kinder sehr wichtig. Was nützt es ihnen, wenn sie zwar eine Fremdsprache beherrschen, aber keiner mit ihnen diese Fremdsprache sprechen kann? Daher haben wir eine Märchenstunde im Französischen Institut eingeführt. Einmal in der Woche gehen wir dorthin, um mit Franzosen zu sprechen. Wenn französische Kinder in der Gruppe sind und diese Kinder kein Deutsch können, werden die Deutschen gezwungen, sich in der Fremdsprache zu äußern, um sich verständlich zu machen. Den Fall haben wir gehabt und die Kinder sind sehr gut mit der Situation umgegangen. Sie haben versucht, sich auf Französisch auszudrücken, um zu zeigen, dass sie besser sind als ein Franzose, der kein Deutsch kann. Es war für sie ein Sprung nach vorne.

Eine andere sehr wichtige Rolle hatte unser ehemaliger Zivildienstleistender aus Frankreich, der kein Deutsch sprach. Durch ihn, das französische Kind, und die französische Erzieherin haben die Kinder ideale Bedingungen gehabt, um Französisch zu lernen. Einige sind dadurch zweisprachig geworden und können sich sowohl auf Französisch als auch auf Deutsch ausdrücken.

Ein Austausch mit Südfrankreich zeigte den Kindern, dass sie nicht umsonst die Sprache gelernt haben, da französische Kinder mit ihnen Kontakt hatten. Der Austausch gestaltete sich mit Zeichnungen, aber vor allem mit Kassettenaufnahmen und Videos.

Eine Reise nach Marseille hat diese Bemühungen erfolgreich gekrönt. Dieses Jahr planen wir einen anderen Austausch mit Belgien per Internet.

Wichtig ist aber, dass der Erzieher in Anwesenheit der Kinder nur in seiner Muttersprache spricht. Wenn die Eltern sich nicht in der Fremdsprache äußern können, sollte man aufpassen, dass die Kinder Gespräche zwischen dem französischen Erzieher und den Eltern auf Deutsch nicht unmittelbar beiwohnen. Sonst kann das Kind mitbekommen, dass der französische Erzieher auch deutsch spricht (Toni, fünf Jahre, hat nach drei Jahren Kindergartenzeit gehört, dass eine Erzieherin auch deutsch sprechen konnte, und er war ganz entsetzt darüber, es nicht gewusst zu haben).

Das Verhältnis zwischen Kind und Erzieher ist sehr wichtig. Wenn ein Kind eine sehr gute Beziehung zu seinem Erzieher hat, wird es schneller und besser die Fremdsprache lernen, um seinem Erzieher zu gefallen. Ein schwieriger Anfang, wie bei Anita, die mit zweieinviertel Jahren zu mir in die Gruppe kam. Es war keine deutsche Erzieherin da und sie zu trösten sehr schwer, da sie kein Französisch verstand. Seitdem hat sie Angst vor mir. Aber mit der Sprache geht es besser, da ihre Freundinnen die französische Sprache lieben und sehr weit sind. Es war ihre Rettung. Kinder haben es schwer, sich in der Fremdsprache auszudrükken, wenn sie mit den Erziehern Probleme haben.

Man darf die Kinder nicht zwingen, etwas mitzumachen. Ich habe bemerkt, dass einige Kinder besser lernen, auch wenn sie nicht unbedingt mitmachen. Jedes Kind ist anders und das muss respektiert werden.

Die Kinder werden ihre Kenntnisse auch den Leuten, die nichts verstehen, zeigen. Das kann zu bösen Überraschungen führen. Einmal hat ein Kind eine Praktikantin, die etwas kräftiger war, in Französisch beschimpft, indem es sie als Nilpferd bezeichnet hat. Alle Möglichkeiten sind gut, um die Kenntnisse vorzuführen.

HENNING WODE

Erziehung zu Mehrsprachigkeit in Europa: Was können Kitas dazu beitragen?
Forschungsergebnisse und Erfahrungen aus der Praxis

1. Zielsetzung

Eine für Außenstehende kaum verständliche Besonderheit des deutschen Bildungssystems ist, dass die öffentlichen Institutionen zur Betreuung von Kindern vor der Einschulung im Vergleich z. B. zu frankophon oder angelsächsisch geprägten Ländern, so wenig mit denen für die Schulzeit integriert sind. Kein Wunder daher, dass das Potential dieser Vor-Schulzeit hierzulande bislang kaum genutzt, geschweige denn ausgeschöpft wurde. Das gilt insbesondere für solche sprachlichen Belange wie die Pflege, den Erhalt und den Erwerb von Mehrsprachigkeit.

Schon in den 1980er und 1990er Jahren hatte die zunehmende Globalisierung und Europäisierung geradezu Überlegungen erzwungen, wie das Potential vor der Einschulung genutzt werden könnte, um bestimmten Schwächen im Primar- und Sekundarbereich entgegenzuwirken (z. B. Wode 1990, 1992, 1998). Das zentrale Anliegen in diesem Beitrag ist, anhand eines konkreten Beispiels (a) auf das Bildungs-, insbesondere auf das Sprachlernpotential der Grundschulzeit und der Zeit davor aufmerksam zu machen; (b) zu zeigen, dass sich bei altersgemäßer Nutzung das Ziel der 3-Sprachenformel, wie sie derzeit nicht nur in Europa propagiert wird, in der Tat erreichen lässt; und (c) auf der Grundlage der bisherigen Ergebnisse und Erfahrungen die Notwendigkeit für bestimmte Neuerungen im Berufsbild von Erzieher/innen und ihrer Ausbildung zu begründen.

Die Konzeption sieht vor, dass die Kinder mit drei Jahren in eine deutsch-englisch bilinguale Kita kommen. Ihr Englisch wird anschließend in der Grundschule kontinuierlich und sehr intensiv dadurch weitergefördert, dass rd. 70% des gesamten Unterrichts auf Englisch, also immersiv erteilt wird. Die Kinder erreichen bereits gegen Ende der 1. Klasse ein Niveau in ihrem Englisch, dass z. B. Schüler der Europaschule in Varese, Italien, erst im Alter von 10–11 Jahren nach drei bis vier Jahren intensivem lehrgangorientierten Englischunterricht von mindestens 5 Stunden pro Woche erreichen. (Zur den Zielen und der Gesamtkonzeption s. ausführlicher Wode et al. i.Dr., Wode et al.).

Die folgende Darstellung ist schwerpunktmäßig auf ausgewählte Aspekte des Erwerbs des Englischen ausgerichtet. Hervorgehoben wird allerdings, dass die Entwicklung der Sachfächer und der Muttersprache der Kinder nicht beeinträchtigt wird. Auf Grund der geradezu atemberaubenden Entwicklung des Englischen und der überaus wichtigen Rolle, die bilinguale Kitas dabei spielen, wird abschließend dafür plädiert, sie zukünftig stärker für die Lösung von Bildungsproblemen auch im schulischen Kontext mit heranzuziehen und deshalb die Ausbildung von Erzieher/innen dadurch weiter zu entwickeln, dass Mehrsprachigkeit und die Beherrschung mehrerer Sprachen zu einer zentralen Ausbildungskomponente wird.

2. Das Altenholzer Modell

2.1 Kita und Grundschule als Verbund

Erprobt wird das Modell seit 1995 in Altenholz, Kiel. Es ist ein Verbund von bilingualer Kita, in diesem Fall einer AWO-Kindertagesstätte und Immersions-Unterricht (IM) in der Grundschule, und zwar der Claus-Rixen-Schule. (Zu IM als Lehrverfahren s. Wode 1995). Der erste Jahrgang besucht seit Herbst 2002 die 4. Klasse. Pro Jahrgang wurde bislang eine Klasse bilingual geführt. Damit wird im Herbst 2003 erstmals ein voller Durchlauf durch die Primarstufe vorliegen.

2.2 Bildungsziel: Dreisprachigkeit für Europa

Konsens herrscht inzwischen in Europa, dass es unerlässlich ist, dass alle Kinder zukünftig die Möglichkeit erhalten, während ihrer Schulzeit mindestens drei Sprachen auf einem funktional angemessenen Niveau zu lernen. Dieses Ziel lässt sich nicht erreichen, wenn der Fremdsprachenunterricht erst in der 5. Klasse im Alter von 10 Jahren beginnt oder in der 1., 2. oder 3. Klasse mit ein bis zwei Wochenstunden eingeführt wird. Erfahrungsgemäß reicht dann die Zeit gerade, um die erste Fremdsprache durch bilingualen Unterricht in der weiterführenden Schule auf ein funktional angemessenes Niveau zu bringen, aber keineswegs auch für eine zweite. Folglich führt an der Frühvermittlung von Fremdsprachen kein Weg vorbei. Dabei müssen die Überlegungen darauf ausgerichtet sein, dass durch den frühen Beginn genügend Zeit gewonnen wird, dass auch eine weitere Sprache so intensiv gefördert werden kann, dass das erforderliche Niveau erreicht, gleichzeitig aber Englisch auf hohem Niveau weiterentwickelt wird.

2.3 Die zentrale Rolle des Lehrverfahrens: IM und seine Leistungsfähigkeit

Bekanntlich hängt Erfolg oder Misserfolg, Fremdsprachen zu lehren und zu lernen, vor allem von der Intensität des Kontaktes, der Dauer sowie der Art des Lehrverfahrens ab. Intensität meint, dass möglichst viel Zeit pro Tag / Woche Kontakt zu der neuen Sprache bereitgestellt wird; Dauer heißt, dass dies lange und kontinuierlich genug geschehen muss, also vor allem möglichst früh begonnen wird. Das erforderliche Ausmaß lässt sich nur mit IM erreichen. Bei IM wird die zu lernende Sprache als Arbeitssprache zur Vermittlung der Inhalte anderer Fächer eingesetzt. So entfällt der Zwang, Stunden extra für den Fremdsprachenunterricht zur Verfügung stellen zu müssen, so dass keine zusätzlichen Kosten für Lehrkräfte entstehen.

IM gilt derzeit als das erfolgreichste Sprachlehrverfahren. Wissenschaftlich ist nachgewiesen,

- dass mit IM ein beträchtlich höheres Niveau für die Fremdsprache als bei herkömmlichem lehrgangsorientierten Unterricht erreicht wird;
- dass keine Defizite in den Fächern auftreten;
- dass die Muttersprache und die kognitive Entwicklung der Kinder nicht nur nicht beeinträchtigt, sondern eher noch gefördert wird;
- dass die Teilnahme IM-Unterricht keine besondere Begabung erfordert und für alle Kinder und alle sozialen Schichten geeignet ist.

Das hat sich bislang auch im Altenholzer Verbund bestätigt.

2.4 Immersives Lernen und psycholinguistische Voraussetzungen der Kinder

Dass IM so viel bringt, erklärt sich auf ganz natürliche Weise. Da bei IM die zu lernende Sprache als Arbeitssprache in anderen Fächern verwendet wird, korrigieren, erklären und das Lernen von Regeln unterbleiben, und da auch keine Vorstrukturierung des sprachlichen Inputs an Hand von Lehrbüchern oder durch die Lehrkraft wie im herkömmlichen lehrgangsorientierten Fremdsprachenunterricht üblich vorgegeben wird, bleibt das Lernen den Kindern überlassen. Wie keine andere Sprachlehrmethode schafft IM daher den Schülern den Freiraum, so dass ihre natürlichen Sprachlernfähigkeiten gewissermaßen unbehindert dem Entwicklungsstand des betr. Lerners und der jeweiligen Situation entsprechend angemessen aktiviert werden können.

Die wissenschaftlichen Detailstudien zeigen dabei, dass die Kinder bei IM für den Erwerb einer weiteren Sprache im Kern so wie beim Erwerb ihrer Muttersprache verfahren (z.B. Westphal 1998, Berger 1999, Maibaum 2000, Tiefenthal 1999, Rohde 2001, Wode 2001a, 2001b). Die Kinder werden daher mit dem Erwerb einer weiteren Sprache nicht überfordert, indem sie sich gänzlich neue Lernstrategien aneignen müssten. Im Gegenteil: Mit wenigen wohl bekannten Ausnahmen re-aktivieren sie die für die zuvor gelernte(n) Sprache(n) genutzten.

3. Abriss der Entwicklung des Englischen im Altenholzer Verbund

3.1 Tests und Datenerhebung

Die Entwicklung des Englischen der Kinder im Altenholzer Verbund wird verkürzt an Hand von vier Zeitschnitten illustriert (Tab. 1–5): Ende der Kita bzw. Beginn der 1. Klasse, sowie jeweils zum Ende der 1., 2., 3. und 4. Klasse. Es handelt sich jeweils um Ausschnitte aus Testaufgaben, bei denen die Kinder auf Englisch einer Interviewerin Bilder beschreiben bzw. eine Bildergeschichte nacherzählen, deren Bilder die Interviewerin nicht sehen kann. Die Kinder absolvieren dabei zwei Testdurchgänge. Im ersten, der A-Version, dürfen sie auf Deutsch zurückgreifen, um Unklarheiten zu klären oder um nach Vokabeln zu fragen; im zweiten, der B-Version, soll nur Englisch verwendet werden. Die Interviewerinnen sind deutsche studentische Mitarbeiterinnen. Die Kinder kennen sie aus der Kita und von regelmäßigen Besuchen in der Schule. Von einigen Mitarbeiterinnen wissen die Schüler nicht, dass sie auch Deutsch sprechen. Diese Interviewerinnen werden in der B-Version eingesetzt. Diejenigen Mitarbeiter, von denen die Kinder wissen, dass sie Deutsch und Englisch können, nehmen den A-Test ab.

3.2 Zusammensetzung der Klasse: Englischvorkenntnisse

Die Daten zu Tab. 3–5 stammen aus dem ersten IM-Jahrgang, zu Tab. 1–2 aus dem zweiten. Im ersten Jahrgang kommen nicht alle Kinder aus bilingualen Kitagruppen. Zwar wechselten in den ersten beiden Jahren genügend Kinder aus den bilingualen Gruppen in die Claus-Rixen-Schule, jedoch entschieden sich nicht alle Eltern für den IM-Unterricht. Einige zogen es vor, zunächst abzuwarten. Daher mussten die Klassen um andere Kinder ergänzt werden, um die Mindeststärke von 18 zu erreichen. Drei Kinder wurden aus nichtbilingual geführten Gruppen der bilingualen Kita gewonnen. Es handelte sich um Kinder, die, obwohl sie nicht zu einer bilingualen Gruppe gehörten, dennoch über Englischvorkenntnisse verfügten, weil sie dort oft und regelmäßig zu Besuch weilten. Das war möglich, da in der Kita die bilingualen Gruppen zwar auf Englisch geführt werden, aber kein Kind gezwungen wird, sich auch tatsächlich an den auf Englisch durchgeführten Aktivitäten zu beteiligen. Den Kindern ist es freigestellt, zu auf Deutsch ablaufenden Aktivitäten zu wechseln. Die geöffneten Türen ermöglichen allerdings einen Besuchsverkehr in beiden Richtungen, so dass erfreulicherweise mehr Kinder als der jeweiligen Gruppe zugehörig Kontakt zum Englischen haben und davon profitieren.

Um auf die erforderliche Gruppengröße von 18 zu kommen, wurden die restlichen sechs aus nicht bilingual geführten Kindergärten aus dem Einzugsgebiet der Claus-Rixen-Schule rekrutiert. Allerdings haben diese keine Englischvorkenntnisse.

Erwartungsgemäß führen die unterschiedlichen Englischvorkenntnisse anfänglich zu Unterschieden in den Testergebnissen. Man beachte aber bei der Durchsicht der Transkripte, dass die anfänglichen Unterschiede bis zum Ende der 2. Klasse weitgehend verschwunden sind. Deshalb sind im Hinblick auf die Vorkenntnisse im folgenden fünf Transkriptausschnitte wiedergegeben, und zwar zwei für den Übergang von der Kita zur Grundschule, um den Stand der Kinder mit vs. ohne Vorkenntnisse festzuhalten; für die anderen Zeitschnitte reicht jeweils eines. Die Kinder aus den Tab. 2–3 und Tab. 5 sind aus Gründen der Vergleichbarkeit so ausgewählt, dass sie jeweils zum oberen Leistungsdrittel ihrer Klassen gehören

3.3 Ende Kita / Beginn 1. Klasse

Bis zum Ende der Kita sind die rezeptiven Fähigkeiten den produktiven beträchtlich voraus. Innerhalb von etwa sechs Wochen kann der Tagesablauf in der Kita in der neuen Sprache bewältigt werden. Besonders schnell werden formelähnliche Ausdrücke gelernt, die häufig wiederkehrende ritualhafte Aktivitäten bezeichnen, etwa Grüßen, sich Verabschieden, Aufforderungen, z.B. ruhig zu sein. Natürlich durchschauen die Kinder zu diesem Zeitpunkt die interne Struktur dieser Wendungen noch nicht. Sie verknüpfen mit ihnen jedoch Aspekte, die tatsächlich mit den Situationen, in denen diese Äußerungen typischerweise fallen, zu tun haben (Wode 1996, 2000, 2001a–b, Westphal 1998, Maibaum 2000).

Der rezeptive Wortschatz ist beachtlich. Vokabeln, die häufig benutzte Gegenstände oder Aktivitäten bezeichnen, werden besonders schnell aufgenommen (Westphal 1998, Tiefenthal 1999, Rohde 1999, 2001, Rohde / Tiefenthal 2000, Maibaum 2000). Darüber hinaus bilden Formeln und das frühe Vokabular die Grundlage, auf der sich die Aussprache entwickelt. (Berger 1999, Lauer 1999, Tonn 1999, Wode 2001b). Die Syntax entwickelt sich wesentlich langsamer. Sie bleibt bis zum Ende der Kita-Zeit rudimentär. Es dauert mehr als zwei Jahre, ehe die ersten Präpositionen und andere Funktoren auftauchen. Die Flexionsmorphologie entwickelt sich noch später (Wode 2001a).

Dass die Kinder selbst nach drei Jahren untereinander kaum Englisch verwenden, hat einen einfachen Grund: In der Kita besteht dafür i.d.R. kaum ein zwingender Anlass, da die Kinder wissen, dass alle Personen bis auf die fremdsprachlichen Erzieher bestens Deutsch verstehen.

Den Entwicklungsstand der Kinder aus den bilingual geführten Kitagruppen gegen Ende der Kita / Anfang der Grundschule illustriert Tab. 1. Der Test wird nach ca. 60 Tagen in der 1. Klasse durchgeführt, wenn sich die Kinder an die Schule gewöhnt haben. Die Wahl dieses Zeitpunktes ermöglicht es auch zu prüfen, wie viel Englisch die Kinder ohne Vorkenntnisse bereits gelernt haben. Als Testaufgabe sollen die Kinder in Tab. 1–2 schlichte Bilder von einem Jungen auf seinem Weg zur Schule beschreiben. Kind 14 in Tab. 1 kommt aus einer bilingualen Kitagruppe; Kind 11 in Tab. 2 hat keine Englischvorkenntnisse.

Tab. 1: Ausschnitt aus einer Bildbeschreibung nach rd. 60 Tagen in der 1. Klasse. I = Interviewerin; 14 = anonymisiertes Kind. Testversion B. Deutsche Wörter kursiv. = Pause; / = korrigiert sich von selbst. Kind 14 kommt aus einer bilingualen Kitagruppe.

14	In the ni/ in the night
I	Mhm.
14	is a bed.
I	Mhm. Oh, what's happening here? What's the boy doing?
14	The dog.
I	Mhm. And, look, what's the weather like?
14	Sunny.
I	Sunny. Mhm. And what is the boy doing?
14	The trousers *und* the/
I	Mhm.
14	shirt.
I	Yes, very good.
14	A clock,
I	Mhm.
14	the dog, table
I	And what's he doing? It's okay. Just tell me, what you can see, okay?
14	The ki / the *Kind* say: „Bye!"
I	Mhm.
14	*Das* schoolk / *das* kid
I	Mhm
14	go go in the school.
I	Yes, very good.
14	*Und* the dog go go *mit*.
I	Yes, very good.
14	The *Hund macht hopp*
I	(lacht) Yes.
14	*und / und* go in the classroom.
I	Oh, the dog's going in the classroom.
14	*Das macht unser Hund auch immer. Und dann geht er durch.*
I	What?
14	The *Kind* say: „*Pscht!*"
I	Mhm.

14	*Und* the dog: *"Wuff, wuff!"*
I	(lacht) Very good.
14	*Und hier* sleept *der Hund.*
I	Mhm. That's it?
14	*Und* the school / *und* the schoolkr / *und* the school / school*kind* say: "Here, here!"
I	Okay. Very good!

Tab. 2: Ausschnitt aus einer Bildbeschreibung nach rd. 60 Tagen in der 1. Klasse. Testversion A. Konventionen wie in Tab. 1. Kind 11 hat keine Englischvorkenntnisse.

11	*Was machen die da.* (flüstert:) *Wie heißt das noch. Wie heißt schlafen auf Englisch?*
I	Sleep.
11	*Ja. Ehm.* The b / *Was ist das? Ein* boy sleep.
I	Mhm.
11	*Und denn*
I	(flüstert:) *Kommst du ein bischen näher ran?*
11	*Mhm Wie heißt das nochmal, dies Gedicht?*
I	*Erzähl einfach sonst, was du siehst. Kannst auch weiterblättern.*
11	*Ein Hund,*
I	Mhm.
11	*der /*
I	In English?
11	*Ein*
I	Hund, *soll ich sagen?*
11	*Mhm*
I	Dog, the dog.
11	*Ach ja. Ein* dog *mit* five *Beinen, denn der* boy, *der sich gerade ehm* (flüstert:) *was heißt nochmal draussen, hab ich doch schon mal gewusst.*
I	Outside.
11	Outside *ist eine kleine* blue *hier* blue (flüstert:) *was ist das nochmal,*
I	Hm?
11	blue blue cloud, *so ne blaue Wolke also,*
I	Gut!
11	*Und denn eine* sun *draussen*
I	Super!
11	*Und denn ist noch* the boy *zieht sich an / anziehen heißt*
I	Dress?
11	*Ja gut, der* boy dress.
I	*Mhm*

11	*Und denn umblättern,*
I	*Mhm*
11	*Der (flüstert) essen heißt hier noch immer* sun, *sieben heißt sechs Uhr schlägt glaub ich die Uhr.*
I	*Mhm*
11	*Und denn der* boy *was heißt essen?*
I	Eat.
11	*Gut, der* boy eat,
I	*Mhm*
11	*Und denn der* boy *geht vom* houset *zur* school.
I	Mhm. Okay.
11	So. *Auf* m school *weg, und denn der und wie heißt Baum auf Englisch?*
I	Tree.
11	*Ja gut. Am* tree *vorbei gehen die, geht der* boy, *und denn in die* school *rein, und denn hier geht der, der* bird *auch in die* school.

Der Text in Tab. 1 entspricht noch weitgehend dem sprachlichen Niveau bei Ende der Kita, in der Regel fehlt es zu diesem Zeitpunkt vor allem an jenem Wortmaterial, das für Syntax unerlässlich ist, also Artikel, Präpositionen, Konjunktionen, Vollverben. Dass Kind 14 in Tab. 1 zum oberen Leistungsdrittel gehört, erkennt man u. a. daran, dass es neben den Kopulaformen *is* und *'s* bereits einige Vollverben *go, say, sleep(t)*, Artikel (*a, the*), die Konjunktion *and* und die Präposition *in* benutzt. Bei weniger weit fortgeschrittenen Kindern gehen die Texte zu diesem Zeitpunkt kaum über Nomina, erste Numeralia, elementare Adjektive und formelhafte Wendungen hinaus.

Das Transkript in Tab. 2 ist ein typischer Text für ein Kind, das gerade erst begonnen hat, Englisch zu lernen. Kind 11 nimmt ohne zu zögern Vokabeln auf, die es von der Interviewerin erfragt hat oder geboten bekommt. Einige Nomina und ein Farbadjektiv produziert es eigenständig, und das Kompositum *schoolweg* bildet es offenbar selbst aus dem englischen *school* und dem deutschen *Weg*.

3.4 Nach 7 Monaten in der 1. Klasse

Fünf Monate später bietet sich in Tab. 3 ein ganz anderes Bild als in Tab. 1–2. In diesem Test geht es um eine beträchtlich anspruchsvollere Aufgabe. Den Kindern werden Bilder gezeigt, die sich zu einer Geschichte von einem Jungen, seinem Hund, seinem Frosch und dem ergänzen, was sie erleben, als der Frosch entlaufen ist und gesucht und wieder eingefangen werden muss.

Tab. 3: Transkript einer Bildernacherzählung der Froschgeschichte (Mayer 1969) durch Kind 1 aus einer bilingualen Kitagruppe gegen Ende der 1. Klasse. Testversion B. Konventionen wie in Tab. 1. Vollverbformen sind besonders hervorgehoben, um die Aufmerksamkeit auf die Verbflexionen zu lenken.

1	There was a boy with a and a dog, and a boy WANTS to CATCH some water things in the water. And the boy is SEEING a frog and the boy is RUNNING to the frog. Now the boy ehm fff the ba / the boy is / is JUMPING and the boy is FALLING in the water. And now the boy c / ca / the boy is LOOKING at a frog and the frog is la / LOOKING at the boy. Now the boy can't SEE anymore and the frog is JUMPING away. And the f / now the frog SITTING on the tree and the boy / and the / and the dog is angry. And the boy is SCREAMING / the boy is SCREAMING. And now the boy and the dog WANTS to CATCH the frog. And then they WANT to CATCH the frog and then they ca/ don't CATCH the frog ehm *aber den ahhh* the dog don't CATCH the ehm frog *aber, oh, was heißt'n aber* ehm *na*. The boy is very angry. And the bo / and the frog is very angry, true. [=too] Now the boy is SCREAMING loud and *no* [=noch] louder. The bo / the boy / now the boy is GOING home. Angry. Now the frog is no more scared. The frog is GOING home to the boy. And the / the frog is JUMPING on on the dog.
I	And that's the end of the story?
1	Yes
I	Great. Super.

Der Text in Tab. 3 zeigt, dass sich im Laufe des ersten Schuljahres eine explosionsartige Entwicklung für die Produktion vollzieht. Es profitieren insbesondere die Diskursfähigkeiten und die Syntax unter Einschluss der Verbformen. Wie Tab. 1 gezeigt hat, sind sie bis Ende der Kitazeit noch kaum ausgebildet. In weniger als 7 Monaten haben die Kinder einen enormen Sprung nach vorn gemacht. Jetzt sind Subjekt und Prädikat in den meisten Sätzen klar erkennbar. Für die Koordination mit *and* finden sich viele Beispiele. Auch weitere Funktoren sind in beträchtlicher Zahl vorhanden, insbesondere Präpositionen, die Artikel und selbst die ersten Auxiliare. Das Kind benutzt bereits verschiedene Verbformen, wenn auch nicht alle zielgerecht. Insbesondere dominiert ausgerechnet die *ing*-Form, mit der deutsche Schüler selbst nach 9 Jahren Englischunterricht in der Regel noch Schwierigkeiten haben.

3.5 Ende der 2. Klasse

Gegen Ende des 2. Schuljahres machen die Kinder denselben Test wie in Tab. 3 erneut. Tab. 4 soll zeigen, dass nun die Dominanz der *ing*-Form überwunden ist, dass sich stattdessen auch die übrigen Verbformen vermehrt finden, dass die Syntax beträchtlich komplexer geworden ist, dass Fehler nach dem Muster von *fells, felled* oder *shaked* belegen, dass nun das Regelhafte an den Verbflexionen erkannt ist und dass sich die anfänglichen Kompetenzunterschiede bedingt durch die Englischvorkenntnisse weitgehend nivelliert haben.

Tab. 4: Transkript der Froschgeschichte des Schülers 4 ohne Englischvorkennntnisse gegen Ende des 2. Schuljahres. Testversion B. Konventionen wie in Tab. 1.

I	Tell me the story!
4	There is a boy and a dog and they HAVE in a glass a frog and they're LOOKING at the frog. And when it's night the frog GOES out of the glass and at morning when the frog and when the dog and the dog WAKES up no frog anymore is in the glass. And then the boy LOOKED in the glass and they OPEN the window and they SHOUTED: „Frog, frog where are you?" And then they / then the dog / then the dog FELLS on the ground and the glass GOES in one hundred pieces. And then they CRIED: „Frog, frog where are you?" And then the boy LOOKED in a hamster hole and there COMES a hamster out and then the dog SHAKED on the trunk of the tree and then the *Bienen* FOLLOWED the dog and the boy LOOKED in a hole in a trunk. And out COMES a owl and the boy FELLED out and on the bo / on the bo / ground and the *Bienen* / bees FOLLOW the the dog and then the / and then LIES on the deer's head and they RIDING together and then they FALL into the water and then the / and then the boy / and then the boy hear / HEAR what and then he GIVES a sign and then they LOOK behind a trunk. And then they SEE her frog and his wife and then he SEE nine frog kids and they GIVE, ähm, he äh, hin äh and they GIVE the boy a frog kid and they SAID good bye and then the boy and the dog GOES / GO / GOES
I	Where do they go?
4	GOES/GO at home.
I	Okay, with the little frog
4	Yes.
I	Super.

Im Vergleich zu Tab. 3 belegt Tab. 4 einen weiteren beachtlichen Entwicklungsschub, wie sich wiederum am Beispiel der Verbformen zeigen lässt. In Tab. 4 ist die Dominanz der *ing*- Formen zurückgedrängt. Formen der 3. Person Sg. und des Präteritums sind hinzugekommen. Dass nicht jede Verbform zielgerecht gebraucht ist, würde man erwarten. Aber die Übergeneralisierungen wie *fells, felled, shaked* belegen, dass das Regelhafte auch dieser Verbformen erkannt ist.

3.6 Ende der 3. Klasse

Für das Ende der 3. Klasse wird erneut Kind 1 gewählt, um den Fortschritt auch einmal am Beispiel eines Kindes über verschiedene Zeitpunkte hin zu illustrieren (Tab. 5). In der überwiegenden Zahl der Fälle werden die jeweils erforderlichen Verbformen zielgerecht verwendet. Es finden sich nur zwei fehlerhafte, nämlich *bite* und *look*. Da die Kinder im hier einschlägigen Alter auch in ihrer Muttersprache noch zwischen den Zeiten springen, liegt das Fehlerhafte nicht darin, ob Präsens oder Präteritum angebracht wäre. Auffällig ist auch, dass gegen Ende der 3. Klasse falsche Formen eigenständig erkannt und spontan korrigiert werden, dass viele unregelmäßige Verbformen zielgerecht produziert werden und dass Übergeneralisierungen bei den Kindern kaum mehr vorkommen.

Tab. 5: Transkript der Froschgeschichte von Kind 1 aus einer bilingualen Kitagruppe gegen Ende der 3. Klasse. Testversion B. Konventionen wie in Tab. 1.

1	Once upon a time there was a do / a dog, a frog, and a little boy. The little boy HAD a frog in a glass. One night when the dog and the boy were SLEEPING, the frog JUMPED out of the glass / JUMPED out of the glass. Ehm the / at the morning when the boy and the dog WA / WOKE up, ehm they SAW that ehm the glass was empty. And the boy CRIED: „Frog, where you?" He LOOKED everywhere, (klingt, als käme eine lange Aufzählung:) in his boots and CRIED again: „Frog, where are you?" And the ehm little dog LOOKED in the glass, but he can't COME out with his head of the glass. Ehm, then they ehm LOOKED out of the window, and the boy CRIED again: „Frog, where are you?" And the dog LOOKED. Then the dog FELL of / ehm out of the window. The boy was SCARED ehm that the ehm dog will be dead, (IE lacht) but only the glass ehm was ehm wa / ehm was CRASHED.
IE	Mhm.
1	And they RUN in the woods, and the boy CRIED again: „Frog, where are you?" Then the little boy LOOKED in a hole and cried: „Frog, where are you?" And the dog ehm RUN / RUNS after the bees. Then a little animal ehm CAME out of the ehm hole and BITE the boy in the nose. And then all the bees RUN af / eh FLY after the dog, and the boy CLIMBED on a tree and LOOKED in the hole / in the hole in the tree. Then he FELL off of the branch, and he SAW a big barn owl. And the bees are RUNNING behind the dog. Then the / the barn owl ehm FLEW behind him. And the do / eh the boy was SCARED and CLIMBED on a tree and CRIED: „Frog, where are you?". Then / eh then he f / he FELL on a reindeer, and the reindeers / reindeer RUN ehm RUNS and RUNS. Then the reindeer STOPPED, and the boy and the dog FELL off the reindeer.

IE	Mhm.
1	And they FA / FELL in the water. First the boy, then the dog. Then the boy HEARD a noise. qwak, qwak (IE lacht) „Be quiet, dog. I THINK I KNOW who's there." Then the boy LOOK behind a trunk. There was ehm was his frog and another frog and ten little frogs. Then the boy TOOK a little frog with him and SAID: „Good bye, frogs."
IE	(lacht)Wow.

4. Zur Leistungsfähigkeit des Kita-Grundschulverbundes

Zwar sprechen die fünf Transkripte auch ohne detaillierte wissenschaftliche Analysen für sich. Zum Verständnis des Kita-Grundschulverbundes sind aber einige Ergänzungen erforderlich, vor allem um die Bedeutung und den Beitrag von Kita und Kita-Zeit abschätzen zu können.

4.1 Englischkenntnisse

Im internationalen Vergleich zeichnet sich ab, dass das Englisch der Altenholzer Kinder bereits gegen Ende des 1. Schuljahres ein Niveau aufweist, das z. B. italienische Schüler an der Europaschule in Varese, Italien, erst im Alter von 10-11 Jahren nach drei bis vier Jahren intensivem herkömmlichen Unterricht von täglich mindestens einer Stunde ab dem 1. Schuljahr erreichen. Damit dürften Modelle nach Art des Altenholzer Verbundes von bilingualer Kita und immersiver Grundschule weltweit zu den leistungsstärksten zur Frühvermittlung von Fremdsprachen gehören.

4.2 Immersives Lernen: Kindgemäß, altersgemäß, autonom

Bei IM kann jegliches Erklären, Korrigieren, oder Üben zur Förderung der sprachlichen Korrektheit unterbleiben. Das Lernen ist den Kindern überlassen. So wird sichergestellt, dass sie nicht überfordert werden und dass das Lernen kind- und altersgemäß erfolgt, da die Kinder die Modalitäten selbst bestimmen.

Dazu gehört auch, dass die Kinder Fehler machen. Sie sind entwicklungsbedingt, unvermeidlich und ein integrierter Bestandteil der Art, wie das menschliche Gedächtnis sprachliche Information für Zwecke des Lernens verarbeitet. Wie insbesondere Tab. 4 zeigt, verschwinden diese Fehler im Laufe der Entwicklung der Kinder von selbst.

4.3 Auswirkungen auf Muttersprache und Fachwissen

Im Altenholzer Verbund hat bislang die Entwicklung der Zweitsprache im Vordergrund der wissenschaftlichen Untersuchungen gestanden. Gesonderte Tests zur Entwicklung des Deutschen als der Muttersprache der Kinder oder zu den anderen Wissensbereichen konnten bislang nur in geringem Umfang durchgeführt worden. Dies schien uns deshalb nicht so dringend wie die Untersuchungen zum Englischen, da durch die beteiligten Lehrkräfte sichergestellt ist, dass eventuelle Defizite erkannt werden.

Beispielsweise schien es in der 1. Klasse des 1. Jahrgangs anfangs, als kämen die IM-Kinder im Sachwissen nicht so schnell voran wie die auf Deutsch unterrichteten Parrallelklassen. Im Verlauf der beiden ersten Jahre zeigte sich aber, dass eventuelle Rückstände bis zum Ende des 2. Schuljahrs beseitigt sind. Das entspricht den langjährigen Erfahrungen und Forschungsergebnissen zum IM-Unterricht in anderen Ländern.

Das haben auch zwei Tests zum Deutschen der IM-Kinder in Altenholz bestätigt. Im ersten, gegen Ende der 3. Klasse ging es um die deutsche Orthographie. Mit Hilfe eines Lückentests wurden alle vier Parallelklassen der Claus-Rixen-Schule getestet. In der IM-Klasse reichte das Notenspektrum von 1–3, in den drei anderen auf Deutsch unterrichteten Klassen von 1–6.

In einem weiteren Schritt wurde nach dem ersten Drittel der 4. Klasse mit Hilfe des Hamburger Lesetests HAMLET die Lesefähigkeiten fürs Deutsche überprüft. Verglichen wurde die IM-Klasse, eine ausschließlich auf Deutsch unterrichtete Parallelklasse der Claus-Rixen-Schule und eine Parallelklasse einer anderen Kieler Grundschule mit einem der Claus-Rixen-Schule vergleichbaren sozialen Umfeld. Nach den absoluten Zahlen lag die IM-Klasse beträchtlich über den beiden auf Deutsch unterrichteten Klassen. Dieses Plus in den absoluten Zahlen sollte nicht überbewertet werden. Doch selbst wenn die besonderen Umstände, unter denen die IM-Klasse zu Stande gekommen ist, bedacht werden, muss man feststellen, dass die Lesefähigkeit der IM-Kinder im Deutschen nicht etwa negativ beeinflusst worden ist, sondern offenbar besser als das der Vergleichskinder ist.

5. Bilinguale Kitas: Struktur und Funktionsweise

Zwar geht es in diesem Beitrag primär um die Zeit vor der Einschulung, dennoch musste die Entwicklung in der Grundschule bis zum Ende der 3. Klasse relativ ausführlich mit geschildert werden. Denn der Beitrag der Kita bzw. der Kita-Zeit für die gegenwärtigen bildungspolitischen Herausforderungen im Zusammenhang mit der Förderung von Mehrsprachigkeit gemäß der 3-Sprachenformel lässt sich nur durch Bezug auf das Leistungspotential des gesamten Verbundes von Kita und Grundschule abschätzen.

5.1 Sind bilinguale Kitas entbehrlich?

Dass die Produktion nach drei Jahren Kita noch so rudimentär wie in Tab. 1 ist und dass Kinder ohne Englischvorkenntnisse den Vorsprung bis zum Ende der 2. Klasse weitgehend aufholen, sollte dabei nicht zu der Schlussfolgerung verleiten, auf bilinguale Kitas als Vorbereitung auf die Grundschule könne verzichtet werden. Ganz im Gegenteil: Der explosionsartige Leistungsschub in der 1. Klasse ist nur möglich, weil die Kinder in der Kita eine beachtliche rezeptive Kompetenz entwickelt haben, die in der Produktion wie in Tab. 1 natürlich nicht sichtbar wird. Diese rezeptiven Fähigkeiten bilden die Grundlage dafür, dass in dem Moment, wo in der 1. Klasse auch auf der Prokuktion bestanden wird, diese sich so schnell entwickeln kann.

Mehr noch, es ist dieser Leistungssprung in der 1. Klasse, der verhindert, dass sich die Kinder mit Englischvorkenntnissen aus der Kita dem Niveau der Kinder ohne Vorkenntnisse anpassen. Stattdessen reißen erstere letztere mit.

Darüber hinaus ermöglicht es erst der Verbund, dass dem Gros der Kinder sieben Jahre Kontakt zum Englischen geboten werden kann, so dass auch alle Kinder tatsächlich bis zum Ende der Primarstufe das angestrebte Ziel erreichen.

5.2 Struktur und Funktionsweise bilingualer Kitas

Bilinguale Kitas funktionieren wie monolinguale; zusätzliche Materialien sind nicht erforderlich; und Abstriche an den normalen curricularen Zielsetzungen müssen nicht gemacht werden. Sichergestellt sein muss aber, dass ihre Umsetzung in der zu fördernden Sprache erfolgt. D. h. die Dinge, die ohnehin in einer Kita geschehen, werden in der zu lernenden Sprache durchgeführt.

Eine bilinguale Kita mit dieser Zielsetzung lässt sich auf unterschiedliche Weise organisieren. Die Konzeption der Altenholzer Kita ist, dass die Sprachen nach dem Prinzip *eine-Sprache-pro-Person* verwendet werden. Entsprechend werden zwei Betreuerinnen A und B eingesetzt. A repräsentiert die Muttersprache der Kinder, B die neue Sprache, in Altenholz eben Englisch. Unter den Erzieherinnen werden die Rollen so verteilt, dass B im Umgang mit den Kindern nur die neue Sprache verwendet und das auch dann tut, wenn sie nicht direkt mit den Kindern interagiert, aber letztere in der Nähe sind. B muss aber auch die Muttersprache der Kinder so weit beherrschen, dass sie sich mit ihren Wünschen, Klagen oder Kommentaren an B wenden können. B erwidert den Kindern aber stets in der neuen Sprache. Auf diese Weise haben die Kinder die Gewähr, dass das, was ihnen geantwortet wird, sich auch auf das bezieht, was sie selbst geäußert hatten. A vertritt die Muttersprache, versteht aber die neue Sprache so weit, dass es zu keinen Missverständnissen kommt.

Deutsche Kitas eignen sich gut, um dem Prinzip der personengebundenen Sprachverwendung gerecht zu werden. Gesetzlich ist ohnehin vorgeschrieben, dass pro Gruppe 1,5 oder 1,75 Betreuungspersonen vorhanden sind. Eine Stelle besetzt man mit einer Kraft, die die Umgangssprache der Kinder spricht, die zweite mit einer fremdsprachlichen.

In bilingualen Kitas wird zwar im Grunde nicht anders als in monolingualen verfahren. Ein wesentlicher Unterschied aber besteht darin, dass mehr noch als in muttersprachlich geführten Kitas darauf geachtet werden muss, dass die Verwendung der neuen Sprache soweit wie möglich kontextualisiert erfolgt, damit die Kinder, auch wenn sie das Gesagte nicht völlig verstehen, dennoch begreifen, worum es geht, und zwar deshalb, weil sie die Situation auch ohne sprachliche Hinweise durchschauen. D. h. in bilingualen Kitas hantiert man verstärkt mit dem, worüber man spricht; man zeigt oder blickt auf es; oder man knüpft an die Vorerfahrung der Kinder an. Dafür sind keine Verhaltensweisen erforderlich, die nicht ohnehin zum Repertoire modern ausgebildeter Erzieher/innen gehören. Worauf es ankommt, ist, dass die Betreuer/innen die zu vermittelnde Sprache angemessen beherrschen. (Zu weiteren Einzelheiten zu bilingualen Kitas s. insbesondere Wode 2000).

5.3 Gibt es Risikogruppen?

Obwohl diese Frage von großer Bedeutung ist, lässt sie sich derzeit nicht zufriedenstellend beantworten. Die bislang besprochenen Ergebnisse und Erfahrungen betreffen zum einen Kinder aus Majoritäten, deren Mutter- oder Familiensprache und kulturelle Identität durch den frühen Erwerb einer weiteren Sprache nicht bedroht oder beeinträchtigt wird, z. B. die Kieler Kinder, die Englisch lernen, die anglophonen Schüler aus dem französischen IM-Unterricht in Kanada (Wode 1995), die frankophonen Elsässer ABCM-Schüler im Elsass (Wode 2001a) oder die finnischsprachigen Kinder aus dem schwedischen IM-Unterricht in Finnland (z. B. Björklund 1998). Für solche Kinder besteht offenbar kein Risiko.

Das Gleiche scheint für Kinder aus autochthonen Minderheiten zu gelten, wenn sie ihre Herkunftssprache besser oder gar neu lernen sollen. In der Regel sind solche Kinder ohnehin mehrsprachig, und oft ist die Majoritätensprache ihre dominante. Die einschlägigen Berichte sind überaus positiv, etwa zum Katalanischen in Spanien (z. B. Bel 1994, Artigal 1993), Deutsch in Dänemark (z. B. Byram 1993), Baskisch in Spanien (z. B. Artigal 1993, Cenoz 1998) Walisisch in Großbritannien (z. B. Baker 1993, Jones 1998), Irisch in Irland (z. B. Hickey 1997) oder Dänisch in Schleswig-Holstein (z. B. Søngergaard 1993).

Zur Vorsicht gemahnt werden muss zurzeit jedoch, wenn Kinder aus allochthonen Minderheiten, vor allem jene aus sozial schwachen Migrantenkreisen in gleicher Weise in den Verbund von Kita und Grundschule einbezogen werden sollen. Zwar gibt es immer wieder Berichte über einzelne Schüler, die problemlos und erfolgreich die Schulen des jeweiligen Gastlandes absolvieren. Aber bekanntlich gilt das für eine überproportional große Anzahl von ihnen nicht, ohne dass hinreichend klar ist, woran das im Einzelnen liegt. Auch lässt sich derzeit nicht verlässlich sagen, ob es bei der Betreuung sozial schwacher Migrantenkinder auch in der Kita zu den Schwierigkeiten wie im Primar- und Sekundarbereich kommt. Zu diesen Kindern brauchen wir dringend klärende Forschung. (Einzelheiten s. Wode 2000)

6. Schlussfolgerungen für Kitas, Erzieher/innen und ihre Ausbildung

Der beeindruckende Beitrag von Kitas für die Förderung und den Erwerb von Mehrsprachigkeit schon in sehr jungen Jahren zwingt geradezu zu, Modifikationen im Kita-Alltag und in der Ausbildung der Erzieher/innen anzuregen. Mehrsprachigkeit und seine Pflege muss in unseren Kitas verankert werden. Es ist geradezu anachronistisch, wenn in den Kita-Konzeptionen noch immer vor allem die Bedeutung der Muttersprache betont und die Arbeit auf sie ausgerichtet wird, während die Alltagswelt der meisten unserer Kinder längst durch Mehrsprachigkeit und Multikulturalität geprägt ist. Diese Welt muss sich in den Kitas spiegeln. Das setzt allerdings eine Weiterentwicklung der Erzieher/innenausbildung voraus. In ihr muss die Beherrschung von mehreren Sprachen, also nicht nur Englisch, sowie die Beschäftigung mit Fragen des Spracherwerbs, mit Mehrsprachigkeit und Multikulturalität fest verankert werden und einen zentralen Platz erhalten. Dabei darf das Thema nicht verengt auf die Problematik von Migrantenkinder beschränkt werden. Zwar dürfen sie auf keinen Fall ausgeschlossen werden. Aber gerade die große Zahl der von zu Hause aus monolingualen Kinder muss an Mehrsprachigkeit und alles, was sie impliziert, herangeführt werden.

Literaturverzeichnis

Artigal, J. M. (1993): Catalan and Basque immersion programmes. In: H. Batens Beardsmore (ed.), European models of bilingual education. Clevedon, Avon: Multilingual Matters, 30–53.

Baker, C. (1993): Bilingual education in Wales. In: H. Batens Beardsmore (ed.), European models of bilingual education. Clevedon, Avon: Multilingual Matters, 7–29.

Bel, A. (1994): Evaluating Immersion Programmes: The Catalan case. In: C. Laurén (ed.). Evaluating European immersion programs. Vasa: Vasa University Press, 27–46.

Berger, C. (1999): Pilotuntersuchungen zum Lautwerwerb des Englischen in bilingualen Kindergärten am Beispiel der „roten Gruppe" in der AWO-Kindertagesstätte Altenholz. Mimeo, Universität Kiel.

Björklund, S. (1998): Development of the second language lexicon and teacher work in immersion. In: J. Arnau & J. Artigal (ed.). Els Programes d'immersió: una Perspectiva Europea – Immersion Programs: a European Perspective. Barcelona: Universitat de Barcelona, 115–126.

Byram, M. (1993): Bilingual or bicultuaral education and the case of the German minority in Denmark. In: H. Batens Beardsmore (ed.), European models of bilingual education. Clevedon, Avon: Multilingual Matters, 54–65.

Cenoz, J., (1998): Multilingual education in the Basque country. In: J. Cenoz& F. Genesee (ed.). Beyond bilingualism: Multilingualism and multilingual education. Clevedon: Multilingual Matters.

Hickey, T. (1997): Early immersion education in Ireland: The Naíonraí. Dublin: Linguistics Institute of Ireland.

Jones, D. (1998): An assessment of the communicative competence of children in Welsh immersion programmes. In: J. Arnau & J. Artigal (ed.). Els Programes d'immersió: una Perspectiva Europea – Immersion Programs: a European Perspective. Barcelona: Universitat de Barcelona, 594–608.

Lauer, K. (1999): Deutsch-französischer Kindergarten *Rappelkiste* in Rostock: Der frühe L2-Erwerb des französischen Verbalsystems. Mimeo, Englisches Seminar, Universität Kiel.

Maibaum, T. (2000): Replikationsstudien zum Erwerb des Wortschatzes in der Fremdsprache in bilingualen Kindergärten. MA., Universität Kiel.

Mayer, M. (1969): Frog, Where Are You? New York: Pied Piper.

Rohde, A. (1999): Early lexical development in non-tutored L2 acquisition. In: S. Foster-Cohen, M. Lambert, C. Perdue & R. Rast (ed.). Proceedings of the 8th Eurosla Conference, Paris: Université Paris, Bd. 2: From word to structure, 49–59.

Rohde, A. (2001): Lexikalische Prinzipien im L2-Erwerb. Habilschrift, Universität Kiel.

Rohde, A. & Tiefenthal, C., (2000): Fast Mapping in Early L2 lexical acquisition. Studia Linguistica 54, 167–174.

Sønergaard, B. (1993): The problem of pedagogy versus ideology: The case of a Danish-German bilingual school-type. In: H. Batens Beardsmore (ed.), European models of bilingual education. Clevedon, Avon: Multilingual Matters, 66–85.

Tiefenthal, C. (1999): Die Entwicklung des Wortschatzes der Fremdsprache in einem deutsch-englisch bilingualen Kindergarten. MA., Universität Kiel.

Tonn, G. (1999): Pilotuntersuchungen zum Lauterwerb des Englischen in bilingualen Kindergärten am Beispiel der „grünen Gruppe" der AWO-Kindertagesstätte in Altenholz. Mimeo, Universität Kiel

Westphal, K. (1998): Pilotuntersuchungen zum L2-Erwerb in bilingualen Kindergärten. M. A. Universität Kiel

Wode, H., (1990): Immersion: Mehrsprachigkeit durch mehrsprachigen Unterricht. Informationshefte zum Lernen in der Fremdsprache 1. Eichstätt / Kiel.

Wode, H., (1992): Immersion und bilingualer Unterricht in europäischer Sicht. In: H. Eichheim (ed.), Fremdsprachenunterricht – Verstehensunterricht, Wege und Ziele. München: rother druck, 45–73.

Wode, H., (1995): Lernen in der Fremdsprache: Grundzüge von Immersion und bilingualem Unterricht. Ismaning: Hueber.

Wode, H. (1996): Wieso, weshalb, warum? Mimeo, Universität Kiel.

Wode, H. (1998): Bilingualer Unterricht – wie geht's weiter? In: H.-E. Piepho & A. Kubanek-German (ed.). „I beg to differ": Festschrift für Hans Hunfeld. München: Iudicium-Verlag, 215–231.

Wode, H. (2000): Mehrsprachigkeit durch bilinguale Kindergärten. Mimeo, Universität Kiel.

Wode, H. (2001a): Mehrsprachigkeit durch Kindergarten und Grundschulen: Chance oder Risiko? Nouveaux Cahiers d'allemand 19, 157–178.

Wode, H. (2001b): Wann beginnt L2-Erwerb? In: R. Peters, H. P. Pütz & U. Weber (ed.). Vulpis adolatio: Festschrift für Hubertus Menke zum 60. Geburtstag. Heidelberg: Winter, 945–960.

Wode, H. (2002): Fremdsprachenvermittlung in Kita, Grundschule und Sekundarbereich: Ein integrierter Ansatz. In: Perspektiven Englisch 3, 33–42.

Wode, H. (i.Dr.): L2-Lauterwerb in bilingualen Kindertagesstätten. In: S. Björklung (ed.). Festschrift für Christer Lauren.

Wode, H., S. Devich-Henningsen, U. Fischer, V. Franzen & R. Pasternak (i.Dr.): Englisch durch bilinguale Kitas und Immersionsunterricht in der Grundschule: Erfahrungen aus der Praxis und Forschungsergebnisse. Vortrag anläßlich des DGFF-Kongresses *Fremdsprachenunterricht auf dem Prüfstand: Innovation – Qualität – Evaluation*, Dresden, 5. Oktober 2001 (Erscheint in den Verhandlungen.)

Sprachliche Bildung im Kindergarten und die aktuelle Bildungsdiskussion

STEFFEN REICHE

Der Kindergarten als Teil des Bildungswesens[1]

Ich freue mich über die Einladung des Pestalozzi-Fröbel-Verbandes und über die Gelegenheit, auf Ihrer Tagung über den Kindergarten als Teil des Bildungssystems reden zu dürfen. Der **pfv** ist mit seiner fast 130-jährigen Geschichte ein altehrwürdiger Verband, aber sehr lebendig, wie man sieht, und sehr aktuell, wie das Thema Ihrer Tagung belegt.

„Kinder kommen zu(m) Wort" ist der Titel dieser Tagung. Ich finde, die Vielschichtigkeit in diesem Titel wird dem Thema sehr gerecht:

– Sie legen damit den Schwerpunkt auf den Gedanken der Partizipation; auf die Bedeutung der Teilhabe von Kindern an unserem Leben, an den Entscheidungen; auf die Mahnung, dass wir Kinder ernst nehmen müssen als Personen, denen die Zukunft gehört und denen wir aus der Vergangenheit und Gegenwart das Bestmögliche mitzugeben haben.

– Sie thematisieren damit die Frage des Spracherwerbs von Kindern; eine Frage, die nicht zuletzt durch die Ergebnisse der PISA-Studie für uns eine brennende Aktualität gewonnen hat. Sprachvermögen ist eine Basiskompetenz und maßgeblich für alle weiteren Bildungsbemühungen. Nicht nur der Schul- und Berufserfolg hängen davon ab, sondern die Sprache ist eine Voraussetzung, dass wir uns ein Bild von der Welt machen, dass wir in Austausch mit anderen Menschen treten können.

– Sie kritisieren damit ein verkürztes Verständnis von Sprachförderung. Wenn jetzt allerorten der Ruf nach einer Verbesserung der Sprachkompetenzen der Kinder erschallt, dann sollten wir uns gleichzeitig davor hüten, von Sprachtrainingsprogrammen eine kurzfristige wie lang anhaltende Lösung zu erhoffen. Es geht eben bei der Sprachentwicklung von Kindern weniger um das Einüben von Fähigkeiten, sondern darum, dem Kind von klein auf Gelegenheit zum aktiven Sprachgebrauch zu geben. Für Kinder, wie für alle Menschen, ist sprechen mehr als „Worte sagen", sondern „mit Sprache etwas zu tun". Kleine Kinder sind also nicht in Sprache zu „unterweisen", sondern insbesondere der Kindergarten hat die Aufgabe, den Kindern Gelegenheiten zu geben, die Sprache zu nutzen. Die Erzieherin, als eine für das Kind sehr wichtige Bezugsperson, muss sich durch Sprachäußerungen des Kindes beeinflussen lassen, sie muss es dem Kind gestatten, mit Sprache etwas zu bewirken. Mit Sprache etwas bewirken kann bedeuten, den Anderen zu einer Antwort zu veranlassen, die das angesprochene Thema aufgreift und weiterführt, zumindest widerspie-

---

[1] Rede auf der pfv-Fachtagung „Kinder kommen zu(m) Wort – Sprache als Schlüssel zur Bildung und Chancengleichheit", 18./19. Oktober 2002 in Köln

gelt, oder den Anderen zu Handlungen zu veranlassen, sich dem Kind zuzuwenden, aufmerksam zu sein oder Geschichten zu erzählen oder – besser noch – sich anzuhören.

Zum Sprechen gehört es auch, das Umfeld, in dem sich Sprache entwickelt, im Auge zu behalten. Das bedeutet einerseits, Situationen zu schaffen, die Sprechen herausfordern – Spiele, in denen Reime, Rhythmen, Singen etc. vorkommen; Geschichten erzählen über Alltägliches oder Besonderes, das in den Erfahrungen der Kinder eine Rolle spielt; „Tischgespräche" ermutigen; Themen der Kinder identifizieren, die im wahrsten Sinne des Wortes Kinder „zur Sprache bringen". Sie haben sich bereits mit diesen und ähnlichen Themen auf der Fachtagung befasst. Nun aber zum Thema meines Beitrags: Der Kindergarten als Teil des Bildungswesens.

Ich denke, wir sind uns einig, wenn mit „Kindergarten" die Einrichtung der Kindertagesbetreuung für alle Kinder vom Kleinstkindalter bis ins Schulalter gemeint ist. Gerade wenn man sich mit der Sprachentwicklung und Sprachförderung befasst, wäre eine Einengung auf die Gruppe der 3- bis 6-jährigen Kinder falsch, weil zu spät einsetzend. Als Jugend- und Bildungsminister des Landes Brandenburg trage ich Verantwortung sowohl für den Bereich der Kindertagesbetreuung als auch für den Schulbereich, und ich bin froh darüber, beide Bereiche zusammen in einem Haus zu haben. Denn bisher haben wir im vereinten Deutschland die Frage des Ausbaus der Kindertagesbetreuung vorrangig unter dem Aspekt der Vereinbarkeit von Familie und Beruf diskutiert. In diesem Zusammenhang ist es vielleicht angemessen zu erwähnen, dass nicht nur der Kindergarten in der DDR selbstverständlicher Teil des Bildungswesens war, sondern auch die Kinderkrippe. Bei aller notwendigen Kritik an der ideologischen Überformung der damaligen Aufgabe des Kindergartens und an der aus heutiger Sicht überholten Vorstellung, man könne Kinder „befähigen", bleibt doch ein Bewusstsein von der Bedeutung früher Bildung, um das wir uns in unserem gemeinsamen Deutschland noch heftig bemühen müssen.

In Deutschland steht heute, 150 Jahre nach dem Tod von Friedrich Fröbel, die Bildungsaufgabe des Kindergartens noch auf der Tagesordnung. Wir müssen uns durch internationale Studien oder durch Aussagen von Wirtschaftsseite – wie zum Beispiel von der Unternehmensberatungsfirma McKinsey –, den Investitionsbedarf im Bildungswesen und insbesondere im Kindergarten vorrechnen lassen. Wir brauchen die Stellungnahme der Vereinigung der Hessischen Unternehmerverbände, um eine grundlegende Reform der Bildungs- und Erziehungsarbeit in den Kindergärten öffentlich diskussionsfähig zu machen.

Wenn Sie jetzt sagen, „Was redet er denn da? – Der ist doch schließlich als Politiker verantwortlich", dann haben Sie einerseits Recht. Andererseits verkennen Sie, dass Politik immer nur in der Lage ist, das Allgemeinmehrheitsfähige umzusetzen. Die Kritik weist auf alle zurück, die es besser wissen; die wissen, dass von einer qualitativ guten Kindertagesbetreuung nicht nur das Schicksal der einzelnen Kinder, sondern die Zukunftsfähigkeit unseres Gemeinwesens abhängt.

Es ist eine Frage von Zukunftsfähigkeit, auch des ökonomischen Schicksals dieser Republik, wie es uns gelingt, die frühen Bildungsprozesse der Kinder zu unterstützen. Dabei haben wir, auch wenn das nicht das Thema dieser Tagung oder das Thema meines Vortrages ist, die Erziehungskompetenz von Eltern zu stärken, denn tatsächlich sind die Eltern die erste Stufe eines Bildungssystems (das wurde in der DDR vermutlich absichtlich vergessen). Alle anderen Stufen bauen darauf auf, können ausgleichen, aber sie würden sich selbst überschätzen und sie würden Eltern ungerechtfertigt aus ihrer Verantwortung entlassen, wenn sie dies vergessen.

Die nächste Stufe des Bildungssystems ist der Kindergarten, das ist keine Frage. Höchstens ist es die Frage, wie tragfähig diese Stufe ist. Mit Recht müssen wir uns fragen – und fragen lassen –, ob wir genügend und das Richtige tun, um die Begabungen und Fähigkeiten junger Menschen zu fördern und ihnen alle Entwicklungschancen zu eröffnen. Und die Antwort ist eindeutig „nein". Wir tun nicht genug und wir müssen noch vieles besser machen.

Wir tun nicht genug: Die Versorgungsgrade (und schon dieses Wort ist entlarvend genug, macht es doch deutlich, worum es heute noch zumeist geht), also die Chance für Kinder einen Platz in Kindertagesbetreuung zu erhalten, ist in den westlichen Bundesländern beklagenswert schlecht. Bei aller Anerkennung für die Anstrengungen der letzten Jahre; Kleinkinder, Schulkinder und Kinder mit ganztägigem Betreuungsbedarf sind – ebenso wie ihre Eltern – im Westen dieser Republik in einer schlechten Situation. Dies gilt eben nicht nur im Vergleich mit den östlichen Bundesländern, sondern es gilt auch im Vergleich zu den meisten europäischen Ländern. Die Schlusslichter in Europa sind die Länder mit einem konservativen Familien- und Frauenbild und sie sind gleichzeitig die Schlusslichter in den Geburtenzahlen. Der Zusammenhang ist eindeutig und so hat Deutschland demografisch nur als Land mit einer massiven Zuwanderung oder mit einer Kindertagesbetreuung, die ihren Namen verdient, eine Überlebenschance.

Aber auch wir müssen noch vieles besser machen: In den Jahren der frühen und grundlegenden Bildungsprozesse leisten wir uns eine zur Beliebigkeit verkommene Pluralität. Jede Erzieherin, jeder Träger, jeder Jugendamtsbereich, jedes Land kocht ein eigenes Süppchen. Ich bin in dieser Frage ein überzeugter Zentralist. Wir werden nur vorankommen, wenn ein nationaler Konsens gesucht und gefunden wird über die Ziele, Inhalte und Wege, die frühe Bildung zu fördern. Daher unterstütze ich nicht nur die Bemühungen der Bundesregierung, nationale Standards zu erarbeiten, sondern habe dies mit angeregt und in Brandenburg machen wir die ersten Schritte, für dieses Ziel zuzuarbeiten.

Wenn ich sage, wir müssen noch vieles besser machen, dann gilt dies auch für die pädagogischen Konzepte. Seit Comenius, über Leontjew bis zu Hartmut von Hentig wissen wir: Bildung kann nicht von anderen gemacht werden, sie erfolgt in selbsttätiger Aneignung von Welt. Kindergärten als Bildungseinrichtungen stelle ich mir als Forschungslabore vor, nicht als anregungsarme Spielwiesen noch als Vor-Schule.

Die Schule ist, auch das hat uns PISA gezeigt, ebenso reformbedürftig. Sie ist daher kein Vorbild für den Kindergarten – aber sie ist auch kein Schreckgespenst, vor dem die Kinder längstmöglich bewahrt werden müssen. Schule und Kindergarten haben beide gute Gründe voneinander zu lernen, und wenn ich Konsultationskitas bei uns im Land besuche oder wenn ich in den Schulen mit flexibler Eingangsstufe im Land Brandenburg bin, dann sehe ich gemeinsame Grundzüge und sehe den Weg einer gemeinsamen Veränderung.

So wie die Schulen sich vom Lernen im 45-Minuten-Rhythmus verabschieden, wie sie Spielen und Lernen als Einheit begreifen und wie sie versuchen, jedem Kind die Zeit zum Lernen zu geben, die dieses Kind braucht, haben sie viel von einem guten Kindergarten. Und so wie ich Kindergärten sehe, die auch die kognitiven Bedürfnisse von Kindern anerkennen, die immer wieder – und nicht nur zufällig – nach Nahrung für den Wissenshunger der Kinder suchen, haben sie viel Ähnlichkeit mit einer guten Schule.

Dies spricht nicht für eine Durchmischung der Systeme: Ich bin für einen Kindergarten, der bis zur Einschulung seine Aufgabe wahrnimmt und ich bin daher gegen eine Vorschule, als Ein-Jahrs-Vorbereitungstraining oder als vorweggenommene Schule. Ich bin aber gegen die Aufrechterhaltung von Feindbildern, ich bin dafür, dass jeder zuerst vor seiner Tür kehrt, sich zuerst mit dem Balken im eigenen Auge beschäftigt – und sich aus einer Position kompetenten Selbstbewusstseins mit der anderen Bildungseinrichtung über Kooperationen verständigt. Diese notwendige gemeinsame Entwicklung kommt auch in den Stellungnahmen der Kultusminister- wie der Jugendministerkonferenz, den Empfehlungen des Forum Bildung und der Streitschrift des Bundesjugendkuratoriums zum Ausdruck. Erfreulicherweise scheint mir bei diesen Gremien die Zeit mancher unfruchtbarer Abgrenzung zwischen Schule und Kindertagesstätte zu Ende zu sein. Ich bin noch nicht sicher, ob dies bei den Fachleuten auch so ist. Wenn von Kita-Erzieherinnen manchmal beklagt wird, sie sollten nun wohl Schuld an den schlechten PISA-Ergebnissen sein, so weiß ich nicht, wo sie das gehört haben. In allen Diskussionen, die ich verfolgt habe, scheint eine bemerkenswerte und erfreuliche Nachdenklichkeit auch und gerade des Schulbereichs auf. Es gibt meines Erachtens weder in der Schule noch in der Kita Grund für Selbstzufriedenheit – aber auch keinen Grund für gekränkte Resignation; dazu gibt es in allen Bereichen zu viel zu tun.

Das Land Brandenburg hat schon 1997 die Initiative zu einem Projekt zur Entwicklung eines „Bildungsauftrages von Kindertageseinrichtungen" ergriffen und im Bundesministerium und den Jugendministerien der Länder Sachsen und Schleswig-Holstein engagierte und ambitionierte Mitstreiter gefunden. Damals gab es für dieses Vorhaben noch keine breite Zustimmung – vielmehr wurden wir nicht nur heimlich belächelt. Über drei Jahre hinweg dokumentierten die Wissenschaftler mit Kameras und Fragebögen alltägliche Spielszenen in insgesamt zwölf Kindertagesstätten der drei einbezogenen Bundesländer. Zusammen mit den Erzieherinnen suchten sie nach den besten Wegen zur Erfüllung des Bildungsauftrages. Die Ergebnisse finden sich in dem Buch „Forscher, Künstler, Konstrukteure – Werkstattbuch zum Bildungsauftrag von Kindertageseinrichtungen", das ich allen Kitas im Land Brandenburg kostenlos zur Verfügung gestellt habe. (Der Luchterhand-Verlag hat dieses Buch und den ersten Band „Bildung und Erziehung in der frühen Kindheit – Bausteine zum Bildungsauftrag von Kindertageseinrichtungen" inzwischen verlegt).

Mit diesem Modellprojekt, mit seiner Fortführung und Verbreitung, mit der Erarbeitung von Grundsätzen der Bildungsarbeit – die hoffentlich in ein nationales Curriculum münden – haben wir einen Anfang gemacht; der kommende Weg ist nicht einfach und kurz. Und auch auf diesem Weg gibt es nicht die Einen, die das Wissen haben, und die Anderen, die belehrt werden sollen. So wenig wie belehrte Kinder klug werden, so wenig gilt dies für Erwachsene. Erzieherinnen sollen also nicht über eine bessere Bildungsarbeit belehrt werden, sondern ich hoffe auf die neugierigen, forschenden Erzieherinnen, die sich Gedanken um das Weltwissen machen, das den Kindergartenkindern eröffnet werden soll, ich setze auf die neugierigen Erzieher, die herausfinden wollen, was die Themen der Kinder sind, und die mit den Kindern weiterführende Fragen und Experimente entwickeln. Solche Erzieherinnen sind für die kleinen Lerner die besten Vor-Bilder; und sie zeigen uns, wie man den Bildungs- und Erziehungsauftrag mit Leben füllen und umsetzen kann.

So haben wir uns auf ein gemeinsames großes Forschungsprojekt einzulassen. Es ist zu erforschen, wie wir unseren Kindern am besten helfen, diese Welt zu begreifen, und wie wir sie vorbereiten auf eine kommende Welt, die wir alle nicht kennen und nicht vorhersagen können.

Die erzieherische Praxis im Tagesbetreuungsbereich braucht verlässliche Unterstützung. Sie braucht ein System der Praxisunterstützung und sie braucht dies mehr als neue Modellversuche. Wir haben in Brandenburg gute Erfahrungen mit „Konsultationskitas" gemacht, die sich durch einen besonderen fachlichen Schwerpunkt und durch vorbildliche Arbeit auszeichnen und ein Ort der Anschauung, Hospitation und der kollegialen Beratung sind. Wir brauchen Praxisberatung und Fortbildung und vor allem brauchen wir Forschung und Unterstützung durch die Wissenschaft. Es ist nicht länger hinzunehmen, dass nur fünf

Lehrstühle in Deutschland sich mit den Fragen der Pädagogik der frühen Kindheit befassen – und z. B. neun Lehrstühle mit christlicher Archäologie. Ich möchte dies auch als ehemaliger Wissenschaftsminister betonen; Wissenschaft muss sich mit den relevanten Fragen dieser Welt befassen, muss nach Erklärungen suchen und muss aber auch Unterstützung für die Praxis bieten. Sowohl im Umfang der wissenschaftlichen Kapazitäten als auch in der forschenden und dienenden Aufgabe der Sozialwissenschaft für die Praxis muss Deutschland aus seiner Rolle als Entwicklungsland heraus.

Donata Elschenbroich (2001, S. 49) mahnt uns, den Schatz der frühen Kindheit nicht zu verschenken. Denn „für die frühen Jahre ist der Kindergarten ein ideales Bildungsmilieu: Hier werden Kinder aller Schichten unter einem Dach versammelt, hier werden noch keine Noten vergeben. Es gibt an den langen Tagen immer wieder pädagogisch unstrukturierte Zeiten, für Irrtümer, für Wiederholungen. Und man kann noch anders sein, ohne Nachteil. Im Kindergarten kann wie von selbst in Projekten gelernt werden. Chemie, Mathematik, Physik in der Küche: das Hebelgesetz beim Nüsse Knacken, elementare Mengenlehre beim Salzen. Kunst und Mathematik sind noch nicht auseinanderdefinierte Schulfächer. Die Zukunft lernt im Kindergarten."

Literatur

Elschenbroich, D. (2001): Weltwissen der Siebenjährigen. Wie die Kinder die Welt entdecken können. München: Antje Kunstmann.

HEDI COLBERG-SCHRADER / PAMELA OBERHUEMER

Lernen und Leisten – Tabus im Kindergarten?[1]

Tabu?

„Lernen und Leisten – Tabu im Kindergarten?" Dass diese Frage provozierend ist, ist uns klar: Ein Tabu, das ist ja – wenn man die Bedeutung des Wortes heranzieht – *ein in einer Gruppe ängstlich gehütetes Verbot*. Verbietet man sich im Kindergarten ängstlich, Lernen und Leisten als Teil der eigenen Arbeit zu begreifen? Haben strukturierte Lernprozesse und die Anstrengung (und stolze Freude), die es bedeutet, wenn man etwas leistet, im Kindergarten nichts zu suchen, weil man sich dort – wie so oft argumentiert wird – an den Kindern und deren Wünsche orientiert, weil man dort auf Freiwilligkeit setzt und alles möglichst spielerisch gestaltet werden soll? Will man Kindern so lange wie möglich einen Schonraum schaffen inmitten einer komplizierter werdenden Welt?

Als wir die Fachveranstaltung „Sprache als Schlüssel zu Bildung und Chancengleichheit" vorbereiteten, begann in der Bundesrepublik die aufgeregte Diskussion um die alarmierenden Ergebnisse der PISA-Studie. In dieser Diskussion bekamen die frühkindliche Bildung und das vorschulische Lernen einen großen Aufmerksamkeitsschub – kaum ein Pressebericht, kaum eine offizielle Stellungnahme, kaum ein Bildungsbericht, kaum eine Talk-Show, die dies nicht betonten, auch wenn die PISA-Ergebnisse sich auf fünfzehnjährige Schüler bezogen. Aber es wurde auch deutlich, dass in der Öffentlichkeit ein sehr enges Bild von Kindergärten gezeichnet wird: Sie werden als bloße Betreuungseinrichtungen gesehen, Klischees vom Schonraum, von Spielparadiesen und von so genannter Kuschelpädagogik beherrschen die Diskussionen, und immer wieder einigte man sich in solchen Berichten und Gesprächsrunden darauf, wie schlecht doch deutsche Kindergärten im Unterschied zu denen anderer Länder seien. Als zentrale Forderung kristallisiert sich heraus, dass vorschulische Einrichtungen auch in Deutschland zu Bildungseinrichtungen werden müssen.

In der Fachszene der Kindertagesstätten ist dieser Anspruch nicht neu. Dass Krippen und Kindergärten grundlegende Bildungsorte sind, gehört zum Selbstverständnis dieses Bereichs. Auch darüber, dass diese Einrichtungen für ihren elementaren Bildungsauftrag nicht genügend qualifiziert sind und dass ihrer Arbeit nicht die nötige gesellschaftliche Bedeutung und Anerkennung beigemessen wird, herrscht Einverständnis, und es gibt viele bildungspolitische Vorstöße und

---

[1] Dieser Beitrag basiert auf einem Zwiegespräch, das die Autorinnen zum Abschluss der Fachtagung des Pestalozzi-Fröbel-Verbands „Kinder komen zu(m) Wort – Sprache als Schlüssel zu Bildung und Chancengleichheit" (18./19. Oktober 2002 in Köln) geführt haben.

Anregungen (unter anderem auch vom Pestalozzi-Fröbel-Verband), dies zu verbessern. Aber betont werden muss auch, dass die Praxis-Realität der Kindertagesstätten ein differenzierteres Bild liefert, als dies die Diskussionen des vergangenen Jahres an die Wand malten. Es gibt viele Kindertagesstätten, die trotz ungenügender Rahmenbedingungen in eindrucksvoller Weise die Neugier und den unermüdlichen Wissensdurst der Kinder aufgreifen, die das Lernen der Kinder sowohl mit einer anregungsreich gestalteten Umgebung wie auch mit fordernden und fördernden Lernangeboten voranbringen. Die kindorientierte Gestaltung von Bildungsprozessen und die sich auf die Fragen und den Alltag der Kinder einlassende Planung von Angeboten ist ja gerade eine Stärke vieler Kindergärten, die man sehr viel mehr als Antwort auf die kritischen PISA-Fragen verstehen könnte als manche der Lösungen, die in der schulfixierten Nach-PISA-Diskussion von Politikern und Experten auf den Tisch gelegt wurden.

Aber, und darauf zielt unsere provozierende Frage, haben Lernen und Leisten wirklich den Stellenwert im pädagogischen Selbstverständnis von Kindergärten, der nötig wäre? Oder kommt da vielleicht doch etwas zu kurz, was mit dazu beiträgt, dass sich z. B. manche Fünfjährigen im Kindergarten langweilen und unterfordert fühlen? Was vielleicht auch dazu beiträgt, dass bildungsbenachteiligte Kinder nicht in dem Maße gefördert werden, wie es für sie in dieser Lebensphase erforderlich wäre?

Nachdenken müssen wir auch darüber, warum es Erzieherinnen nur wenig gelingt, ihr Bildungsverständnis und die Bildungsleistungen von Kindergärten selbstbewusst und nachvollziehbar nach außen darzustellen – das sagen sogar Erzieherinnen selbst. Außenstehende können sich deshalb oft nur schwer ein Bild von guter Praxis machen, missverstehen spielerisches Lernen als Spielerei und Zeitvertreib. Hat das womöglich auch mit den in unserer Szene gebrauchten Begriffen (z. B. offene Arbeit; situatives Reagieren; ganzheitliches Vorgehen, …) zu tun, die Außenstehenden nicht vermitteln, dass Konzept und begründete Vorgehensweisen dahinter stecken? Von außen betrachtet macht die pädagogische Arbeit in Kindergärten nicht selten den Eindruck der Beliebigkeit – und dem muss dringend etwas entgegengesetzt werden.

Wie werden diese Fragen in anderen Ländern diskutiert?

Vergleiche mit anderen Ländern können wertvolle Impulse geben. Dabei denken wir an dieser Stelle nicht so sehr an internationale *Leistungs*vergleiche wie die PISA-Studie, viel mehr an differenzierte Informationen über die Bildungssysteme und Bildungsinfrastrukturen, an Erklärungsmodelle für Bildungskonzepte und Bildungspraktiken, an Bilder und Berichte von innovativer Praxis. Differenzierte Vergleiche dieser Art können uns helfen, das eigene System als kulturelles Konstrukt zu verstehen, als etwas, das zwar historisch gewachsen aber auch veränderbar ist.

Wenn man die Diskussionen von außen betrachtet, ist manches nur schwer nachzuvollziehen. Wie sollte man z. B. als Engländerin die Kontroverse der siebziger Jahre über die Einschulung der Fünfjährigen verstehen, wenn in England Kinder schon immer mit fünf Jahren eingeschult wurden, manchmal sogar schon einige Zeit vor dem fünften Geburtstag? Unverständlich ist auch heute noch mit dem Blick von außen, warum die Trennlinie zwischen Kindergarten und Grundschule so deutlich gezogen wird – hier Kindergarten, dort Schule, hier Sozialpädagogik, dort Schulpädagogik, hier freies Spiel, dort strukturierte Lehrplanorientierung. Warum werden diejenigen Kinder, die bereits im Kindergarten von sich aus Interesse am Lesen zeigen, in der Vertiefung dieser Kompetenz nicht aktiv unterstützt? Warum spielt die Schriftsprache einen so geringen Stellenwert in der Alltagspraxis? Warum gibt es wenig Beschriftungen in den Gruppenräumen, keine Schreibecke, keine Geschichtenbücher mit selbst diktierten Geschichten der Kinder? Die pädagogische Kultur der deutschen Kindergärten präsentiert sich anders als die der englischen *nursery* und *infant schools*.

Für Deutschland bietet der Blick nach Skandinavien viele Anknüpfungspunkte. Ob Schweden, Norwegen oder Dänemark, alle haben eine ähnliche geschichtliche Tradition in der Frühpädagogik. Überall spielte das Bildungsideal von Friedrich Fröbel – später Montessori – bis in die 70er Jahre eine wichtige Rolle in der Konzeptualisierung von Praxis und Ausbildung. Es wurde und wird viel Wert auf selbst initiierte Spielprozesse, auf erfahrungsorientiertes Lernen, auf die Qualität der sozialen Beziehungen in den frühen Kindheitsjahren gelegt. Auch die sozialpädagogische Orientierung war in diesen Ländern immer stärker als die schulpädagogische.

Jenseits dieser Gemeinsamkeiten gab es aber in den letzten 30 Jahren große Unterschiede zwischen Deutschland und den skandinavischen Ländern in der gesellschaftspolitischen Unterstützung von Familien mit jungen Kindern und in der Anerkennung der frühen Kindheitsjahre als grundlegende Bildungsjahre. Während Schweden und Dänemark zum Beispiel ihr Ausbildungssystem in dieser Zeit grundsätzlich aufgewertet haben, blieb diese Entwicklung in Deutschland eine langjährige Forderung ohne Folgen. Während die Vorschulsysteme in Schweden und Norwegen als Teil der allgemeinen Bildungsdebatte begriffen wurden – mit entsprechenden Regulierungs- und Steuerungskonsequenzen – fängt diese Debatte in Deutschland erst nach PISA richtig an. Während Schweden und Norwegen es bereits geschafft haben, die vorschulische und schulische Bildungsbiographie als ein Kontinuum zu begreifen und bewährte Lernformen der Vorschuljahre – Individualisierung, Differenzierung, interessengeleitete Projektarbeit – in den ersten Grundschuljahren weiterzuführen, ist hierzulande eine echte und strukturell gesicherte, partnerschaftliche Zusammenarbeit von Grundschule und Kindergarten – jenseits von einseitigen Forderungen und Erwartungen – noch vielerorts Zukunftsmusik.

Bringt uns die aktuelle Bildungsdiskussion weiter?

Wir haben die Aufgabe, die Kindertagesstätte als elementaren Bildungsort weiter zu qualifizieren: Es geht jetzt darum, wegzukommen von der klischeehaften Gegenüberstellung von spielerischem Lernen und schulischem Lernen und stattdessen mit vielfältigen Inhalten und Arbeitsmethoden die Lernfreude und Leistungsbereitschaft der Kinder in Kindergarten und Grundschule aufzugreifen. Orientiert an den Interessen und Bildungsprozessen der Kinder sollten wir ihnen reichhaltige Bildungsgelegenheiten bieten, wir sollten ihnen in differenzierter Weise neue Horizonte eröffnen, ihre unterschiedlichen Lernwege begleiten und ihre aktive Problemlösefähigkeit stärken.

Aber man braucht auch die nötigen Ressourcen. Viele von uns erinnern sich, dass wir bereits vor gut dreißig Jahren eine engagierte und anspruchsvolle Bildungsdiskussion hatten, bei der der Kindergarten eine wichtige Rolle spielte. Viele Argumente von heute erinnern an Argumente von damals, auch wenn die Situation heute eine andere ist, auch wenn die Voraussetzungen im Arbeitsfeld Kindertagesstätten inzwischen doch sehr anders geworden sind. In einer Hinsicht sollten wir an die Erfahrungen der siebziger Jahre unbedingt erinnern: Es wurde auch damals in allen Medien viel über Bildung diskutiert, es wurden Konzepte entwickelt, es wurde vieles in der Praxis ausprobiert und konstruktiv weiter entwickelt. Und dann verlor das Thema seine Aktualität und Bund und Länder zogen auf der Ebene der Ressourcen und Rahmenbedingungen nicht die Konsequenzen, die für die Realisierung eines qualifizierten elementaren Bildungsbereichs nötig gewesen wären.

Und hier liegt ein wichtiger Schlüssel für unsere jetzige Situation: Wenn wir in Deutschland das Bildungspotential von Kindertageseinrichtungen wirklich ausschöpfen wollen, dann müssen wir auch als Gesellschaft **lernen** und **leisten**. Wir müssen von anderen Ländern lernen, dass elementare Bildung sorgfältig bedacht und geplant sein muss, dass hier profundes Wissen und methodische Fähigkeiten, dass also gut qualifizierte Pädagogen nötig sind. Und wir müssen uns als Gesellschaft leisten, in diesen wichtigen elementaren Bildungsbereich so zu investieren, dass der Bildungsweg jeden einzelnen Kindes so gut wie möglich in seinen Anfängen gebahnt werden kann. Wenn wir diese Investition in Bildung an der Stelle nicht schaffen, dann wird wahrscheinlich die aktuelle Bildungsdebatte nur ein Strohfeuer ohne spürbare Konsequenzen bei Kindern und Jugendlichen bleiben.

Insofern schließen wir uns als Pestalozzi-Fröbel-Verband den Empfehlungen von Forum Bildung, der Jugendministerkonferenz und vom Bundesjugendkuratorium an: Es geht um Bildungskonzepte, um Veränderungsbereitschaft in der Praxis, es geht aber auch um verbesserte Ausbildung, um kontinuierliche berufsbegleitende Qualifizierung, es geht um eine Personalausstattung in den Kindertageseinrichtungen, die den heute gestellten Aufgaben gerecht werden kann.

Qualifizierte Praxis weiterentwickeln

Diese Infrastrukturbedingungen sind Voraussetzung für Bildungsqualität. Forschungsergebnisse zeigen, dass gelingende Lernprozesse bei Kindern auf der Engagiertheit der beteiligten Kinder und Erwachsenen aufbauen, auf einem gemeinsamen Dialog und Prozess der Sinnkonstruktion. Kinder und Pädagogen sind demnach Bildungspartner, die gemeinsam Verständnis und Wissen konstruieren. Diese partnerschaftliche Haltung setzt eine differenzierte Wahrnehmung von einzelnen Kindern und Praxisabläufen voraus. Beobachtung, Planung, die kritische Reflexion eigener Praxis sowie eine vielseitige Dokumentation von Lernprozessen sind damit das zentrale Handwerkszeug qualifizierter Praxis. Das wird zum Beispiel in den neueren nationalen Rahmenkonzepten von Ländern wie Schweden, England, Norwegen oder Neuseeland nachdrücklich betont. Sie sind der Anknüpfungspunkt für die pädagogische Planung und für differenzierte Gespräche mit Kindern, Kolleginnen und Eltern. Forschungsarbeiten hierzulande weisen allerdings darauf hin, dass zumindest im Bereich der Beobachtung noch viel Unsicherheit unter Erzieherinnen herrscht. Zum einen fühlen sie sich von der Ausbildung her zu wenig auf diesen Aspekt der Bildungs- und Erziehungsarbeit vorbereitet, zum anderen finden sie es auf Grund vorherrschender Rahmenbedingungen schwierig, die entsprechende Zeit – frei vom „Handlungsdruck" – für Beobachtungen in der Gruppe aufzubringen. Wenn die Ergebnisse der derzeit zu Ende gehenden Nationalen Qualitätsinitiative zu Fragen der Selbstevaluation und Fremdevaluation von Praxis und Trägerarbeit auf breiter Basis und mit entsprechenden Infrastrukturbedingungen verbreitet werden, so können wir mit einer deutlichen Weiterqualifizierung der Bildungs- und Erziehungsarbeit rechnen.

Anhang

ANHANG

Pestalozzi-Fröbel-Verband (**pfv**): Selbstverständnis – Ziele – Aufgabenfelder

Fachübergreifende Expertenkultur

Der Pestalozzi-Fröbel-Verband (**pfv**) ist ein politisch und konfessionell unabhängiger Fachverband für Kindheit und Bildung. Die Mitglieder bringen unterschiedliche berufliche Kompetenzen und Einbindungen mit: Sozialpädagogische Fachkräfte, Vertreter/innen der Ausbildung, der Fortbildung, Vertreter/innen von anderen Verbänden, von Bundes- und Landesministerien, aus Jugendämtern (kommunale und Länderebene), Wissenschaftler aus Universitäten und einschlägigen Instituten, freiberufliche Menschen aus Wissenschaft, Fortbildung und Beratung. Die ganze Breite der Fachszene rund um Kinder und kindbezogene Berufe, die in der Mitgliedschaft vertreten ist, kann eine besondere Expertenkultur bilden, die mit interdisziplinärem Sachverstand und Erfahrungswissen Lebensbedingungen von Kindern aufzeigt, Probleme benennt und bündelt sowie Positionen zugunsten von Kindern in der Öffentlichkeit bezieht.

Informelles Forum zum Gedankenaustausch

Die Chance dieser Struktur des **pfv** liegt darin, die Mitglieder als Experten gezielt anzusprechen und den fachlichen Austausch so zu organisieren, dass aktuelle Fragen, aber auch grundlegende Fragen (etwa zur Zukunft von Kindheit) mit den verschiedenen vertretenen Perspektiven und Erfahrungen beleuchtet werden. Was dabei das besondere Diskussionsklima des **pfv** auszeichnet: Im Rahmen dieses Verbandes, der keine Trägerfunktion hat, müssen keine bestimmten Interessen und Strukturen (wie z. B. kirchliche Interessen oder berufspolitische Forderungen) vertreten werden, man kann es wagen, kinderpolitische Fragen neu und quer zu denken und einen experimentellen Raum für die Weiterentwicklung sozialer Dienste über aktuelle Interessengebundenheit hinaus zu gestalten. Der **pfv** bietet somit ein informelles Forum für Fachleute verschiedener Arbeitsfelder und unterschiedlicher institutioneller Einbindungen. Das Ziel: Man lernt sich kennen, kann regionale und fachliche Netzwerke knüpfen und mit etwas Distanz zu den jeweiligen institutionellen Vorgaben Ideen, Perspektiven und kinderpolitische Strategien entwickeln.

Sozialpolitik für Kinder

Der **pfv** beschäftigt sich von seiner – nunmehr schon 130-jährigen – Tradition her mit den Lebensbedingungen von Kindern und setzt sich für Lebensqualität ein. Was bedeutet dieses Anliegen des Verbands heute?

Unsere Gesellschaft verändert sich derzeit so schnell und so gründlich wie nie zuvor. Der schmerzhafte Abschied von der Arbeitsgesellschaft schafft Unsicherheiten und grenzt viele Menschen aus. Manche Entwicklungen zeigen, dass Kinder gegenwärtig zu den Modernisierungsverlierern gehören. Auf der anderen Seite könnte eine gesellschaftliche Entwicklung, die nicht mehr nur auf Erwerbsarbeit konzentriert ist, auch wieder mehr Raum und bessere Möglichkeiten für Kinder und Familien bereithalten.

Der **pfv** will auf die Lebenslagen von Kindern und Familien und auf die Konsequenzen für Entwicklungschancen und Bildungsprozesse der nachwachsenden Generation öffentlichkeitswirksam aufmerksam machen. Die Suche nach einer neuen Ordnung des Zusammenlebens der Generationen ist überfällig. Das Ziel ist die Gestaltung einer Kultur des Aufwachsens, und diese käme sicherlich nicht nur den Kindern zugute, sie dürfte auch den Erwachsenen jenseits von Ökonomie, Beschleunigung und Effizienz mehr Lebensqualität erschließen.

Es ist zentraler Auftrag des **pfv** heute, in diesem Verständnis an einer Sozialpolitik für Kinder mitzuwirken.

Zur Zukunft sozialpädagogischer Berufe

Das Arbeitsfeld pädagogischer Fachkräfte ist an vielen Stellen in Bewegung. Mehr Autonomie und neue Zuständigkeiten werden in die Einrichtungen gegeben (Verwaltungsreform), Qualität und wirtschaftliche Betriebsführung werden verlangt. Der öffentlich finanzierte Bereich sozialpädagogischer Arbeit sieht sich zunehmend nicht nur von Sparmaßnahmen bedrängt, er gerät auch in die Konkurrenz mit freien Initiativen und mit kommerziell betriebenen Angeboten. Wie sich dabei das Berufsprofil (Ausbildung, Praxis, Weiterbildung) gestaltet, ist noch offen. Dass die Pädagogen eine Schlüsselrolle für die Sicherung von Qualität öffentlicher Kinderbetreuung haben, ist unbestritten. Und dass die Entwicklung hin zu Europa sowie die auch hierzulande nötige multi-kulturelle Praxis erweiterte Berufsprofile erfordert, wird von vielen Seiten betont. Entsprechende Konsequenzen für Ausbildung und praxisbegleitende Qualifizierung werden bisher jedoch kaum gezogen.

Hier wird sich der **pfv** auch weiterhin offensiv äußern und einmischen.

Dienstleistungen des pfv

- Die besondere Expertenkultur der Mitglieder wird für gemeinsames Nachdenken und Ideen-Sammeln aktiviert.

- Analysen und Vorschläge werden in die öffentliche Diskussion, aber auch an Entscheidungs- und Verantwortungsträger unseres demokratischen Systems gegeben.

- Aktuelle Fragen und Praxisentwürfe werden mit Mitgliedern und weiteren Interessenten auf Fachtagungen thematisiert.

- Für Mitglieder anderer Verbände bietet der **pfv** ein übergreifendes gemeinsames Forum, einen "neutralen" Ort gemeinsamer Perspektivenfindung.

- Projektartig können bestimmte fachpolitische Aufgaben übernommen und vorangetrieben werden.

- Fachpolitisch wichtige Informationen und Dienstleistungen werden bereitgestellt. Insbesondere für freiberufliche Mitglieder kann der Verband eine Informationsbörse sein, an dem Daten, Adressen, fachpolitische Papiere u.a.m. abgefragt werden können.

Rolle des pfv für die Mitglieder und in der Öffentlichkeit

Fragen nach der weiteren Entwicklung unserer Gesellschaft, nach dem Weg hin zu einer sozial gerechten und ökologisch orientierten Gesellschaft, können nicht nur in den offiziellen politischen und fachlich-institutionellen Kanälen vorangetrieben werden. Zur demokratischen Selbststeuerung der Gesellschaft sind aktive Bürger sowie auch unabhängig angesiedelte ehrenamtliche Expertenkulturen genauso wichtig. Der **pfv** will mit seinen Aktionsformen dazu beitragen, dass freiwilliges und ehrenamtliches Engagement als Ausdruck lebendiger Demokratie kommunikativ gestaltet wird.

Der **pfv** bietet an, mit anderen Menschen zusammen gesellschaftliche Fragen zu Kinderleben und Kinderhilfen in offener und nicht schon durch vorhandene Institutionen vorgeformter Weise anzugehen: Andere Mitglieder kennen zu lernen, quer zu denken, neue Lösungen zu suchen und sich damit in der Öffentlichkeit Gehör zu verschaffen.

Wollen auch Sie Mitglied werden? – Ihre Mitarbeit ist uns wichtig. Bitte nehmen Sie mit uns Kontakt auf!

ANHANG

Vorstandsmitglieder des pfv
Wahlperiode 2001–2004

Pamela Oberhuemer (Vorsitzende)
Wissenschaftliche Referentin am Staatsinstitut für Frühpädagogik (IFP)
München

Hedi Colberg-Schrader (stellvertr. Vorsitzende)
Vorstandsmitglied der Vereinigung Hamburger Kindertagesstätten
Hamburg

Detlef Diskowski (Schatzmeister)
Referatsleiter für Kindertagesbetreuung im Ministerium für Bildung, Jugend und Sport des Landes Brandenburg
Potsdam

Renate Engler
Fachberaterin für städtische Kindertagesstätten im Amt für Jugend und Familie
Pforzheim

Eva Hammes-Di Bernardo
Fachreferentin im Ministerium für Bildung, Kultur und Wissenschaft des Saarlandes
Saarbrücken

Dr. Sabine Hebenstreit-Müller
Direktorin des Pestalozzi-Fröbel-Hauses
Berlin

Dr. Hans Rudolf Leu
Leiter der Abteilung „Kinder und Kinderbetreuung" im Deutschen Jugendinstitut (DJI)
München

Bundesgeschäftsstelle:
Geschäftsführer: *Ludger Pesch*
Barbarossastr. 64
D-10781 Berlin
Tel. +49(0)30 23 63 90 00
Fax: +49(0)30 23 63 90 02
E-Mail: pfv@pfv.info
www.pfv.info

Autorinnen und Autoren

Autorinnen und Autoren

ARMELLE BEAUNÉ
Studium für Lehramt auf Gymnasium (Deutsch und Französisch als Fremdsprache). Tätig als Kindergärtnerin in einem mehrsprachigen Kindergarten in einer deutsch-französischen Gruppe seit 1996 und Lehrerin in der Erwachsenenbildung in Rostock.

HEDI COLBERG-SCHRADER
Geb. 1943, Sozialwissenschaftlerin. Viele Jahre wissenschaftliche Mitarbeiterin im Deutschen Jugendinstitut in München. Mitwirkung in der Geschäftsführung des 8. Jugendberichts. Von 1991 bis Ende 1996 Leiterin der Abteilung „Kinder und Kinderbetreuung" im Deutschen Jugendinstitut. Danach einige Jahre freiberuflich in Forschung und Fortbildung tätig. Seit 2000 Vorstandsmitglied bei der „Vereinigung Hamburger Kindertagesstätten e. V.", einem Träger von 173 städtischen Kindertagesstätten. Stellvertretende Vorsitzende des **pfv**.

Dr. STIENKE ESCHNER
Historikerin, Leiterin des Staatlichen Büchereiamtes für das Saarland, Referentin für Literatur- und Leseförderung im Ministerium für Bildung Kultur und Wissenschaft des Saarlandes.

RAGNHILD FUCHS
Dipl.-Pädagogin; wissenschaftliche Mitarbeiterin im Sozialpädagogischen Institut NRW in folgenden Projekten: Interkulturelle Erziehung im Elementarbereich und „QUAST – Qualität für Schulkinder in Tageseinrichtungen" im Rahmen des bundesweiten Projektverbundes „Nationale Qualitätsinitiative im System der Tageseinrichtungen für Kinder". Freiberufliche Fortbildnerin. Arbeitsschwerpunkte: Sprachförderung und interkulturelle Erziehung im Elementarbereich; Mitautorin der Bildungsvereinbarung in NRW; Entwicklung von Fortbildungsmaterialien.

EVA HAMMES-DI BERNARDO
Referentin für Bildungsfragen und zweisprachige Erziehung im Referat Kindertageseinrichtungen des Ministeriums für Bildung, Kultur und Wissenschaft des Saarlandes; langjährige Referatsleiterin des Bereichs Kindertageseinrichtungen beim Landesjugendamt des Saarlandes, Lehrbeauftragte in den Fachbereichen Deutsch als Fremdsprache und Romanistik der Universität des Saarlandes.
Studium in Saarbrücken, Metz, Montpellier und Nizza der Germanistik, Romanistik, Italianistik, Ethnologie und Anthropologie. Vorstandsmitglied im **pfv**.

Dr. KARIN JAMPERT

Studium der Sozialpädagogik und der Erziehungswissenschaft, wissenschaftliche Mitarbeiterin am Deutschen Jugendinstitut in München. Arbeitsschwerpunkte: Institutionenforschung im Bereich Elementarpädagogik, Interkulturelle Pädagogik mit dem Schwerpunkt Spracherwerb und Mehrsprachigkeit.

Prof. Dr. GERD KEGEL

Vorstand des Instituts für Psycholinguistik der LMU Münchens.
Geb. 1942, seit 1975 Professor für Sprechwissenschaft und Psycholinguistik an der LMU München. Seit 1999 Leitung von PROFiL (Programm zur rhetorischpädagogischen Weiterbildung des wissenschaftlichen Nachwuchses).
Arbeitsschwerpunkte: Spracherwerbsforschung, Sprachspezifische Kognitionsforschung, Basisprozesse der Sprachverarbeitung, Rhetorikforschung, Medienkommunikation, Praxis der Rhetorikvermittlung.

SUSANNE KÜHN

Studium der Jugendpädagogik und Jugendpolitik in Leiden/NL; Mitarbeiterin der Stichting Samenspel Op Maat, Rotterdam/NL. Arbeitsschwerpunkte: Unterrichtsmaterial für Aus- und Weiterbildung von Erzieherinnen; Sprachentwicklung und Mehrsprachigkeit; Methodik der Arbeit in Mutter-Kind-Gruppen.

Dr. PETRA KÜSPERT

Studium der Psychologie; wissenschaftliche Mitarbeiterin der Universität Würzburg in Forschungsprojekten zum Schriftspracherwerb, Entwicklung von Fördermaterialien (u. a. „Hören, lauschen, lernen") und standardisierten Schulleistungstests (Lesen / Mathematik). Lehrbeauftragte für „Entwicklungs- und Lernstörungen des Kindes- und Jugendalters". Seit 1998 außerdem lerntherapeutische Tätigkeit in freier Praxis.

Dr. JOHANNES MERKEL

Seit 1977 Professor für Vorschulerziehung mit dem besonderen Schwerpunkt Medien. Autor von Kinderbüchern, Kindertheatherstücken.
Wissenschaftliche Schwerpunkte: Frühkindliche Entwicklung / Sozialisationstheorien / Spracherwerb und Erwerb der Erzählfähigkeit in der Kindheit / Medien im Vorschulalter / Bildung im Vorschulalter.
Praktische Tätigkeiten: Erzählen in Kindergärten und Schulen / Kurse im Erzählen für Studenten und in der Weiterbildung / Weiterbildung für Erzieherinnen / Spielprojekte. www.uni-bremen.de/~stories

PAMELA OBERHUEMER

Wissenschaftliche Referentin am Staatsinstitut für Frühpädagogik (IFP), München. Arbeitsschwerpunkte: Vorschulische Bildungskonzepte und -systeme, Berufsprofile und Qualifizierung von Fachkräften in europäischer Perspektive; Trägerprofile im System der Kindertagesbetreuung in Deutschland; interkulturelle Pädagogik; Mitwirkung an der internationalen OECD-Studie über vorschulische Bildung und Kindertagesbetreuung als *Rapporteur* für die USA (1999) und Irland (2002); Herausgeberbeirat *International Journal of Early Years Education und Early Years – An International Journal of Research and Development*. Vorsitzende des **pfv.**

MARIE-PAUL ORIGER-ERESCH

Seit 1970 Vorschullehrerin, Ausbildung zur Grundschullehrerin, seit 1999 Missionsbeauftragte im Ministerium für Nationale Erziehung, Berufsausbildung und Sport, zuständig für Früherziehung und Vorschule. Praktische Tätigkeit (vorwiegend an Schulen mit hohem Ausländeranteil).

Beteiligung an verschiedenen Schulprojekten wie z. B. dem europäischen Comenius Projekt Decolap-Decoprim (1996/97/98). Schwerpunkt: Entwicklung der Sprachkompetenzen des Kindes durch Kinderliteratur (Storying) und Integration von Migrantenkindern. Das Projekt entstand in enger Zusammenarbeit mit verschiedenen Professoren des Goldsmiths' College (u. a. Eve Gregory), Universität London, in Verbindung mit Weiterbildungskursen für die beteiligten Lehrer/innen.

Im Ministerium (neben administrativen Tätigkeiten) Verantwortliche für Arbeitsgruppen zur Ausarbeitung folgender Unterrichtsmaterialien:

– Lehrerhandbuch zur Sprachförderung in der Früherziehung und in der Vorschule
– Zwei Sammelmappen „gute Praxis-Beispiele" (für Lehrer/innen), in Bezug auf die Sprachförderung in der Vorschule
– Memorandum (Lehrer/innen): Entwicklung der Fähigkeiten, des Wissens, der Verhaltensweisen und der Kompetenzen in der Vorschule
– Rahmenplan für die Früherziehung und die Vorschule; Materialien für die Praxis.

Dr. ALBERT RAASCH

Univ.-Prof. (emer.), Lehrstuhl für Angewandte Linguistik und Sprachlehrforschung Französisch, Romanistisches Institut der Universität des Saarlandes, Saarbrücken. Koordinator des Projekts „Fremdsprachendidaktik für Grenzregionen" (getragen von dem Fremdsprachenzentrum des Europarats in Graz, Kulturkontakt Austria in Wien, Talenacademie in Maastricht, Goethe-Institut in

München); Vorsitzender des Wissenschaftlichen Beirats dieses Projekts an der Talenacademie Nederland, Maastricht; Gründer und Leiter der Nationalen Koordinierungsstelle NATALI für LINGUA sowie Pilotprojekte in SOKRATES und LEONARDO für die Bundesrepublik (bis 2000); Vorsitzender der Jury „Europäisches Sprachensiegel" 2000 und 2002. Gründer und Ehrenvorsitzender des „Sprachenrates Saar". Veröffentlichungen zur Linguistik, zur Fachdidaktik Französisch, zur Sprachlehrforschung und zur Sprachenpolitik.

STEFFEN REICHE

Minister für Bildung, Jugend und Sport des Landes Brandenburg.
1960 in Potsdam geboren, Theologie-Studium ab 1979 am Sprachenkonvikt in Berlin. Tischlerlehre, Fortsetzung der Ausbildung. Von 1988 bis 1991 Pfarrer in Christinendorf.
1989 Gründungsmitglied der SPD im Osten und danach Landesvorsitzender im Land Brandenburg. Von 1994-1999 Minister für Wissenschaft, Forschung und Kultur; seit 1999 Minister für Bildung, Jugend und Sport.

ALEXANDRA SANN

Studium der Psychologie an der Ludwig-Maximilians-Universität München, Schwerpunkt Familienpsychologie; im Studium Entwicklung eines Paarpräventionsseminars 'Erwartungen an Partnerschaft'; wissenschaftliche Begleitung des Modellprojektes Opstapje am Deutschen Jugendinstitut München.

ROSWITHA SCHNEIDER

Studium der Sozialpädagogik an der Universität Bremen (FH); Integrationspädagogin; Koordination des Modellprojektes Opstapje in Bremen.

Dr. PETRA STANAT

Studium der Psychologie an der Freien Universität Berlin; Ph.D. in Sozial- und Persönlichkeitspsychologie an der University of Massachusetts at Amherst, USA. Seit 1998 wissenschaftliche Mitarbeiterin im Max-Planck-Institut für Bildungsforschung, Berlin und Koordinatorin des internationalen Teils der PISA-Studie in Deutschland. Arbeitsschwerpunkte: International vergleichende Schulleistungsuntersuchungen, Bedingungen des Schulerfolgs von Schülerinnen und Schülern mit Migrationshintergrund, Geschlechterunterschiede bei Schulleistungen, soziale Kompetenz.

Dr. KATHARINA THRUM
Studium der Sozialpsychologie an der Friedrich-Schiller-Universität Jena, Schwerpunkt Psychophysiologie; Ausbildung in Familienmediation; Psychologische Psychotherapeutin in eigener Praxis; Lehrbeauftragte der Universität Jena mit Schwerpunkt 'Verhaltenstherapie bei Essstörungen'; wissenschaftliche Begleitung des Modellprojektes Opstapje am Deutschen Jugendinstitut München.

INGE TREMMEL
46 Jahre, Erzieherin, Leiterin im Kindergarten Bavaria, Kempten, dreigruppige Kita für Kinder zwischen drei und sechs Jahren. Zertifikat als Qualitätsbeauftragte in Sozialen Organisationen.

Dr. MICHAELA ULICH
Wissenschaftliche Referentin am Staatsinstitut für Frühpädagogik. Arbeitsschwerpunkte: interkulturelle Erziehung, Sprachförderung in mehrsprachigen Kindergruppen, die gezielte Beobachtung von Kindern in Tageseinrichtungen (mit den Schwerpunkten: Sprachverhalten, „Engagiertheit", Wohlbefinden, von Kindern), Kinderbetreuung in Europa.

Dr. HENNING WODE
Professor emeritus, ist Anglist und Sprachwissenschaftler an der Christian-Albrechts-Universität Kiel. Eines seiner Hauptarbeitsgebiete ist die Psycholinguistik des Spracherwerbs, insbesondere des Zweitsprachenerwerbs. Er gehört zu den Mitbegründern dieser Forschungsrichtung. Anfang der 1990er Jahre hat er maßgeblich mitgewirkt, bilingualen Unterricht im Sekundarbereich in Schleswig-Holstein einzuführen, und 1996 wurde auf seine Anregung hin erstmals in Deutschland der Verbund von bilingualen Kindertagesstätten und englischem Immersionsunterricht an der nachfolgenden Grundschule eingerichtet. Zurzeit leitet er die wissenschaftliche Begleitung und Evaluierung von letzterem.

ARMAND ZIMMER
Professor am Lehrerseminar IUFM der Universität Metz, langjähriger Leiter des centre transfrontalier in Freyming-Merlebach und St. Avold; Schwerpunkt der wissenschaftlichen Arbeit: zweisprachige Erziehung in der frühen Kindheit, Dialekt und Zweisprachigkeit.

Gerlind Belke

Mehrsprachigkeit im Deutschunterricht
Sprachspiele, Spracherwerb und Sprachvermittlung
3. korr. Aufl., 2003. VI, 265 Seiten. Kt. ISBN 3896766791. € 19,—

Die Unterrichtssprache Deutsch ist für viele Kinder in unseren Schulen eine Zweit- oder Fremdsprache. Diese Kinder müssen in einer Sprache, die sie häufig nur unzureichend beherrschen, lesen und schreiben lernen und ihr gesamtes schulisches Wissen erwerben. Deshalb kommt der Vermittlung der deutschen Sprache eine zentrale Rolle zu, die der *muttersprachlich* orientierte Deutschunterricht nur unzureichend erfüllt. Er setzt die sprachlichen Fähigkeiten und Kenntnisse voraus, die er Kindern mit Deutsch als Zweitsprache eigentlich vermitteln müsste. Das vorliegende Buch will Abhilfe schaffen, indem es ein didaktisches Konzept entwickelt, das den Lernbedürfnissen von Kindern mit Deutsch als Zweit- bzw. Fremdsprache und mit Deutsch als Muttersprache gleichermaßen gerecht zu werden sucht. Im Zentrum dieses Konzepts steht das kindliche Sprachspiel. Es lenkt die Aufmerksamkeit auf sprachliche Strukturen, ermöglicht systematische sprachliche Übungen, den kreativen Umgang mit sprachlichen Strukturen und damit auch die „Reflexion über Sprache".

Die hier entworfene „Sprachdidaktik Deutsch für mehrsprachige Lerngruppen" berücksichtigt alle Teilbereiche des Deutschunterrichts: den Sprach- und Literaturunterricht, den Schrifterwerb, das weiterführende Schreiben und den Grammatikunterricht. Das Konzept ist schwerpunktmäßig in der Primarstufe erarbeitet worden. Der theoretische Ansatz – „Poesie und Grammatik" – lässt sich jedoch auch auf die Sekundarstufen übertragen. Er kann zu einer Weiterentwicklung eines integrativen Deutschunterrichts beitragen, der die Trennung von Sprach- und Literaturunterricht überwindet.

Ellen Schulte-Bunert

Alles noch einmal von vorn?
Zweitschrifterwerb für Seiteneinsteiger in der Sekundarstufe I
2000. 138 Seiten. Kt. ISBN 3896762990. € 13,—

Der anhaltende Zuzug von Spätaussiedlern sowie von Asylsuchenden und Flüchtlingen in den neunziger Jahren brachte unseren Schulen eine große Zahl von Seiteneinsteigern. Das stellte viele Lehrkräfte vor die Aufgabe, Schülern im Sekundarstufenalter Deutsch als zweite Schriftsprache zu vermitteln.

Die Autorin geht der Frage nach, welche schulischen Voraussetzungen und Erfahrungen jugendliche Flüchtlinge als Seiteneinsteiger in die Sekundarstufe I mitbringen, die für den Zweitschrifterwerb genutzt werden können. Auf der Grundlage eines mehrjährigen Projektes an einer Hauptschule entwickelt sie eine Unterrichtsmethode, die die Lernausgangslage und die aktuelle Lebenssituation der Lerner berücksichtigt und stellt umfangreiche Materialien und Übungsformen vor, mit deren Hilfe die methodischen Vorgaben umgesetzt werden können.

Dabei stehen jugendliche kurdische Flüchtlinge aus dem Irak, die bei dem Projekt den überwiegenden Teil der Lerngruppe ausmachten, exemplarisch für jugendliche Flüchtlinge allgemein.

Sowohl die theoretischen Überlegungen als auch besonders die Praxisnähe können Lehrkräften vielfältige Hilfen für den Unterricht geben.

Dr. Ellen Schulte-Bunert, geb. 1946, unterrichtete nach dem Studium 12 Jahre in muttinationalen Vorbereitungsklassen. Daneben übernahm sie Aufgaben in der Lehrbildung und -fortbildung. Seit 1983 ist sie als Oberstudienrätin an der Pädagogischen Hochschule Flensburg, später Universität Flensburg in der Abteilung „Deutsch als fremde Sprache" tätig. Promotion über das Thema Kinder- und Jugendliteratur in der Interkulturellen Erziehung. Veröffentlichungen zur Didaktik der Kinder- und Jugendliteratur im Zweitsprachunterricht und zur Alphabetisierung in Deutsch als fremder Sprache.

Schneider Verlag Hohengehren
Wilhelmstr. 13; D-73666 Baltmannsweiler

Die Schulsysteme Europas

Hrsg. von **Hans Döbert, Wolfgang Hörner, Botho von Kopp, Wolfgang Mitter**. Grundlagen der Schulpädagogik Band 46
2002. VII, 647 Seiten. Kt. ISBN 3896766392. € 40,—

Die Ergebnisse der PISA-Studie haben gezeigt, dass auch eine regelmäßige Aktualisierung unserer Kenntnisse über die Entwicklung der Schulsysteme anderer europäischer Staaten zwingend notwendig ist, um Arbeiten und Entscheidungen in Bildungspolitik und –verwaltung, in Bildungspraxis und Bildungsforschung international einordnen und mit den schnellen Reformentwicklungen international Schritt halten zu können. Wie weitgehend die Schulen vieler unserer europäischen Nachbarn hierzulande unbekannt sind, haben die Reaktionen einer breiteren Öffentlichkeit auf die Ergebnisse der PISA-Studie deutlich gemacht: Bei PISA erfolgreiche Staaten berichten geradezu von einem „Bildungstourismus".

Mit dem Band „Die Schulsysteme Europas" liegt erstmalig eine aktuelle und umfassende Analyse vor, die in einem die Darstellung der Schulsysteme aller 47 politisch souveränen europäischen Staaten (der formell 48. Staat, der Vatikanstaat, unterhält keine eigenen Schulen), von Island bis Georgien, von Norwegen bis Malta umfasst. Eine gemeinsame Gliederung der Länderbeiträge nach den gleichen leitenden Fragestellungen erlaubt vergleichsweise homogene Analyseebenen und gleichartige Untersuchungsdimensionen. Der weite Europabegriff beschränkt sich nicht nur auf die Kernländer Europas, sondern stellt gerade auch die spannende Entwicklung an den Peripherien dar, wo die Staaten wie die Türkei oder die Balkanrepubliken nicht zuletzt über die Leistungen der Schule „(zurück) nach Europa" drängen.

Der Band macht nicht nur gemeinsame Entwicklungslinien europäischer Schulsysteme deutlich, sondern gibt auch erste Indikatoren über die Ursachen des Erfolgs bzw. Misserfolgs der Länder, die an den internationalen Schulleistungstests (PISA., TIMSS) teilgenommen haben. Er richtet sich an ein breites Spektrum von Adressaten: bildungspolitisch Verantwortliche auf allen Ebenen, Erziehungswissenschaftler, Lehrer und interessierte Eltern, die das Nachdenken über die Zukunft unserer eigenen Schule nicht nur den vorgeblichen Experten überlassen wollen.

Schule ist Gemeinschaft

Konzepte einer europäisch ausgerichteten Bildung. Hrsg. von **Frank-Rüdiger** und **Hannelore Jach**. 2002. II, 224 Seiten. Kt. ISBN 3896765833. € 18,—

Erst wenige Schulen genügen den Anforderungen, die an eine europäisch ausgerichtete Bildung zu stellen sind. Europäische Integration, Globalisierung und die Auflösung nationalstaatlich geprägter Wertorientierungen verlangen nach neuen Formen und Inhalten schulischen Lernens.

Im ersten Teil dieses Sammelbandes geben renommierte Erziehungswissenschaftler und Politiker aus verschiedenen Ländern Antworten auf die Frage, in welchem Verhältnis Wissensvermittlung und Persönlichkeitsbildung stehen und welches die Voraussetzungen für Qualitätsentwicklung von Schule sind.

Im zweiten Teil werden Portraits europäischer Schulen, die innovative Ansätze verfolgen, dargestellt. Das Spektrum dieser Schulen umfasst allgemeinbildende und berufsbildende, grenzüberschreitende, evangelische, katholische und jüdische Schulen bis hin zu neuen Konzepten von Internaten wie Salem College. Gemeinsam ist dieser Vielfalt von Schulen die Suche nach den Wurzeln eigener Identität, die geistige Positionierung im Sinne eines sie tragenden Schulethos, das den Schüler als Menschen beherbergen und ihn nicht allein in die Welt abfragbaren Wissens entlassen möchte.

Schneider Verlag Hohengehren
Wilhelmstr. 13; D-73666 Baltmannsweiler